Israel auf Iranisch

Mohsen Banaie

Israel auf Iranisch

3. Auflage 2026

Erschienen im Weissmann Verlag, Köln
www.weissmann-verlag.de

Bibliografische Information der
Deutschen Nationalbibliothek
Die Deutsche Nationalbibliothek verzeichnet diese Publikation in der Deutschen Nationalbibliografie; detaillierte bibliografische Daten sind über http://dnb-nb.de abrufbar

ISBN 978-3-949168-17-8

Israel auf Iranisch

Mohsen Banaie

Dezember 2020

Weissmann
Verlag

Der Gefährtin der unwegsamen Pfade des Lebens, durch deren Augen ich die ganze Anmut unserer Welt erblicke, in ewiger Liebe.

In unseren Kindern währt unser Noema fort ...

Meiner Tochter Cammand, die dieses Buch mit ihren freigeistigen Weisheiten bereicherte und meinem Sohn Coussar, der ihm mit seinen stilistischen Anmerkungen zur Schönheit verhalf, bin ich sehr zu Dank verpflichtet.

Auf dass diese Reise meines Geistes durch Zeit und Raum unseren Nachkommen den Weg zu einem schöneren Leben in einer besseren Welt ebnet, denn es gibt keinen wertvolleren Wegweiser in dieser ewig währenden Reise als das Vermächtnis der vergangenen Generationen ...

Inhaltsverzeichnis

Und dann bestieg Fereydūn den iranischen Thron und er war der neunte Nachfahre von Ham, Sohn von Noah. Er war der rechtschaffene Herrscher von sieben Reichen und stellte die alte, gerechte Ordnung wieder her. In den Büchern der Perser las ich, dass Abraham im dreißigsten Jahr seiner Regentzeit geboren wurde, und manche von ihnen sagen sogar, Fereydūn und Abraham seien ein und dieselbe Person.

(aus dem Buch „Die Schöpfung und die Geschichte“[1] von Mutahhar ibn Thir al Mighdasi, muslimischer Chronist des 11. Jh.)

---

1 alBidaá vaTtarikh; 4. Jh. nach islamischer Zeitrechnung

Prélude

Hätte man mir noch vor fünf Jahren erzählt, ich würde bald Israel besuchen, und das gleich zweimal innerhalb von 8 Monaten, hätte ich darüber gelacht und es für einen halbwegs guten Witz gehalten. Ich, aufgewachsen in einer frommen muslimischen Familie mit linksgerichteten politischen Ansichten, die aktiv der islamischen Revolution beigewohnt hatte, und Israel? Allein das zu hören, brächte meinen Vater dazu, sich im Grabe umzudrehen!

Obwohl ... er arbeitete nahezu sein ganzes Leben für ein jüdisches Familienunternehmen in Teheran namens „IRANA Fliesen und Keramik", wo er eine gut bezahlte Position innehatte und immer davon sprach, wie gut und fair die jüdischen Besitzer des Unternehmens ihn behandelten. So wuchs ich mit ambivalenten Gefühlen zu den Juden auf: einerseits waren sie die großzügigen Brotgeber meiner Familie und andererseits die Repräsentanten des eingeschworenen Feindes aller Muslime.

Die islamische Revolution im Jahr 1979 stärkte eben diese zuletzt genannte Einstellung. War der Hass gegen die USA rein politischer Natur, musste ein Revolutionär Israel aus ideologischen Gründen hassen und das vollkommen unabhängig davon, ob es sich hierbei um einen fanatischen Moslem oder einen indoktrinierten Marxisten handelte. In einem Punkt waren sich alle einig: der Zionismus war der Kettenhund des Imperialismus und wer es wagte, dies in Frage zu stellen, war selbst ein Handlanger oder gar Agent von beiden. So gab es für den dreizehnjährigen Jungen aus einer kleinen Stadt im Nordwesten Irans, der gerade seit 3 Jahren in der Hauptstadt lebte, keinen Zweifel daran, wer die Feinde seines Landes waren. Die USA belegten dabei mit großem Abstand den zweiten Platz.

Ein Jahr nach der Revolution schloss ich mich den Volksmudschaheddin an, einer muslimischen Organisation mit stalinistischem Führungsstil, die relativ bald nach der Machtübernahme der Mullahs zu deren größten Widersacher und Rivalen wurde. Dies änderte aber meine Haltung gegenüber Israel keineswegs, pflegten die Mudschaheddin doch eine enge Beziehung zur PLO und waren sogar des Öfteren Gastgeber diverser palästinensischer Delegationen, von denen eine sogar unter der Leitung von Hani Al-Hassan[2], dem ersten palästinensischen Botschafter, der in das verlassene Gebäude der israelischen Botschaft einzog.

Was die Mudschaheddin mit der PLO verband, ging aber weit darüber hinaus. Als diese Organisation 1965 gegründet wurde, um den Schah gewaltsam zu stürzen, wurden seine Mitglieder von den palästinensischen Freischärlern in Guerillakämpfen ausgebildet, um im Iran Terroranschläge zu verüben und somit „das barbarische Regime in die Knie zu zwingen". Dass man innerhalb dieser Organisation nicht besonders gut auf Israel zu sprechen war, lag somit auf der Hand. Für uns einfache Sympathisanten stellte sich nicht einmal die Frage nach einem Überdenken der Haltung gegenüber dem zionistischen Feind. So blieb es bei meiner Einstellung zu dem jüdischen Staat.

Die Flitterwochen der an der Revolution beteiligten Parteien mit den nun herrschenden Mullahs fand im Sommer des Jahres 1981 ein jähes Ende. Ein Jahrzehnt der Massenhinrichtungen, Folter, Deportation, Inhaftierungen und systematischer Vertreibungen begann und brachte mir vier Jahre Leben im Untergrund, mit gerade einmal 16 Jahren. Ich nutzte diese Zeit, in der ich halb versteckt in verschiedenen Städten und bei diversen Verwandten Zuflucht fand, um zu lesen. Das erste Buch aber, das mir in die Hände fiel, trug den Titel „Mein Kampf". Mit dem Thema dieses Buches hatte ich bereits als Kind Bekanntschaft gemacht, als mein Vater mir in den milden Sommerabenden meiner Heimatsstadt aus einem Buch vorlas, das den prägnanten Titel „Adolf Eichmann, morgen fahre ich zur Hölle"[3] trug. Eine heimliche Bewunderung für den israelischen

2 Auch bekannt als Abu Tariq war er Führungsmitglied von Fatah-Organisation und später Mitglied der palästinensischen Autonomiebehörde.

3 Fiktive Geschichte der Überführung des SS-Obersturmbannführers Adolf Eichmann nach Israel. Es wurde in der persischen Übersetzung behauptet, es sei das Tagebuch von Eichmann.

Geheimdienst keimte schon damals in mir auf, weshalb ich das dreieinhalbstündige Verhör bei meiner ersten Einreise in das Heilige Land nicht ganz ernst nehmen konnte. Später, als ich selbst des Lesens mächtig wurde, faszinierte mich ein anderes Buch. Es handelte von zwei Soldaten, die ihre Einheit verloren und sich verlaufen hatten und um ihr Überleben kämpfen mussten. Die Handlung ereignete sich in der Wüste Sinai während des berühmten Sechstagekrieges. Packend war diese Geschichte aber deshalb, weil sich dabei „Rachel" - eine israelische Soldatin - und „Nabil" - ein ägyptischer Soldat - gegenüberstanden. Was als ein erbitterter Kampf begann, bei dem jeder versuchte, den anderen mit allen Mitteln auszuschalten, wandelte sich bald in eine Zweckgemeinschaft, um dann in einer bewegenden Liebesgeschichte zu enden.

Ich hatte bis dahin in unserer kleinen Stadt keine Araber und erst recht keinen Ägypter gesehen. Es lebte aber eine jüdische Familie in unserem Viertel. Die Tochter mit dem schönen Namen „Schirin" - die Süße - war in meinem Alter. Sie hatte lange, pechschwarze Haare, schwarze Augen und war zudem sehr schüchtern. Die Familie stammte aus der zentraliranischen Stadt „Yazd", einer Hochburg der iranischen Juden, und war in unsere Stadt gezogen, weil der Vater dorthin beordert worden war. Soweit ich weiß, waren sie die einzigen Juden unserer Stadt. Die Geburtsstadt von Schirin „Yazd" war auch die Heimatstadt des späteren israelischen Präsidenten Mosche Katzav[4]. Zwei Jahre zuvor kam in Ardakan einer Nachbarstadt von Yazd, ein anderer Junge zur Welt, der später als Präsident Chatami eine markante Rolle in der iranischen Politik spielen sollte. Somit wurden die beiden verfeindeten Länder von 2000 bis 2005 von zwei Männern geführt, die aus derselben Region stammten wie Schirin.

Wie in allen anderen Ländern waren auch hier von harmlosen Vorurteilen bis hin zu mysteriösen Legenden alle möglichen Meinungen über die Juden vertreten. Das gängigste und bekannteste hierbei war das berühmte Geizmotiv, das auch hierzulande nicht unbekannt ist. „Du bist geizig

---

4 Die Familie Katzav wanderte 3 Jahre nach der Staatsgründung im Jahre 1951 nach Israel aus.

wie ein Jude“ war ein Satz, den man jeden Tag mehrmals auf dem Bazar hörte. Die ganz Religiösen sprachen sogar von einem Sabbat-Ritus, bei dem angeblich muslimische Kinder geopfert wurden, um aus ihrem Blut Sabbat-Brot zu backen. Die restlichen Vorurteile bewegten sich irgendwo dazwischen. Wir sprechen aber von den Anfängen der Siebzigerjahre, von einer Zeit, in der die muslimische Welt zwei schmachvolle Niederlagen im Sechstagekrieg und Jom-Kippur-Krieg hingenommen hatte. Dass sich die einfachen Gemüter vor diesem Hintergrund nicht um den Kontakt zu dieser Familie rissen, verstand sich von selbst. Anders verhielt sich es mit meiner Familie. Mein Vater arbeitete ja mit ihnen und auch, wenn er wie alle frommen Muslime den Staat Israel bis aufs Blut hasste, war er aus eigener Erfahrung aufgeklärt genug, um zwischen Juden und Israel differenzieren zu können. So kam es, dass ich das einzige Kind in unserem Viertel war, das mit Schirin spielen durfte. Dies hatte für mich zwei Folgen; einerseits habe ich ihr Gesicht noch bis heute stellvertretend für das aller Jüdinnen in meinen Gedanken, andererseits stellte ich mir die Soldatin Rachel als die erwachsene Schirin vor, wann immer ich das Buch las, was ich von Zeit zu Zeit tat. Damit konnte ich mir ein Bild – auch wenn nur ein verzerrtes – von den Szenen des Buches machen; die israelische Soldatin bekam in meinen Gedanken ein Gesicht, während der arabische Soldat gesichtslos und anonym blieb.

Somit war ich vielleicht ein wenig besser gegen die Vorurteile und Anfeindungen *geimpft* als meine Altersgenossen. Nichtsdestotrotz war meine Welt immer noch sehr einfach strukturiert, als ich 1985 nach Deutschland flüchten musste: fernab der Bundesrepublik und dem Iran gab es ein Land zwischen dem Jordan und dem Mittelmeer, in dem zwei Sorten von Menschen lebten, die Juden, die waren die Bösen und die Palästinenser, die das Gute verkörperten. Auch wenn ich versuchte, diesen Konflikt, wie meine neuen Landsleute in Deutschland zu sagen pflegten, „sachlich“ zu betrachten oder gar darüber zu urteilen, war mir die Entstehung des Ganzen glasklar; die Imperialisten hatten schon immer, und 1917 mit der Balfour-Deklaration erst recht vor, einen jüdischen Staat mitten im

Herzen der islamischen Welt zu errichten und nahmen den Holocaust als willkommenen Vorwand dafür.

Endlose Diskussionen mit meinen Kommilitonen an der Universität, rechts angehauchte, links gerichtete, proisraelische oder palästinensische, sorgten dabei nur für mehr Verwirrungen. Diese bezogen sich aber auf die Entstehung des Konfliktes und nicht darauf, wer die Bösen bei dieser Tragödie waren. Schließlich waren es die Israelis, die die palästinensischen Gebiete unter Besatzung hielten und es nicht zuließen, dass auch dieses Volk seine Souveränität erlangen und innerhalb der Grenzen eines unabhängigen Staates in Frieden leben konnte. Die alte Frage nach den Einwohnern zwischen dem Fluss und dem Meer bekam somit auch die alte Antwort.

1992 fing ich an, neben Medizin vergleichende Sprachwissenschaften zu studieren. Die Semesterferien hatten gerade begonnen und es fanden keine Kurse statt. Das Sekretariat des Instituts gab mir trotzdem einen Termin, um bei der Leitung vorsprechen zu können. Ich ging an jenem Tag zur Vorstellung und war sehr besorgt, nicht angenommen zu werden. Schließlich waren die Philologen dafür bekannt, von ihren Studenten alles abzuverlangen und keinen Platz für Hobby-Linguisten zu haben. Ich klopfte an und ein älterer Herr machte die Bürotür auf. Er trug einen sommerlichen, hellen Anzug ohne Krawatte und musterte mich mit einem ernsten, sehr ernsten Blick, bevor er mich herein bat. Ich sah ihn ehrfurchtsvoll an und dachte mir, „er sieht aus wie der biblische Abraham".

„Mein Name ist Josef Elfenbein", sagte er in einem starken britischen Akzent und zeigte mir einen Stuhl. Ich dachte mir weiter „so viel steht fest, wie ein Josef Elfenbein redet er jedenfalls nicht". Er schien meine Gedanken gelesen zu haben, lachend warf er ein:

„Ich bin Brite, wo kommen Sie her?"

„Ich komme aus dem Iran. Entschuldigen Sie, dass ich mich vergessen habe vorzustellen. Mein Name ist Mohsen Banaie."

Professor Elfenbein wiederholte meinen Namen mehrmals laut und fragte: „Banaie? Mohsen? Wie heißen denn Ihr Vater und Großvater?" Der wie

Abraham aussehende Professor wurde mir langsam unheimlich. Was bezweckte er mit dieser Ahnenforschung direkt bei unserem ersten Treffen? Seine nächste Bemerkung riss mich jedoch wieder aus meinen Gedanken:

„Aus dem Iran also, ich hoffe, Sie haben mit dem Regime nichts am Hut!"

„Nein, Herr Professor, keineswegs! Ich bin sogar vor ihm hierher geflüchtet. Ich studiere Medizin und habe vor, nach dessen Sturz wieder zurückzukehren."

Es folgte eine ca. eineinhalbstündige Unterhaltung darüber, wie ich überhaupt dazu käme, als Medizinstudent auch Linguistik zu studieren, wie meine familiären Verhältnisse im Iran gewesen seien und wo ich Deutsch gelernt habe. Professor Elfenbein hatte eine leicht tiefe und sehr sanfte, geradezu beruhigende Stimme. Seine Augenfarbe lag zwischen blau, grau und grün. Er trug einen akkurat gepflegten Vollbart und ich konnte meinen Blick nicht für eine Sekunde von seinem Gesicht abwenden, während er sprach. Er gab mir die Möglichkeit an seinen Kursen für Mittelpersisch teilzunehmen, da er den ersten Kurs bereits im vergangenen Semester abgehalten hatte, bot er an, mir in den Ferien Privatunterricht zu geben, damit ich im darauffolgenden Semester mit den anderen Studenten gleichziehen konnte. Er brachte mich zur Tür und als er mir zum Abschied die Hand geben wollte, schaute ich zum ersten Mal an jenem Tag seine ausgestreckte Hand an und sah an seinem Finger einen Ring, mit einem schwarzen Stein in Form eines Davidsterns. „Ein Jude ist er also!", schoss mir durch den Kopf. Ich sah erneut sein lächelndes Gesicht an und verabschiedete mich. Noch war es mir nicht bewusst, welch unglaubliches Glück mir zuteilgeworden war. Der wie Abraham aussehende Professor war – wie ich später erfuhr – einer der klügsten Köpfe des zwanzigsten Jahrhunderts und ein Meilenstein in der modernen Iranistik. Ich denke auch diese Unwissenheit war mein Glück, denn hätte ich gewusst, mit wem ich es zu tun gehabt hatte, hätte ich es kaum gewagt, ihn auf die Möglichkeit eines externen Studiums anzusprechen. Das Schicksal hatte aber die Verbindung zwischen den Banaies und den Juden wiederhergestellt: mein Vater hatte für ein jüdisches Unternehmen gearbeitet und ich durfte bei einem jüdischen Professor meinen Traum verwirklichen. Dabei blieb es aber nicht und das Schicksal setzte noch einen darauf, sodass mein in demselben Jahr geborener Sohn 27 Jahre später ein Auslandssemester in der Hebrew University of Jerusalem im Fach Iranistik absolvierte.

Die Unterrichtstunden mit Professor Elfenbein öffneten mir die Augen auf eine völlig andere Welt, die sich gewaltig von meiner bisherigen unterschied. Zwar bekam ich die Aufgabe, schwer lesbare Texte aus dem Mittelpersischen ins Deutsche zu übersetzen, so nahm mich aber weit darüber hinaus die linguistische Reise der einzelnen Wörter mit in ein Universum, in dem alles mit allem verbunden war und die starre Vorstellung von Abstammungen und Zugehörigkeiten stark bröckelte. Eine Welt, in der man einzelne Wörter als Weggefährte bei ihren langen Reisen begleiten durfte, in der Wörter, die mehr über die Geschichte der Menschheit, ihrer Migrationen, kulturelle Interaktionen sowie Konfrontation und Koexistenz der Völker und Nationen aussagten als jedes Geschichtsbuch. Ich konnte nach jeder Stunde diese neue Welt besser erkunden und klarer sehen.

„So schauen Sie sich zum Beispiel den Namen Elisabeth an, der in ganz Europa weit verbreitet ist. Das Wort leitet sich von dem hebräischen „Eli Sheba“ her. „Eli“ heißt Gott oder auch mein Gott und „Sheba/Sheva“ bedeutet Fülle und das Ganze bedeutet somit „Gott ist Fülle“.

„Gibt es auch eine Verbindung zwischen dem persischen Mädchennamen ‚Sussan‘ und dem deutschen ‚Susanne‘?“

„Gewiss! Die Perser entlehnten diesen Namen von den Elamiten[5], deren Hauptstadt „Susa“ - auf Elamisch Lilie - hieß. Später übernahmen ihn die Juden von den Persern in Form von „šôšana“ und so kam der Name durch die Christianisierung des Abendlandes letztendlich als Susanne nach Europa.“

Wort für Wort und Name um Name lernte ich mehr und mehr über die

---

5 Eine Hochkultur der Frühantike (2900–550 vor Chr.) in der heutigen Provinz Khuzestan im Südwesten Irans, die später ein wichtiger Bestandteil des ersten Perserreichs (550–330 vor Chr.) wurde und die iranische Kultur stark mitprägte.

Welt. Ich fing langsam an zu begreifen, dass nicht die Menschen selbst, ihre Führer oder Wegweiser, sondern die Worte die Geschicke der Menschheit und den Lauf der Geschichte bestimmten. Das Wort war die Macht und wenn der christliche Gott in der Heiligen Schrift schrieb „Im Anfang war das Wort, und das Wort war bei Gott, und das Wort war Gott[6]“, konnte er nichts anderes gemeint haben als diese mir neu offenbarte Erkenntnis. Ich begann das Fach Philologie, zu verinnerlichen und zu einem passionierten Liebhaber der Worte zu werden.

Auch wenn ich das alte Klischee in der israelisch-palästinensischen Tragödie verworfen hatte, galt meine Sympathie immer noch einseitig den Palästinensern. Schließlich hatte ich in meiner Familie eine politisch-gesellschaftliche Sichtweise eingetrichtert bekommen, wonach die Unterdrückten immer die Guten waren. 1994 schloss ich mein Medizinstudium erfolgreich ab und begann für meine kleine Familie zu sorgen. Auch wenn ich bei Professor Elfenbein keinen Unterricht nehmen konnte, pflegten wir einen regen Kontakt. Wir telefonierten, schrieben, und hin und wieder trafen wir uns. Aus ihm sprach immer eine unendlich scheinende, gleichermaßen archaische, aber auch moderne Weisheit und ich durfte mit seiner Erlaubnis unsere Gespräche aufnehmen, weil ich kein einziges Wort verpassen wollte.

Ich fing als Arzt im Praktikum in einem Koblenzer Krankenhaus an und begann somit einen neuen Abschnitt in meinem Leben. Direkt am ersten Tag wurde ich von dem sehr freundlichen Chef der Personalabteilung empfangen, der sich auch für meinen Namen interessierte und einige Fragen zu meiner Herkunft stellte. Eines Tages und als ich gerade angefangen hatte mich in der unfallchirurgischen Abteilung einzuleben, wurde ich durch die Hausanlage zur Personalabteilung gerufen.

„Schön Herr Banaie, dass Sie es einrichten konnten. Wir haben einen Anruf aus Israel und brauchen jemanden, der Hebräisch spricht“.

„Danke, dass Sie es mir zutrauen, aber ich kann kein Hebräisch!“

---

6 Johannes 1,1-4

„Können Sie nicht!? Wirklich nicht!?"

Seinen enttäuschten Gesichtsausdruck erklärte ich mir dadurch, dass er davon gehört hatte, dass ich auf der Station für einige Nationen gedolmetscht hatte und er auch von meinen bescheidenen Arabischkenntnissen wusste. Wahrscheinlich hatte er sich gedacht, ein polyglotter Arzt dürfte auch Hebräisch können.

Der zweite große Wendepunkt in meiner Beziehung zu Israel kam mit einem Geschenk. Ein Freund schenkte mir 2001 ein Buch über die Entstehung des Zionismus. Ich verschlang es und hörte dazu immer und wieder das Lied „Im Nin' Alu" von Ofra Haza. Die Säulen meiner alten, einfachen Welt, die bereits bröckelten, fingen an zu zerfallen und ich muss zugeben, ich vermisste manchmal meine einfache, leicht zu erklärende Welt, in der Gut und Böse, Wahrheit und Lüge sowie Recht und Unrecht durch scharfe Grenzen klar und unmissverständlich voneinander getrennt waren.

2001 erfand ich ein Pseudonym[7] und veröffentlichte darunter viele Artikel in persischer Sprache über Politik, Kultur, Geschichte und Religion. Dabei ging es auch nicht selten darum, mit dogmatischen Feindbildern in der iranischen Opposition abzurechnen, die hauptsächlich aus linker Tradition kamen und sich in Bezug auf Israel immer noch der alten Klischees aus den Siebzigern des vergangenen Jahrhunderts bedienten. Schließlich kam es zu dem dritten, einschneidenden Wendepunkt. Von Mai 2009 bis Februar 2010 gingen mehrere Millionen Menschen wiederholt in Teheran und vielen anderen Städten gegen das islamische Regime auf die Straßen. Das Gesicht dieses niedergeschlagenen Volksaufstandes war eine junge, lebensfrohe Frau namens „Neda Aghasoltan", deren per Handykamera festgehaltener Todesmoment durch die ganze Welt ging. Im März 2010 besuchte ihr Verlobter Israel und betonte die Freundschaft beider Völker. Diese Reise

---

7 Mazdak Bamdadan. Unter diesem Pseudonym veröffentlichte ich von 2001–2018 über 200 Artikel in persischer Sprache mit sozialen, politischen, religionskritischen und historischen Inhalten. Nach der Erscheinung meines ersten Buchs im November 2018 gab ich meine Identität preis, bin aber nach wie vor unter diesem Namen in den persischsprachigen Medien als Autor aktiv.

löste eine gewaltige Welle der Empörung in der iranischen Community aus, wobei man die Spuren der alten ideologischen Ressentiments klar erkennen konnte. Ich schrieb dann unter dem vorher genannten Nom de Plume einen Artikel mit dem Titel „Wir und die Bnei Yisra'el", in dem ich die Wurzeln der Kluft zwischen den Iranern und Israelis aus religiöser, historischer und politischer Sicht darlegte und wiederholt betonte, wie ähnlich die Probleme und Herausforderungen beider Gesellschaften sind und wie viel wir voneinander lernen könnten. Dieser Artikel brachte mir wegen der unparteiischen und endlich „sachlich" gewordenen Sichtweise einen Schwall des Entsetzens unter den politisch aktiven Iranern entgegen.

Ein paar Tage später erhielt ich eine E-Mail, an deren Header rechts eine israelische Flagge und links das Staatswappen mit Menora und Olivenzweig abgebildet waren. Es verschlug mir den Atem und ich dachte, ich würde wegen meiner harschen Kritik an der israelischen Palästinapolitik, in der ich das Vorgehen des israelischen Staates mit Apartheid verglichen hatte, gerügt und wegen Antisemitismus zur Verantwortung gezogen. Ich öffnete die E-Mail und musste mit großer Verwunderung feststellen, dass mein Artikel ein aufmerksames Gehör in Jerusalem gefunden hatte. Es war die persische Website des israelischen Außenministeriums, die mich in persischer Sprache um Erlaubnis bat, diesen Artikel veröffentlichen zu dürfen.

Dies sorgte für mehr Kritik und die ewig Gestrigen der iranischen Community sahen sich bestätigt. Einen besseren Beweis, dass ich dem höchsten Gut des Kampfes, nämlich der Gerechtigkeit den Rücken gekehrt hatte, konnte es nicht geben. Wenn der Staatsapparat und die Propagandamaschine des zionistischen Regimes meinen Artikel unzensiert veröffentlichten, dann müsste ich mich der palästinensischen Opfer schämen, in mich gehen und mich ernsthaft fragen, was habe ich falsch gemacht, dass mich die Israelis mit Applaus belohnen?

In den darauffolgenden Jahren beschäftigte ich mich immer mehr und intensiver mit dieser Thematik. Zugleich vertiefte ich auch meine Forschungen über die Entstehung des Islam und musste feststellen, wie stark der Islam und ganz besonders das Schiitentum in der jüdischen Tradition verwurzelt waren. Als ich dann beschloss, die neu erlangten Erkenntnisse über die Frühgeschichte des Islam als Buch[8] herauszugeben, sah ich mich gezwungen, mich noch intensiver mit dem Tanach und insbesondere mit dem Pentateuch auseinanderzusetzen. Somit war ich in den Jahren 2016 und 2017 so eingehend mit dem Judentum beschäftigt, dass man leicht hätte denken können, ich wäre konvertiert.

Fernab aller wissenschaftlichen Interessen faszinierte mich die Geschichte dieses kleinen Volkes, das seine Spuren nahezu überall in der Welt hinterlassen hatte. Las man über die Ägypter, waren Juden ein Teil der Geschichte, las man über die Babylonier, traf man auf die Juden, forschte man über das erste Perserreich unter den Achämeniden, fand man „Yehud Medinata"[9] vor, eine autonome Provinz des ersten Perserreiches ... von der Neuzeit ganz zu schweigen.

Ich denke rückblickend, dass ich die Reise nach Israel bereits an dem Tag in meinem Unterbewusstsein beschlossen hatte, an dem ich Professor Elfenbein zum ersten Mal sah. Ich benötigte aber noch ein Vierteljahrhundert für eine innere, geistige Reise, die mich Schritt für Schritt dem Heiligen Land näherbrachte. Als ich das Buch fertig schrieb, war es dann endlich soweit. Am Silvesterabend des Jahres 2017 fragte ich meine Gattin Sahar:

„Was hältst du davon, wenn wir nächstes Jahr nach Israel reisen?"

Eine Antwort war nicht nötig, der Glanz in ihren Augen verriet alles. Dennoch warf sie ein:

„Können wir überhaupt nach Israel? Du weißt, wir sind zwar deutsche Staatsbürger, aber immer noch mit der Einschränkung „iranischer Abstammung". Das Erste, was an der Grenze auffallen wird, wird unser Geburtsort Teheran sein. Ich denke nicht, dass sie sehr erfreut darüber seien werden!"

Der Einwand war nicht ganz von der Hand zu weisen. Ich schrieb also noch in derselben Nacht eine E-Mail an das israelische Konsulat in Berlin

---

8 Dieses Buch erschien mit dem Titel „Die dunkle Krypta der Geschichte – Wie entstand der Islam?" im November 2018 in persischer Sprache. Ein Teil von ihm wurde im Januar 2020 in dem neunten Band der Inarah in deutscher Sprache herausgegeben.

9 Aramäisch: Provinz von Judea

und fragte nach. Die Antwort ließ zwar drei Wochen auf sich warten, war aber dafür umso ermutigender:

Für eine Einreise in Israel gilt die aktuelle Staatsangehörigkeit, es sei denn, sie sind ein deutscher Staatsbürger, der vor dem 01.01.1928 geboren wurde.

Der heiß begehrte deutsche Pass öffnete also jede Tür und wir konnten uns beruhigt auf die Reise in Eretz Jisra'el begeben. Später stellte sich allerdings heraus, dass es nicht gerade von Vorteil war, als Deutsche durch die Straßen von Israel zu spazieren. Wie dem auch sei, die E-Mail war der Startschuss zur Vorbereitung der Reise.

Die Reaktionen waren extrem unterschiedlich. Während die einen uns für so viel Mut zum Brechen alter Tabus lobten, waren die anderen besorgt um unsere Sicherheit. Erstaunlicherweise kritisierte kein einziger die Reise. Seit meinem Artikel waren über acht Jahre vergangen und die Welt hatte sich stark verändert, Änderungen, die auch in der iranischen Diaspora ihre Spuren hinterlassen hatten. Selbst meine erzkonservativen und fundamentalistischen Verwandten im Iran, die von meiner Reise erfahren hatten, fragten eher nach Bildern von der Al-Aqsa Moschee und dem Felsendom, anstatt mich zu verfluchen.

Sahar überließ mir die Planung und ich begann mit preußischer Gründlichkeit unsere bis dahin wichtigste Reise zu planen. Nicht nur die Hotels und der Mietwagen waren lange im Voraus gebucht, auch die Routen zu den diversen Städten und Eintrittszeiten zu den Sehenswürdigkeiten waren geplant. Ich bekam die Aufgabe, dafür zu sorgen, dass wir während dieser Reise keine Minute Leerlauf hatten und dabei wurde mir bewusst, wie sehr ich den Rat meines Vaters zu Herzen genommen hatte:

„Nun mein Sohn! Da dich das Schicksal nach Alman[10] zu verschlagen scheint, versuche genau das von den Deutschen zu lernen, wofür sie in der ganzen Welt bekannt sind: Gründlichkeit und Pünktlichkeit!“

Genau deshalb, und weil ich Überraschungen jeglicher Art vermeiden wollte, beantragte ich auch ein Visum bei dem jordanischen Konsulat in

10 Deutschland auf Persisch

Düsseldorf, nachdem wir uns entschlossen hatten, auch einen Abstecher nach Petra zu machen. Die sehr freundliche Dame, die die Anträge bearbeitete, machte es ganz in orientalischer Manier sehr spannend, sodass wir unsere Pässe erst drei Tage vor der Abreise zurückerhielten, und das auch nur dann, nachdem ich persönlich hinging und ihr auf Arabisch eine Menge Honig ums Maul schmierte. Um die letzte unangenehme Eventualität auszuschließen, saß ich über zwei Stunden dort und nahm die Reisepässe mit, anstatt sie mir per Post zuschicken zu lassen.

Am Abend eines milden Oktobertages standen Sahar und ich endlich am Check-in-Schalter des Köln-Bonner Flughafens.

Sonnenblumenfeld

Die Geschichte der iranischen Juden ist eine sehr komplizierte. Neben der armenischen Gemeinde sind sie eine von zwei ethnisch-religiösen Minderheiten, die insbesondere in der Neuzeit das Land tiefgreifend und nachhaltig geprägt haben. Man kann die Spuren dieser relativ kleinen Minderheit in der gesamten Geschichte Irans verfolgen. Die frühsten Verbindungen gehen auf das Alte Testament zurück, in dem Kyros der Große – der Gründer des ersten Perserreiches unter den Achämeniden – als Messias bezeichnet wird.

„Aber im ersten Jahr des Kyros, des Königs von Persien, erweckte der HERR – damit erfüllt würde das Wort des HERRN durch den Mund Jeremias – den Geist des Kyros, des Königs von Persien, dass er in seinem ganzen Königreich mündlich und auch schriftlich verkünden ließ: So spricht Kyros, der König von Persien: Der HERR, der Gott des Himmels, hat mir alle Königreiche der Erde gegeben und hat mir befohlen, ihm ein Haus zu bauen zu Jerusalem in Juda. Wer nun unter euch von seinem Volk ist, mit dem sei der HERR, sein Gott, und er ziehe hinauf!"[11]

„Der zu Kyros sagt: Mein Hirte! Er soll all meinen Willen vollenden und sagen zu Jerusalem: Werde wieder gebaut! und zum Tempel: Werde gegründet!"[12]

Vielleicht als einziges Volk der Geschichte waren die Iraner den Juden nahezu immer sehr gut gesonnen. Kyros der Große befreite sie aus der babylonischen Gefangenschaft und verewigte somit seinen Namen in der Heiligen Schrift als Messias Gottes. Es gibt noch heute eine Grabstätte in der südöstlichen Provinz Irans Khuzestan, die als Ruhestätte des biblischen Daniel gilt. Er soll nach jüdischen Überlieferungen den Fall von Babylon und die Befreiung der Juden durch Kyros prophezeit haben.

Darüber hinaus ist der Iran Schauplatz der Geschehnisse des Buches

---

11 2. Buch der Chroniken, 36,22

12 Jesaja 44,28

Esther, wonach der mächtige Perserkönig Achaschwerosch[13] zunächst ein jüdisches Mädchen heiratet und ihm und seinem Vetter und Ziehvater Mordechai erlaubt, den Juden zu gestatten, ihre Feinde zu vernichten. Auch wenn es hierfür keine historischen Belege gibt, wird der 13. Adar in jüdischen Gemeinden weltweit als „Purim" gefeiert.

Die Juden spielten aber auch unter den späteren Dynastien eine wichtige Rolle in der iranischen Geschichte. Im Gegenzug waren diese ein Garant für die religiöse Freiheit jener in dem Rest der Welt verfolgten und unterdrückten Minderheit. So entstand zum Beispiel im dritten und vierten Jahrhundert der babylonische Talmud, die zweitwichtigste Schrift des Judentums, im Herzen des iranischen Reiches, wo die Juden nach Zerstörung des zweiten Tempels durch die Römer Zuflucht gefunden hatten. Aus diesem Grunde ist das Wort „dat", also Religion auf Hebräisch, ein Lehnwort vom altpersischen „Dāta", was so viel wie etwa „Gesetz" bedeutet. Auch das Wort „Dayv" (Dämon) ist auf das altpersische „Daeva" zurückzuführen, das selbst mit den europäischen Wörtern „Diva" etc. verwandt ist. Besonders in den Büchern Esther, Ezra, Nehemia und Daniel wimmelt es von Wörtern und Begriffen alt- und mittelpersischen Ursprungs.

Einige heiligen Stätten des Judentums liegen im Iran. Vier Jahre, bevor ich nach Israel reiste, besuchte ich mit meiner Familie das Mausoleum von Esther und Mordechai in Hamadan, einer Stadt im Westen Irans und die alte Hauptstadt des Meder-Reiches[14]. Aus dieser Stadt machten sich vor 2020 Jahren drei Magier, auf Persisch Mogi, auf den Weg, um den neugeborenen König der Juden in Jerusalem zu begrüßen. Dies waren jene drei Weisen aus dem Morgenland, deren Gebeine später die Reliquien des berühmten Kölner Domes in meiner heutigen Wahlheimat stellen sollten. Der Rabbiner von Hamadan, ein alter schlanker Mann, empfing und bat uns freundlich hinein. Er fing an, die Geschichte von Esther und Mordechai monoton und

---

13 Da die ganze Geschichte von Grund auf erfunden ist, bleibt es letztendlich unklar, ob es sich hierbei um Xerxes (3. König der Dynastie) oder seinen Sohn Artaxerxes (4. König der Dynastie) handelt.

14 Vorläufer des ersten Perserreiches von 715–550 vor Chr.

wie auswendig gelernt zu erzählen. Wir, eine vierköpfige ziemlich bibelfeste Familie, begannen Fragen zu stellen, sodass er plötzlich aufblühte, als er unser Interesse vernahm. Von diesem Moment an ging es mit einer speziellen VIP-Tour weiter; er bat uns in die Synagoge, wo wir, die männlichen Besucher, mit einer Kippa auf dem Kopf sogar beten durften.

Die Geschichte der iranischen Juden hat aber leider nicht nur schöne Seiten. Im Zuge der Islamisierung des Landes und Ausbreitung des islamischen Fanatismus kam es zur Misshandlung der Angehörigen anderer Religionen. Die Zoroastrier verließen das Land nach und nach und ließen sich hauptsächlich in Indien nieder. Die Juden blieben und nahmen diese Repressalien hin, weil es ihnen woanders mit Sicherheit auch nicht besser ergehen würde. Zum Teil schützten sie sich aber mit Scheinkonvertierungen. Im neunzehnten Jahrhundert kam es sogar zu Pogromen in Teheran, Yazd, Schiraz, Isfahan und besonders in der religiösen Stadt Mashhad. Dennoch standen sie während der Herrschaft der Pahlawi-Dynastie, aus welcher der letzte Schah stammte, unter dem Schutze des Staates, so dass sie wie im Falle der Familie Ariye, die Arbeitgeber meines Vaters, in jeder Hinsicht frei agieren konnten.

Trotz, oder vielleicht gerade wegen dieser abwechslungsreichen Geschichte konnten die Iraner immer auf diese kleine Minderheit zählen. Die gut vernetze und bestens organisierte Gemeinde versorgte während des irakisch-iranischen Krieges die Soldaten an der Front stets mit Essen, Kleidung etc. und stellte ihnen erstklassige medizinische Behandlung zur Verfügung. Gemessen an der Größe ihrer Gemeinde hat eine beachtliche Zahl an jüdischen Soldaten die Grenzen des Iran mit ihrem Blut verteidigt. Ich habe mir die konträre Stellung der Juden im Iran und Europa anhand der geschichtlichen Fakten so erklärt, dass die meisten Juden als Sklaven bzw. als Kriegsgefangene durch die Römer gegen ihren Willen nach Europa verschleppt wurden, während der Iran die Juden einmal aus der babylonischen Gefangenschaft befreite und ihnen ein weiteres Mal Asyl gewährte, als sie von den Römern verfolgt und vertrieben wurden.

Eine glanzvolle Leistung der iranischen Regierung war aber fernab der antiken Geschichte beider Völker die Rettung der französischen, deutschen und polnischen Juden durch die iranische Botschaft unter der Nazibesatzung. 1940 legte sich Abdol-Hossein Sardari, der iranische Konsul in Paris, mit Adolf Eichmann an, der die iranischen Juden deportieren wollte. Der Konsul argumentierte damit, dass die iranischen Juden lediglich zum Judentum konvertiert waren und somit wie alle anderen Iraner der arischen Rasse angehörten und folglich keine Semiten waren. Eichmann hielt es für eine Erfindung des Konsuls und beharrte auf der Deportation der iranischen Juden aus Paris. Erst nachdem Friedrich-Werner Graf von der Schulenburg, der den iranischen Konsul aus seiner Dienstzeit im Teheran kannte, intervenierte und die Ausführungen Sardaris bestätigte, gab Eichmann nach. Von der Schulenberg, der wesentlich dazu beitrug, dass Sardari sein Vorhaben verwirklichen und viele Juden vor den Gaskammern der Nazis retten konnte, wurde im Sommer 1943 von Carl Friedrich Goerdeler für den deutschen Widerstand rekrutiert und war an dem Unternehmen Walküre beteiligt. Er wurde von dem Widerstand als der deutsche Außenminister in der Nach-Hitler-Zeit angesehen. Nach dem Scheitern des Attentats an Hitler wurde er des Hochverrates beschuldigt und im Oktober 1944 hingerichtet.

Sardari legte sich nicht nur mit dem sogenannten Deportationsbeauftragten Adolf Eichmann an, sondern auch mit seinen Vorgesetzten in Teheran, die in dem von Großbritannien und der UDSSR besetzten Iran alles versuchten, sich keinen Ärger mit den Alliierten einzuhandeln und daher jeglichen Kontakt iranischer Beamter zum NS-Regime untersagten. Ungeachtet dessen stellte er die in dem Tresor verbliebenen iranischen Pässe für die im Frankreich festsitzenden Juden aus. Zu einem großen Teil bekamen nicht-iranische Juden solche Pässe und somit konnte er das Leben von schätzungsweise mehr als 3.000 Juden[15] im besetzten Frankreich retten. Später unter Mohammad Mossadegh wurde

18 Die Pässe wurden nicht pro Kopf, sondern pro Familie ausgestellt.

er dafür belangt und sogar wegen „Dokumentenfälschung“ für 10 Tage inhaftiert und seines Amtes enthoben.

Kurz nach Ende des Holocaust und einige tausend Kilometer weiter östlich, schien dieser wieder allgegenwärtig: Als 1948 der Staat Israel ausgerufen wurde, reagierten bekanntlich nahezu alle seine arabischen Nachbarn mit einer unmittelbaren Kriegserklärung, während alle Juden der Region unter Generalverdacht gestellt wurden, seine Spione zu sein. Die irakische Regierung tat sich dabei unter den anderen arabischen insbesondere dadurch hervor, indem sie den Druck auf die Juden zusätzlich erhöhte. Zuvor wurde 1941 die jüdische Gemeinde Bagdads im Rahmen eines Pogroms[16] systematisch enteignet. Als der Irak in den frühen 50er Jahren alles daransetzte, sich dieser vermeintlichen „Agenten des zionistischen Feindes“ zu entledigen, begannen international agierende jüdische Verbände die Operationen „Ezra“ und „Nehemia“, um einen sicheren Exodus ihrer Glaubensgeschwister aus dem Irak zu ermöglichen. Hierbei sollte erneut der iranischen Monarchie eine Schlüsselrolle zukommen, sodass der hoch angesehen iranische Chacham[17] Yedidia Schofet[18] Mohammadreza Schah Pahlavi, den letzten iranischen Kaiser, persönlich darum bat, die irakischen Juden im Iran aufzunehmen, damit ihre Überführung nach Israel in aller Ruhe organisiert werden konnte. 2487 Jahre nachdem Kyros der Große den in Mesopotamien festsitzenden Juden zur Rückkehr verholfen hatte, schien sich die Geschichte zu wiederholen. Wieder war es ein iranischer König, der den in Mesopotamien festsitzenden Juden freies Geleit in das Heilige Land gewährte und ihnen mit Rat und Tat sowie

---

16 Das sogenannte „al-Farhud“, arabisch für gewaltsame Enteignung, ereignete sich vom 1. bis 2. Juni 1941.

17 Aus dem aramäischen חכם bedeutet er wörtlich „Weiser“ und ist der Titel eines rabbinischen Gelehrten.

18 Er war als Oberrabbiner der oberste religiöse Würdenträger unter den iranischen Juden. Nach der Revolution wanderte er in die USA aus. Man sagt er habe den gesamten Thora auswendig gewusst. Sein Sohn David Shofet leitet die Nessah-Synagoge in Beverly Hills, Kalifornien.

finanziellen Mitteln zur Seite stand. Über hundertzwanzig-tausend Juden konnten somit über den Iran und Zypern dem Tod entgehen und sich wie einst unter Kyros dem Großen in Israel niederlassen. So schloss sich der unter dem ersten persischen König begonnene Kreis unter dem letzten Kaiser des Iran.

Mit der islamischen Revolution des Jahres 1979 jedoch wurde gleichsam auch die traditionelle Schutzpolitik der iranischen Monarchie hinfällig. Somit schrumpfte nach und nach, wie alle anderen religiösen Minderheiten, die jüdische Gemeinde des Iran. Die meisten Juden wanderten aber erstaunlicherweise nicht nach Israel - was logischerweise zu erwarten wäre -, sondern in die USA aus. Dort bildeten sie eine jüdische Gemeinde innerhalb der großen iranischen US-Diaspora, die in Bezug auf die Wahrung der iranischen Kultur und Traditionen sehr aktiv ist.

Schon unmittelbar nach der Staatsgründung wanderten auch einige iranische Juden nach Israel aus. Offiziellen Angaben zufolge sollen sich seit 1948 rund achzig-tausend Iraner in Israel niedergelassen haben. Inoffiziell wird die Zahl der iranisch stämmigen Israelis auf ca. zweihundertfünfzig-tausend geschätzt, wodurch sie zu den größeren Minderheiten Israels zählen. Die Größe dieser Gemeinschaft ist jedoch bei Weitem nicht so bemerkenswert, wie die daran gemessene hohe Anzahl prägender Persönlichkeiten, die sie hervorgebracht hat. Dies umfasst neben zahlreichen Prominenten der Unterhaltungsindustrie auch führende Militärs und Politiker. So auch den 1945 in der iranische Stadt Yazd geborene Mosche Katzav, der das Amt des israelischen Präsidenten bekleidete oder den 1948 in Teheran geborene Scha'ul Mofas, der der 16. Generalstabschef der israelischen Streitkräfte war. Der letztgenannte war zudem von 2002 bis 2006 auch Verteidigungsminister.

Olivenhain

Das Flugzeug landete pünktlich um 03:40 Uhr im Ben Gorion-Airport und wir gingen voller Aufregung zur Passkontrolle. Zuvor hatten Sahar und ich uns darüber lustig gemacht, was wir machen würden, wenn man einen von uns nicht hereinlassen würde. Die Halle, in der die Schalter zur Passkontrolle aufgestellt waren, war sehr karg und kalt, trotz Außentemperaturen von 26°. Wir standen in einer Schlange und hielten unsere Pässe in der Hand bereit. Zunächst war Sahar dran. Der Beamte nahm ihren Pass, schaute sich alle Seiten gelangweilt an und fragte nach dem Geburtsort. Sahar antwortete, er legte etwas in den Pass, gab ihn ihr zurück und wünschte meiner Frau einen guten Aufenthalt. Dann war ich dran. Er schaute genauso gelangweilt die Seiten meines Passes an und richtete sich plötzlich in seinem Stuhl auf und sagte zu mir:

„Wie wird Ihr Nachname ausgesprochen?"

„Banaie"

„Können Sie das wiederholen?"

„B A N A I E"

„Was bedeutet das?"

„Soviel wie etwa Maurer, wieso?"

„Sind Sie Jude?"

„Nicht, dass ich wüsste, aber warum fragen Sie?"

„Wie heißen denn Ihr Vater und Großvater?"

„Abolfazl und Taghi! Können Sie mir sagen, worum es geht?"

Der Beamte wandte sich ab, zeigte meinen Pass seiner Kollegin am Nachbarschalter und fragte sie etwas auf Hebräisch. Sie nickte zustimmend, während er rauskam und mich bat, ihm zu folgen. In diesem Moment wurde mir klar, worum es ging. Wie einst Professor Elfenbein hatte mich der Grenzbeamte nach dem Vornamen meines Vaters und Großvaters gefragt. Ich fing nun an, die Sache langsam zu begreifen. Ca. zwölf Jahre zuvor hatte meine neugierige Tochter versucht, die Bedeutung unseres Familiennamens herauszufinden. Sie kam eines Morgens zu Sahar und mir und fragte:

„Kann es sein, dass wir Juden sind?“

„Nein, zumindest denke ich nicht, aber wie kommst Du darauf?“

„Der Name Banaie kommt nach dem Iran am häufigsten in Israel vor!“

Sie hielt danach einen fast 30-minütigen Vortrag über alle möglichen Abstammungen des Nachnamens Banaie. Unter anderem trug eine indische Gottheit diesen Namen, weshalb ich damals dieser Frage keine große Bedeutung beimaß, bis ich an der Passkontrolle in Tel Aviv daran erinnert wurde und endlich begriff, warum mich Professor Elfenbein nach den Namen meiner Vorfahren gefragt hatte und der Leiter der Personalabteilung in Koblenz sicher davon ausgegangen war, ich könne Hebräisch sprechen. Später erfuhr ich, dass einige Berühmtheiten in Israel den Nachnamen „Banai“ trugen. Yossi und Eyhud Banai, beide renommierte Musiker, waren nur zwei davon. Es war also kein Wunder, dass man einen aus Deutschland einreisenden Touristen iranischer Abstammung mit einem typisch jüdischen Namen, der es aber verneinte, ein Jude zu sein, verdächtigte. Ich folgte dem Beamten, der meinen Pass einer Beamtin in Uniform gab und zu seinem Schalter zurückkehrte.

Die uniformierte Beamtin nahm mich mit in ihr Büro und fragte mich über meinen Beruf, Wohnort, Aufenthaltsstatus etc. aus. Wiederholt betonte sie aber sehr höflich, dass es sich dabei um eine Routinemaßnahme handele und bat mich, es nicht persönlich zu nehmen. Sie schrieb alles sorgfältig auf und begleitete mich wieder in die große karge Halle, meinen Pass nahm sie aber wieder mit. An einer Ecke war ein Raum mit niedrigen Glaswänden abgetrennt, mit einem Fernseher und mehreren Stühlen. Neben dem Eingang befand sich ein kleiner Schalter, der als Büro diente und in dem das nicht uniformierte Personal sich abwechselnd einfand.

Es hielt sich eine heterogene, sehr aufgeregte Gruppe in diesem Raum auf. Rund herum saßen Menschen aus allen Herren Ländern. Nahe dem Eingang stand eine sehr nervöse junge Frau mit feuchten, leicht geröteten Augen und unterhielt sich laut in einer slawisch klingenden Sprache via Handy mit jemandem und bewegte sich dabei immer wieder in Richtung des Einganges und wurde wiederholt von dem Personal sehr harsch aufgefordert, in den Raum zurückzugehen. Jedes Mal fing sie an, laut in ihrer Muttersprache etwas zu sagen und wurde mit dem Satz „No russian, only english or hebrew!“ abgewiesen, wobei die Beamtin dies mit einem sehr markanten hebräischen Akzent und mit stark gerolltem „r“ sagte. Mit der Zeit fiel uns jedoch auf, dass die meisten aus slawisch sprachigen Ländern kamen, aber keine Touristen zu sein schienen. Hin und wieder wurde einer rausgerufen, erhielt seine Papiere und wurde regelrecht abgeführt. Außer mir warteten noch ein paar Einreisende mit europäischen Pässen, die genau wie wir sich aus dem Ganzen keinen Reim machen konnten. Zudem konnten die Betroffenen leider kein Englisch oder Französisch. Ich begab mich aus Langeweile zu dem Büro-Schalter und musste mit großem Staunen feststellen, dass einige der nicht-uniformierten untereinander russisch sprachen.

Unter dem Fernseher saß ein kräftiger Mann mit Vollbart, der Sahar und mich auf Französisch ansprach. Ich zog das Gesicht nicht verstehend zusammen, aber Sahar antwortete ihm. Er gab an Franzose und lediglich auf Durchreise zu sein.

„Er gibt an, Franzose zu sein, seine Wiege stand aber nie im Leben auf französischen Boden. Er ist mit sehr hoher Wahrscheinlichkeit französischer Bürger algerischer Abstammung, so wie er redet!“ sagte Sahar. Der Mann machte permanent irgendwelche Witze, die die slawisch Sprechenden nicht verstanden, er selbst lachte aber laut und blödelte herum.

„Frag ihn doch, warum er hier festsitzt!“

Bevor Sahar dies tun konnte, wurde ich wieder in das Büro gerufen. Die Beamtin von vorhin übergab mich und meinen Pass einem ca. 30-jährigen Beamten in Zivil, entschuldigte sich wieder für die Unannehmlichkeiten und verabschiedete sich. Der mittelgroße, durchtrainierte Beamte trug ein kurzärmliges Hemd in Kaki und sprach akzentfrei Englisch. Er nahm mich mit, öffnete mit seinem Dienstausweis eine Tür und ließ mich in einen ca. 3 x 2 m großen fensterlosen Raum mit nackten Wänden herein. An einer der kurzen Wände standen ein Tisch mit einem Computer darauf, insgesamt drei Stühle. Ich setzte mich unaufgefordert hin und er fing mit einem ordentlichen Verhör an. Noch nie zuvor hatte sich jemand in so kurzer Zeit so intensiv für mein Leben interessiert. Zwar wollten Sahar und ich, als wir uns kennenlernten buchstäblich „alles“ über einander wissen, jedoch zog sich dies aber über Jahre hinweg. Dasselbe gilt auch für meine Kinder, deren Wissensdurst erst nach einigen Jahren gelöscht war. Der Sicherheitsbeamte wollte mich aber innerhalb kürzester Zeit wie eine Zitrone auspressen.

„In welcher Stadt sind Sie geboren?“

„In Teheran!“

„Wo sind Sie aufgewachsen?“

„In Marand!“

Er schaute in seinem Computer nach, tippte einige Wörter ein und schaute erneut auf und fragte weiter:

„Wo liegt das?“

„Im Nordwesten, in der Provinz Aserbaidschan!“

Ob ich jüdische Verwandte hätte, ob ich im Iran Kontakt zu Juden hatte, wie viele Geschwister ich habe und wo sie wohnten, was meine politische Gesinnung war, bevor ich den Iran verließ, warum ich dies tat, was ich in Deutschland mache, warum ich in Israel bin, ob ich je in einem arabischen Land gewesen bin, waren nur einige wenige Fragen an diesem frühen Morgen.

Während ich aufmerksam die Fragen beantwortete und darauf bedacht war, mich bloß nicht aus der Fassung bringen zu lassen, ging mir aber auch der Gedanke durch den Kopf, dass ich das Protokoll dieses Verhörs unverändert als meine Autobiografie veröffentlichen könnte.

Es war bereits halb sieben, als er sein Verhör abschloss und mich wieder in die Wartezone brachte. Dort traf ich auf meine aufgebrachte Frau, die vor Wut fast schäumte.

„Kaum warst Du weg, da hat der Algerier etwas von den Beamten gewollt, sie haben ihn lautstark zurechtgewiesen, die Sache ist eskaliert und obwohl er nichts, aber wirklich gar nichts getan hatte, wurde er von drei Männern zu Boden geworfen und in Handschellen abgeführt. Zu den anderen sind sie aber auch nicht besonders nett! Wie war es denn da drin?“

„Es ging so, der Beamte könnte mir sogar eine Rechnung für seine professionelle und eingehende Psychoanalyse stellen!“

„Schön, dass Du darüber noch Witze machen kannst! Ich habe hier Sachen gesehen, die auf keine Kuhhaut gehen! Ich setze nie wieder einen Fuß in dieses Land, falls sie dich überhaupt hereinlassen!“

„Das ist verständlich, aber wir sind in genau 14 Tagen wieder hier in diesem Flughafen, lass uns unser Urteil bis dahin verschieben!“

Endlich kam der erlösende Moment, die nette Beamtin in die Wartezone gab mir den Pass mit dem Aufenthaltskärtchen, entschuldigte sich erneut und wünschte uns einen angenehmen Aufenthalt in Israel. Um viertel nach sieben marschierten wir durch die Passkontrolle. Die lange ersehnte Reise konnte nun beginnen.

Wir holten unser Gepäck, gingen zu der äußerst teuren Bar in der Mitte des Gebäudes und holten uns zunächst Kaffee und Croissant. Die Stimmung war durch die Ereignisse der letzten Stunden so bedrückt, dass an ein richtiges Frühstück überhaupt nicht zu denken war. Wir gingen zum Ausgang, um unseren Mietwagen abzuholen. Es war Samstag und alle Läden am Flughafen hatten zu. Ich ging zu einem Wachmann und fragte vorsichtig nach der Abholstelle der Mietwagen. Er bat mich kurz zu warten, sagte etwas zu seinem Kollegen, holte sein Handy raus und fing an herumzutelefonieren.

„Ich wollte Sie nicht von der Arbeit abhalten!“

„Kein Problem!“

Nach einigen Telefonaten erklärte er mir den Weg zu der Haltestelle der Shuttlebusse und rief, als er meinen verwirrten Blick sah, seinem Kollegen lachend etwas zu, sagte etwas und legte los:

„Folgen Sie mir bitte!“

Eine halbe Stunde später saßen wir völlig überwältigt von so viel Freundlichkeit in einem schwarzen Chevrolet Spark und fuhren nach Tel Aviv.

Duftende Farbe des Lavendels

Durch die Müdigkeit nach dem langen Flug und die Strapazen an der Passkontrolle war meine Wahrnehmung für die Umgebung stark geschwächt, sodass ich mich nur noch mit Mühe und Not auf das Fahren konzentrieren konnte, damit wir heil im Hotel ankamen. Nach einer ca. vierzigminütigen Fahrt in nahezu menschenleeren Straßen fanden wir endlich unser Hotel und wurden von einer hilfsbereiten, aber kaum Englisch sprechenden Dame an der Rezeption empfangen, die uns als Erstes die Adresse eines öffentlichen Parkhauses in der Nähe aufschrieb und mit gebrochenem Englisch andeutete, dass das Parken auf den Straßen von Tel Aviv extrem teuer werden kann. Eine Dusche und ein bequemes duftendes Bett waren dann genau das, was wir zu unserer Regeneration benötigten.

Sahar und ich versuchen immer uns ziemlich zentral einzuquartieren und von dort aus überallhin zu Fuß zu gehen. Dies hat zum einen den Vorteil, von den privaten und öffentlichen Verkehrsmitteln unabhängig zu sein und zum anderen kann man auf diese Weise viel mehr von der Stadt sehen, was Sahar und ihre Kamera ganz besonders erfreut. So gingen wir an diesem Tag auch nach einem erholsamen Schlaf auf die Straße und spazierten in Richtung des Strandes. Es war Schabbat und alle Läden hatten zu; wir mussten daher erst bis zum nächsten Tag warten, um eine SIM-Karte kaufen und somit mobil Zugriff auf Google Maps haben zu können. Also fragten wir unterwegs eine ältere Dame nach dem Weg:

„Verzeihen Sie, wir sind Touristen aus Deutschland und suchen den Strand, könnten Sie uns bitte helfen?“

In einem äußerst unfreundlichen Ton fragte die Dame zurück:

„Wo seid ihr her?“

„Aus Deutschland!“

Sie warf uns einen verachtenden Blick zu und spuckte uns vor die Füße, bevor sie sich schimpfend umdrehte und uns stehen ließ. Wir standen an diesem sehr warmen Tag da und spürten förmlich die ganze Last aus der Vergangenheit der beiden Völker auf unseren unbeteiligten, unschuldigen Schultern. Es war so, als hätten wir mit der Annahme der deutschen Staatsangehörigkeit auch die gesamte historische Schuld der deutschen Nation übernommen. In diesem kurzen Moment waren Auschwitz und Dachau mehr als gegenwärtig. Vielleicht war die Dame eine Hinterbliebene der Holocaust-Opfer, vielleicht hatte ihre Mutter ihr von dem unfassbaren Leid erzählt, das ihr widerfahren war. Vielleicht hatte sie sogar die Eltern dabei verloren. Auch wenn ich mit der Erwartung hier hingekommen war, dass die Deutschen im Israel nicht gerade mit offenen Armen aufgenommen werden, hätte ich nicht gedacht, dass Geschichte eine so große Rolle für die Gegenwart spielen konnte.

„Deutsch zu sein hat gewiss viele Vorteile, aber anscheinend nicht in Israel!", sagte Sahar leicht hämisch und fuhr fort:

„Nun stehen wir hier, geliebter Ehemann! Zwei Deutsche iranischer Abstammung, in einem Land, in dem wir den Kopf für etwas hinhalten müssen, wofür wir nichts können. Die Herrscher unserer neuen Heimat strebten vor über achtzig Jahren einer Endlösung der Judenfrage an und wir werden deshalb angespuckt. Die Führer unserer alten Heimat wollen Israel heute von der Landkarte tilgen und dafür sitzen wir fast 4 Stunden am Flughafen fest. Aber trotz aller geschichtlichen Verbindungen und aller Gemeinsamkeiten, unterscheiden sich die beiden Völker in einem Punkt gewaltig: der Jude hatte damals keine Heimat, er erschuf sie sich und fand dort schließlich Zuflucht. Der Iraner hat wohl eine Heimat, aber ergreift gerade vor dieser die Flucht."

Wir spazierten in Stille weiter und hielten uns an der Hand, vielleicht fester denn je. Ihre Worte erweckten in mir ein Gefühl aus Heimweh und Melancholie. Heimweh? Wo war aber dieses Heim, zu dem wir eine solche Bindung hatten, dass es des Namens Heimat würdig war? Wonach sehnten wir uns in diesem merkwürdigen Moment wirklich? Es schien, dass die Hand des Anderen in jener Situation das Einzige war, was einem das Gefühl gab, nicht ganz verloren zu sein.

Wir trafen auf ein schönes, sehr einladend wirkendes Strandrestaurant mit leiser, angenehmer Musik. Wir setzten uns hin und ein junger graziler Kellner mit einem breiten Lächeln begrüßte uns. Um uns herum saßen nur gleichgeschlechtliche Paare, die uns auch immer wieder ein nettes Lächeln zuwarfen. Sahar ging zuerst das Licht auf:

„Es ist wieder wie damals, als wir nach Köln gezogen sind. Erinnerst Du Dich daran, dass Du versehentlich in eine Schwulensauna gehen wolltest!?"

In der Tat waren wir in einem Stadtviertel, in dem überdurchschnittlich viele homosexuelle Paare zu sehen waren. In den darauffolgenden Stunden konnte ich beobachten, wie ungezwungen aber das Ganze dort zuging. Für jemanden, der in Köln lebt und arbeitet, gehört Homosexualität zum Alltag. Nicht zuletzt deshalb hat Sahar im Kölner Integrationskurs die Neuankömmlinge aus den Ländern des Nahen Ostens wiederholt darauf aufmerksam gemacht, nicht stehenzubleiben und zuzuschauen, wenn zwei Männer oder Frauen auf der Straße Zärtlichkeiten austauschen. Hier in Tel Aviv spürten wir aber eine Natürlichkeit, die wir selbst von Köln, also von der liberalsten und tolerantesten Stadt, in der wir bis dato gewesen waren, nicht kannten. Dies gab uns Grund zur Hoffnung. Hatten unsere bisherigen Erfahrungen in diversen Ländern doch gezeigt, dass sich das Ausmaß der Toleranz eines Landes in erster Linie daran bemessen lässt, wie sich der Umgang der Gesellschaft mit dem Thema Homosexualität gestaltet.

Nach dem Essen machten wir uns auf den Weg in Richtung Jaffa. Unterwegs dahin unterhielten wir uns darüber, wie wir nun mit unserer Herkunft umgehen und als was wir uns ausgeben wollten, damit man uns weder anspuckte noch verhörte. Deutsche zu sein war ja bekanntlich nicht vorteilhaft, iranische Herkunft könnte auch zu unnötigen Fragen, oder sogar Begegnungen mit der Polizei führen, falls sich ein übereifriger Bürger bedroht fühlen sollte.

„Lass mich mit den Leuten sprechen. Wir sagen, wir kämen aus Frankreich, ohne anzugeben, Franzosen zu sein."

„Und was sage ich? Ich kann doch kein Französisch! Ich kann nur das Bisschen Englisch, meine bescheidenen Arabischkenntnisse wären in Israel auch alles andere als hilfreich! Soll ich mit Ihnen Türkisch sprechen!?"

„Ja, genau! Das ist die Idee! Dann bist Du mein eingeflogener türkischer Ehemann, der es noch nicht geschafft hat in Frankreich Französisch zu lernen und sich mit Englisch über Wasser hält!“

„Und in welcher Sprache unterhalten wir uns, Du Genie!? Du kannst doch gar kein Türkisch!“

Sie hatte aber gerade Fahrt aufgenommen und war nicht mehr zu bremsen. Völlig amüsiert von dieser Vorstellung fing sie an, dazu auch einen kompletten Lebenslauf zu erfinden. Mit immer größer werdendem Elan dichtete sie mehr Details über mein Leben in der Türkei und ihres in Frankreich zusammen, über unsere arrangierte Heirat, was wir aktuell machten und wo wir wohnten. Sie erfand sogar eine seltene Sprache, die angeblich nur in der Türkei gesprochen wurde und in der wir uns unterhielten. Im Nu hatten wir völlig neue Identitäten und zwei lückenlose Lebensläufe, die sogar ein Verhör am Flughafen standhalten würden.

„Das werden wir den Leuten erzählen, wenn sie neugierig werden.“, sagte Sahar und wir fingen an, ihre Geschichte weiter auszuschmücken. Die Stimmung war wieder erheitert, das Wetter an diesem warmen Oktobernachmittag herrlich und wir befanden uns immer noch auf dem Weg nach Jaffa.

Dann kam der Moment, in dem wir unsere Geschichte eventuell hätten erzählen können. Wir hatten noch keine Gelegenheit gehabt, Geld zu wechseln. Es war Schabbat und alle Banken hatten zu. So fragte ich einen Passanten nach der Adresse einer Wechselstube, nach dem ihn Sahar vergeblich auf Französisch angesprochen hatte. Er sagte, wir könnten eventuell in Jaffa Geld wechseln und als ich ihm sagte, dass wir den Weg dahin auch nicht besonders gut kannten, bot er an, uns ein Stück des Weges zu begleiten. Nach ein paar hundert Metern stellte er die Frage aller Fragen:

„Wo seid ihr her?“

Ich konnte es nicht übers Herz bringen, so einen freundlichen Menschen anzulügen und antwortete unter dem zustimmenden Blick meiner Frau:

„Wir kommen aus Deutschland, aber ursprünglich sind wir Iraner!

„Iraner!? Wirklich!?“

„Ja, aus dem Iran!“

„Meinen Sie tatsächlich die islamische Republik Iran!?"

„Ja! Das Land nördlich des Persischen Golfes!"

„Das ist ja großartig! Willkommen in Israel! Wie finden Sie denn unser Land? Ich habe noch nie einen Iraner getroffen!"

Wir waren komplett irritiert. Wusste er wirklich, von welchem Land wir sprachen? Oder verwechselte er wie so oft „Iran" mit dem „Irak"?

„Verzeihung! Sie wissen aber schon, dass ich vom Iran und nicht vom Irak spreche, oder?"

„Selbstverständlich! Wen interessiert der gottverdammte Irak!? Sie stammen aus dem Land, dessen Führer Israel vernichten wollen. Aber wir wissen, dass viele Iraner diese Haltung nicht teilen."

„Ich hoffe, Leute wie Sie sind in der Mehrheit. Die meisten Iraner haben wirklich nichts gegen Israel."

Der ohnehin sehr freundliche Israeli wurde noch wärmer mit uns. Obwohl er gesagt hatte, dass er uns nur soweit begleiten würde, dass wir den Weg selber finden, brachte er uns zu einem Hotel in Jaffa, wo wir auch Geld wechseln konnten. Er konnte nicht aufhören zu fragen und wollte wissen wie die Menschen im Iran zu Israel und dem Konflikt zwischen ihm und den arabischen Nachbarn stehen, was sie von den Juden halten, wie viele Juden es im Iran noch gibt, ob sie ihre Religion frei praktizieren können etc.

Seit dem Aufstand 2009 bis heute skandiert das Volk wiederholt auf den Straßen Irans „Weder für Gaza, noch für Lobnan[19]! Unser Leben für den Iran!". Ich glaube, das sagt alles über die Haltung der Iraner zu diesem Konflikt. Sie wollen damit nichts zu tun haben.

Er verabschiedete sich dann nach einer Weile, während er uns immer und wieder zu verstehen gab, wie froh er sei, endlich zwei Iraner kennengelernt zu haben.

„Deine tolle Geschichte kannst du dir in die Haare schmieren, von wegen du hast mich als deinen Ehemann aus der Türkei einfliegen lassen! Wir gehen ab jetzt als stolze Iraner, es scheint ja doch nicht nur Nachteile zu

---

19 Libanon auf Persisch

haben! Abgesehen davon machte ich bei deiner Geschichte keine gute Figur!"

Die Urlaubsstimmung war wieder zurück und Jaffa erwartete uns mit all ihren Schönheiten.

Jaffa hat im Gegensatz zu Tel Aviv eine lange und abwechslungsreiche Geschichte. Nahezu alle großen Reiche und Kulturen des Nahen und Mittleren Ostens haben hier ihre Spuren hinterlassen. Noch heute kann man an allen Ecken dieses Stadtviertels die langen Schatten dieser Vergangenheit deutlich erkennen. Der Uhrenturm am ha-Hagana Square, ein Geschenk des letzten mächtigen osmanischen Sultans Abdul Hamid II, der mehr oder weniger eine Art Eingang zur Stadt darstellt, zeigt einige Szenen der Geschichte der Stadt. Die Architektur mutet zwar osmanisch an, streckenweise wird man aber auch an Spanien und Portugal erinnert. In der Altstadt von Jaffa setzt sich dieser Eindruck fort und man empfindet einen klaren Schnitt zum sonst mehr oder minder modernen Tel Aviv.

Jaffa hat einem Touristen sehr viel zu bieten. Von dem hängenden Baum bis zu den Ruinen aus den Römerzeiten über verschlafene romantische Cafés, es gibt für jeden Geschmack etwas und ich denke, keiner geht bei einem Besuch dieser Stadt leer aus.

Wir spazierten durch die Straßen und Gassen und versuchten alle Ecken der Stadt zu sehen. An einigen schönen Ecken ließen wir uns fotografieren, es war großartig zu sehen, aus wie vielen Ländern sich Touristen in Jaffa befanden. Nachdem wir die typischen Touristenattraktionen durchlaufen hatten, fing die eigentliche Besichtigung an. Wir haben es uns vor langem zur Gewohnheit gemacht, die Städte, die wir besuchen, auch auf die folgende Art und Weise zu erkunden: Vor Jahren hatte ich in dem berühmten Werk von Erik-Emmanuel Schmitt „Monsieur Ibrahim und die Blumen des Koran" gelesen, dass heilige Stätten ihren eigenen Geruch haben. So schrieb er zum Beispiel, dass eine griechisch-orthodoxe Kirche nur nach Weihrauch riecht, eine katholische Kirche nach Kerzen und eine Moschee nach Schweißfüßen. Jahre später habe ich mit meiner Familie eine Theateraufführung dieses Buches in Teheran besucht. Auf dem Weg zurück unterhielten uns Sahar und ich über ebendiese Feststellung. Hört man ein und dasselbe Wort in zwei verschiedenen Sprachen, bekommt dieses ein völlig anderes Gewicht. Man fängt mit der Zeit langsam an, das gesprochene nicht nur zu hören, sondern auch zu sehen. So kamen wir zu dem Schluss, dass man dieses an und für sich einfache, von Monsieur Ibrahim entdeckte Prinzip durchaus überall anwenden kann. Wir schärften an diesem Nachmittag unsere anderen Sinne und versuchten Jaffa anhand ihrer Gerüche auszukundschaften.

Die engen Gassen der Innenstadt mit ihren gelb angemalten Treppenabsätzen waren der beste Ort, sich von den Eindrücken einfach treiben zu lassen. Es mischten sich überall die Gerüche der orientalischen Gewürze mit dem der nassen, frisch bespritzten Pflastersteine. Die Abenddämmerung war langsam in Anmarsch und hier und da gingen allmählich Laternen an. An einer relativ menschenleeren Ecke und unter einem niedrigen Gewölbe setzten wir uns auf eine Stufe. Vor uns verjüngte sich die Gasse durch eine schräg gebaute Mauer. Vor ihr war eine Treppe, die zu einer Terrasse führte. Gegenüber der Mauer stand eine Tür, über der eine kleine Hängelaterne mit ihrem gelblichen Licht eine kleine Fläche vor der Tür beleuchtete. Zusammen mit der Dämmerung hatte sich ein sonderbares Ambiente gebildet, das einen zum Bleiben einlud. Hinter uns war leise ein trauriges arabisches Lied zu hören, ein paar Häuser weiter an dieser Gasse klang ein fröhliches israelisches Tanzlied. Ich fragte mich in dem Moment, wie viele verschiedene Sprachen diesen Mauern wohl den Nachklang ihrer Wörter im Laufe der Jahrhunderte verliehen hatten.

„Was denkst du, wie viele Nationen durch diese Gassen marschiert sind. Ob einer unserer Vorfahren auch unter ihnen gewesen ist? Als Soldat, Händler, oder sogar Dieb, der auf diese hohen Mauern gestiegen ist?",

fragte meine Gattin, als hätte sie meine Gedanken gelesen.

„Deine Liebe zur Erfindung skurriler Geschichten in Ehren, aber warum um Himmels willen soll einer unserer Vorfahren ausgerechnet ein Dieb gewesen sein, der just in Jaffa in fremde Wohnungen eingestiegen ist?", antwortete ich lachend. Sahar hat in der Tat eine ausgesprochene Liebe dazu, zu den einfachsten Situationen und Begegnungen die merkwürdigsten

Geschichten zu erfinden, sie mit kleinsten Details auszuschmücken und dem Ganzen ausnahmslos einen dramatischen Verlauf zu verleihen. In diesem Falle aber hätte sie womöglich sogar recht gehabt. Waren die Iraner doch seit jeher in der ganzen Welt unterwegs, um neue Handelsrouten zu finden. Sie waren schließlich diejenigen, die nicht nur den „Bazar"[20] erfanden, sondern auch durch ihre Geschäftstüchtigkeit dafür Sorge trugen, dass sein Name sich als Lehnwort in viele Sprachen von China bis Deutschland verbreiten konnte. Dass ich in meinem Wohnviertel in Köln immer an dem „Bazaar de Cologne" vorbeilaufe, habe ich somit wahrscheinlich einem meiner – oder auch Sahars – Vorfahren zu verdanken, der vor hunderten von Jahren aus Marand oder Teheran kommend, über Jaffa, Zypern, Griechenland und einigen Ländern mehr, mit einem in Köln sitzenden Wolfgang oder Eberhardt Handel getrieben hat.

Wir brachen auf und setzten unseren Spaziergang fort. Mit jedem Schritt wurde die fröhliche israelische Musik lauter und das traurige arabische Lied leiser, bis es nach einigen wenigen Metern überhaupt nicht mehr zu hören war. In dieser kurzen Strecke steckte die ganze neuzeitliche Geschichte von Jaffa, war sie doch eine gänzlich arabische Stadt, die im ersten arabisch-israelischen Krieg 1948 aus der Warte der Israelis befreit, und aus arabischer Sicht besetzt wurde. Die fröhliche israelische Musik wird seit dieser Eroberung immer lauter und die traurige arabische immer leiser, bis sie irgendwann vollends verstummt. Wenn ich dieses Ambiente mit einem Duft in Verbindung bringen wollte, dann sicherlich mit dem des Lavendels, denn er ist für mich der Duft der Nostalgie.

Nachdem wir einen heißen Tee getrunken hatten, machten wir uns wieder auf den Weg in Richtung unseres Hotels. Wir gingen entlang des Strandes und genossen die sanfte, lauwarme Brise, die unsere Wangen streichelte. Wir sahen links von uns und ganz in der westlichsten Ferne die Sonne, die im Begriff war unterzugehen. Ihre ersten Strahlen stachen in das ruhige,

---

20 Interessant ist die mittelpersische Wurzel des Wortes „Paha tschar", was so viel bedeutet wie etwa „Ort des Preises" oder „Ort des Wertes".

fast stille Wasser, als wollte sie mit ihren langen Fingern erst das Wasser auf seine Kälte ertasten, bevor sie darin hineintauchte. Wir nahmen auf einer der vielen Bänke Platz, um dieses alltägliche, aber dennoch an ein Wunder grenzende Naturschauspiel nicht zu verpassen. Die imponierende Sonne schien sich Zeit zu lassen und den Himmel erst mit all ihren feurigen Farben schmücken zu wollen, bevor sie gänzlich entschwand. Als sie bis zu ihren Lenden im Wasser stand, erinnerte sie an einen balzenden Pfau, der seine prachtvollen Schwanzfedern zu einem majestätischen Rad geschlagen hatte. Indes zeigten wir uns gegenseitig die Bilder, die wir geschossen hatten. Auf einem Bild waren wir beide sitzend auf einer Bank vor einer Mauer unter einem Baum voller Drillingsblumen hervorragend getroffen. Wir schauten uns dieses Bild eine Weile an, bis uns beiden nahezu gleichzeitig auffiel, was jemand auf die Mauer hinter uns gesprüht hatte:

God is Love!

Vor dieser herrlichen Kulisse fanden diese drei so einfachen und banalen Worte selbst für zwei Agnostiker wie uns einen vollkommen anderen Inhalt. Es war der erste von unzähligen Momenten auf dieser Reise, in denen wir in Stille nur noch innehielten und die Umgebung auf uns einwirken ließen. Die Sonne ging mit ihrer ganzen Pracht in das Mittelmeer unter und wir setzten unseren Spaziergang in Richtung Hotel fort.

Tel Aviv ist eine relativ junge Stadt, dennoch hat sie einem neugierigen Touristen sehr viel zu bieten. Wir schauten uns am zweiten Tag die restlichen in den Reiseführer, Websites und ganz besonders Blogs empfohlenen Sehenswürdigkeiten an. In einem Stadtviertel nahe Jaffa mit engen Gassen befanden sich viele aneinanderreihende Häuser, auf deren Türen Schilder mit deutschen Nachnamen zu sehen waren. Es war sehr merkwürdig, mitten in der Stadt ein deutsches Viertel zu finden.

„Herr Banaie! Wenn Sie einen nicht deutschen Europäer treffen, der einen deutschen Namen trägt, besonders wenn dieser Name aus zwei Nomen wie z.B. Rosen+Tal oder Gold+Stein besteht, können Sie zu über neunzig Prozent davon ausgehen, dass der Träger dieses Namens ein Jude ist."

Professor Elfenbein schaute mich erwartungsvoll an. Ich war so in dem neu erlangen Wissen vertieft, dass ich vor lauter Bäume den Wald vor meinen Augen nicht sah. Er war selbst ein Paradebeispiel dafür: ein Brite, der einen deutschen Namen trug, der aus zwei Nomen bestand! Später las ich, dass mit der Machtergreifung der Nazis viele deutsche Juden ausgewandert waren, um sich anschließend in Tel Aviv niederzulassen. So war sogar ein Stadtviertel mit dem Namen „Weiße Stadt“ entstanden, dass in den 30ern im deutschen Architekturstil aufgebaut wurde.

An einer breiten, aber wenig befahrenen Straße standen wir vor einem Laden, in dem man einheimische Schmucksteine kaufen konnte. Für Sahar sind Einkäufe dieser Art ein fester Bestandteil unserer Reisen, sie kreiert zu Hause daraus ihre Halsketten mit sehr viel Sorgfalt und Geschmack. Obwohl ich ein absoluter Einkaufsmuffel bin, begleite ich sie mittlerweile gerne zu diesen Einkäufen, denn jeder dieser Halsschmuckstücke erzählt die Geschichte einer unserer Reisen und lässt uns immer in den jeweiligen schönen Erinnerungen und Eindrücken schwelgen. Jedes Mal, wenn sie eine solche Kette trägt, schaue ich sie dabei an und bewundere ihre Anmut, so wie bei unserer ersten Begegnung. Ich werde mir dabei immer wieder bewusst, wie glücklich ich mit ihr bin und wie leicht und befreit das Leben an ihrer Seite ist. Es ist für mich kaum vorzustellen, dass es je möglich wäre, all diese Erfahrungen und Eindrücke mit jemand anderem teilen zu können.

So gingen wir an diesem Tag voller Erwartung in den Laden und fingen an, die in diversen Körben durcheinander gemischten Steine nach passenden Stücken zu durchforsten. Sahar nahm einige Teile in die Hand, sah sie sich sehr kritisch an und suchte nach dem Preisschild.

„Wow! Das sind aber Halsabschneider! Für den Preis eines einzigen Steines könnte ich in Köln eine Handvoll davon kaufen!“ sagte sie relativ laut. Bereits bei unserer Ankunft und an der Bar am Flughafen hatten wir festgestellt, dass Israel ein sehr teures Land ist. Dieser Laden war aber die Krönung. Wir unterhielten uns weiter darüber und fingen an, darüber auch Witze zu machen.

„Kann ich Ihnen helfen?“, sprach uns eine weibliche Stimme von hinten auf Persisch an. Es war uns so peinlich, dass wir uns nur sehr zögerlich umdrehten, um zu sehen, wer mit uns redete. Vor uns stand eine ca. vierzigjährige schick gekleidete Frau mit großen schwarzen Augen und lächelte uns an.

„Oh! Sind Sie Iranerin? Es freut uns eine Landsmännin hier in Israel zu treffen!"

„Ja! Meine Eltern kamen aus dem Iran, ich selbst bin hier geboren."

„Sie sprechen aber ein exzellentes akzentfreies Persisch! Alle Achtung!"

Das war ein unschuldiger Versuch seitens Sahar, uns aus der peinlichen Lage zu retten, in der wir nun bis zum Hals steckten. Sie war erfolgreich:

„Finden Sie? Ich habe leider wenig Gelegenheit zu üben. Mein Mann stammt zwar ebenfalls aus einer iranischen Familie und wir sprechen zu Hause teilweise Persisch, aber sonst ist Hebräisch unsere erste Sprache", sagte Tina halb stolz und halb sich entschuldigend.

„Dann können Sie erst recht stolz auf sich sein! Wenn ich es nicht wüsste, würde ich denken, Sie haben den Iran erst vor ein paar Jahren verlassen."

Wir alle wussten, dass ich übertrieb. Es war aber allen egal, weil die peinlichen Bemerkungen und Witze nun vergessen waren und Tina uns gute Tipps für den kurzen Rest unseres Aufenthaltes in Tel Aviv geben konnte. Sie nannte uns neben weiteren Sehenswürdigkeiten auch einige iranischen Restaurants und sogar eine iranische Disco. Sehr erfreut bedankten wir uns für die tollen Tipps und verabschiedeten uns. Sie begleitete uns zu Tür und sagte hämisch, während wir über die Türschwelle schritten:

„Passen Sie gut auf Ihre Hälse auf! Hier in Israel ist alles teuer, ganz besonders Schmucksteine!" und lachte laut. Ihr Lachen war aber so freundlich, dass die peinliche Berührung auf unserer Seite ausblieb. Sie war die erste aus dem Iran stammende Israeli, die wir auf unserer Reise sahen.

Wir gingen die Straße entlang und kamen an einem Reisebüro vorbei. Ein Mann und eine Frau saßen gelangweilt an ihren Tischen und starrten auf ihre Handys. Sahar sagte:

„Lass uns die Reise nach Petra jetzt buchen, damit wir in Jerusalem keinen Stress haben."

Das war keine schlechte Idee. Bis Jerusalem hatte wir noch ein paar

Tage und wir hätten früh genug nach feiner deutscher Art alles in Ruhe organisieren können. Also gingen wir rein. Die Frau nahm als erste den Blick von ihrem Handy und grüßte uns auf Hebräisch. Wir antworteten gleichzeitig in Englisch und Französisch. Nahezu simultan sprachen mich die Frau in Englisch und der Mann Sahar in Französisch an. Die ein wenig merkwürdige Situation von einem in zwei Sprachen auftretenden Paar bewog die beiden dazu, uns nach unserer Herkunft zu fragen. Nach der gestrigen äußerst angenehmen Erfahrung mit dem netten Passanten antworteten wir locker und gelassen:

„Wir kommen aus Deutschland, aber wir sind Iraner!"

Die beiden sprangen plötzlich auf und fragten durcheinander:

„Wie bitte? Was haben sie gesagt? Wo kommen sie her?"

„Aus dem Iran!"

Das junge Paar war genau so überrascht wie der Passant vom Vortag und mit Sicherheit nicht weniger freundlich. Die beiden schauten sich eine Weile an und dann sagte die Frau:

„Es gibt einige aus dem Iran stammende Berühmtheiten in Israel. Sie kennen mit Sicherheit Rita Jahanforouz, die weltbekannte Sängerin, oder? Sie hat vor Kurzem ein ganzes Album mit persischen Liedern herausgebracht. Wunderschön! Ich kann nicht aufhören, sie zu hören, auch wenn ich kein Wort davon verstehe!"

„Selbstverständlich kenne ich sie! Wer tut's nicht!? Sie hat 2013 sogar in einer Uno-Veranstaltung auf Persisch gesungen!", sagte ich voller Stolz, als wäre Rita Jahanforouz meine Schwester. Es tat aber richtig gut, als Iraner in Israel und vor zwei Israelis mit einer israelischen Sängerin anzugeben!

Nachdem sie uns über den Iran und das Leben der Juden dort ausgefragt hatten, fragten sie uns nach unseren bisherigen Eindrücken von Israel. Sahar erzählte dem fließend Französisch sprechenden jungen Mann von den Geschehnissen an der Passkontrolle, während ich den sauren Beigeschmack in ihrem Ton raushörte, ohne die Sprache zu verstehen. Das Paar entschuldigte sich mehrfach dafür in beiden Sprachen und bot uns sofort zwei kalte Getränke an.

„Sie müssen sich überhaupt nicht dafür entschuldigen! Sie können doch nichts dafür!“, sagte Sahar merklich verlegen. Jetzt hörte ich einen Hauch von Reue in ihrer Stimme. Der junge Mann sagte aber:

„Sie haben vollkommen recht, aber ich habe selbst auch dort gearbeitet, und weiß genau, wie es dort zugeht. Sie müssen bedenken, das sind Leute, die indoktriniert sind, jeden als verdächtig zu betrachten, bis das Gegenteil bewiesen wird. Dass der Eine oder der Andere manchmal über das Ziel hinausschießt, liegt nicht zuletzt daran. Eins kann ich Ihnen aber versichern; das ist nie etwas Persönliches!“

Leider konnte man bei Ihnen keine Reise nach Petra buchen. Wir unterhielten uns aber weiter und sie gaben uns gute Tipps für Haifa und Akko. An seine entschuldigende Erklärung musste ich acht Monate später denken, als der Beamte an der Passkontrolle erneut meinen Pass mitnahm und mich aufforderte, ihm zu folgen.

* * * * * * *

Die Spannung hielt sich bei meiner zweiten Einreise in Israel in Grenzen. Das Paar im Reisebüro hatte mir auch versichert, dass es sich nie um etwas Persönliches handelt, also es gab keinen Grund zur Besorgnis. Ich ging zum Schalter und hielt meinen Pass hin, ein Déjà-vu! Die Fragen, die Gestik und Mimik und die Reaktionen waren haargenau die gleichen. Auch die Prozedur gestaltete sich genau wie beim ersten Mal:

„Warten Sie hier! Kommen Sie mit mir! Jetzt warten Sie wieder hier! Kommen Sie nochmals in mein Büro ...“

Dann kam eine bildhübsche Beamtin etwa im Alter meiner Tochter und nahm mich mit. Ich war fast paralysiert, sie sah aus wie die erwachsene Schirin, meine Spielgefährtin in Marand. Ich schaute die bezaubernde junge Frau mit langen pechschwarzen Haaren und großen dunkelbraunen Augen in Uniform immer wieder an und dachte mir: „ist es denn überhaupt möglich?“

Sie, ein wenig irritiert durch meine Reaktion, fragte in einem trockenen Ton und mit ernster Miene:

„Warum sind Sie hier?“

„Ich besuche meinen Sohn, er hat sein Auslandssemester an der Hebrew University of Jerusalem beendet. Ich bin hier, um ihn heimzuholen.“

„Warum jetzt?“

„Weil er in einer Woche Semesterschluss hat. Wir wollten zusammen ein wenig Zeit in Israel verbringen.“

„Was wollen sie sich denn alles in Jerusalem anschauen?“

„Die Sehenswürdigkeiten natürlich!“

Und ich zählte alle Sehenswürdigkeiten auf, die mir einfielen, während sie immer wieder fragte „und was noch?“ bis ich endlich begriff, worauf sie eigentliche hinaus wollte. Es war der Samstag vor dem muslimischen Zuckerfest am Ende von Ramadan. Sie wollte wissen, ob ich aus religiösen Gründen da war und irgendetwas Dummes im Schilde führte. Dann lächelte ich ihr zu und setzte fort:

„Fragen Sie mich gerade nach dem Tempelberg und der Moscheen?“

„Zum Beispiel! Warum haben Sie sie nicht erwähnt?“

„Weil ich sie bei meiner letzten Reise besichtigt habe! Diesmal werde ich es nur tun, wenn ich alles andere gesehen und noch genug Zeit übrig habe.“

„Sind Sie Moslem?“

„Nein!“

„Woran glauben Sie denn?“

„Ich glaube an gute Menschen wie Sie, insbesondere, wenn sie so atemberaubend hübsch sind!“

Sie wurde für einen kurzen Moment rot und eine Wonne der Selbstzufriedenheit stieg in ihrem Blick hinauf.

„Dann warten Sie hier auf mich!“

Diesmal war eine nicht überhörbare Empathie in ihrer Stimme und sie lächelte, wenn nur dezent, auch. Ich setzte mich hin, rief meinen Sohn an und erstattete ihm einen aktuellen Lagebericht. Er regte sich auf, stieß ein paar Kraftausdrücke aus und fragte:

„Was will die Tante denn von Dir?“

„Sie will wissen, warum ich hier bin!“

„Meine Fresse! Immer dieselbe Leier! Sag ihr einfach: ‚Ich bin wegen deiner Mutter hier'!"

„Du, das halte ich für keine gute Idee! Wenn ihre Mutter nur halbwegs so hübsch ist wie sie selbst, würde sie mir es sogar sofort abkaufen. Wie ich es ihrem Vater dann erklären soll, steht auf einem anderen Blatt. Aber ich muss Dir unbedingt etwas erzählen. Ich glaube ..."

Die bildhübsche Beamtin mit pechschwarzen Haaren rief mich auf, gab mir den Pass und wünschte mir einen guten Aufenthalt, während das dezente Lächeln ihr Gesicht noch hübscher gemacht hatte. Ehe ich nach ihrer Herkunft fragen konnte, ging sie an ihr Funkgerät, gab mir schnell die Hand und eilte fort.

Immerhin wurde ich diesmal nur zweieinhalb Stunden an der Grenze aufgehalten und bei Weitem nicht so intensiv verhört, wie bei dem ersten Mal. Wenn das kein Fortschritt war!?

Ich rief meinen Sohn erneut an und sagte zu ihm, dass ich nun durch die Passkontrolle marschiere und in etwa eineinhalb Stunden bei ihm sein werde:

„Gleich bin ich da und wir starten zu Ehren unserer glorreichen sassanidischen Ahnen eine zweite persische Eroberung Jerusalems. Siegreich sei Schahanschah[21] Ḫosrau!"

****

Den Tag ließen Sahar und ich am Strand ausklingen, nachdem wir an einer Bar und zu einem Glas Wein für mich und einem Cocktail für sie erneut den Sonnenuntergang bewundert hatten. Als wir dann unter dem gedämmten Licht der Strandlaternen Hand in Hand spazierten, unterhielten wir uns über das Wort Glück, und dann wiederum darüber, wie es sein konnte, dass uns gerade in einem Land und in einer Region einfiel, darüber zu philosophieren, die sehr weit davon entfernt zu sein schien,

---

21 König der Könige auf Persisch

sich glücklich zu nennen. Wir kamen zu dem Schluss, dass das Glück nicht ein Zustand, sondern lediglich die subjektive Wahrnehmung eines Zustandes ist, eine Art individuelle Momentaufnahme also. Sind die Menschen in Tel Aviv glücklich? Sieht man die durchtrainierten Jogger entlang der „Shlomo Lehat Promenade" neben den unzähligen Party-Bars, die bereits um 17 Uhr anfangen, alles für die Abendstunden aufzubauen, bejaht man die Frage mit Gewissheit. Aber ist das, was man als Tourist vernimmt, eher der Schein oder das wahre Sein? Als wir den Strand in Richtung unseres Hotels verlassen wollten, zog uns eine unheimlich schöne Violinenstimme wie ein Zauber in die Richtung eines Pavillons zurück, unter dem ein einsamer Fiedler das Stück „Yerushalayim shel zahav"[22] zum Besten gab. Die Partybars hatten noch nicht geöffnet und es befanden sich vereinzelt Autos auf der Straße. Der Klang dieser melancholischen Melodie vermischte sich mit dem Ruf der Seevögel und dem sanften Flattern der Flaggen, die sich der milden, lauwarmen Brise hingegeben hatten und erweckte in mir das Bedürfnis, mich hinzusetzen, meine Seele auf den Wellen der von dem einsamen Musiker gespielten Noten treiben zu lassen und zu versuchen, den Geist der Geschichte in diesem Moment zu hören, zu schmecken oder zu riechen. Vielleicht steht unsere Wahrnehmung von einer Situation in Bezug auf das Glück in direktem Verhältnis zu unserer Verbundenheit mit der Vergangenheit. Karl Marx – selbst ein Jude – hatte einst geschrieben:

Die Tradition aller toten Geschlechter lastet wie ein Alp auf dem Gehirne der Lebenden.

Und ich bin immer mehr davon überzeugt, dass sich die Geister der Vergangenheit wie Fesseln aus Stacheldraht um unsere Beine wickeln. Glücklich sein heißt also, sich der Last der Geschichte zu entledigen, und dabei ist es vollkommen gleich, ob es sich um die individuelle oder kollektive Geschichte handelt. Aber kann man so etwas zwei Völkern abverlangen, die seit jeher Gefangene ihrer eigenen Geschichte sind?

Ein langer, erholsamer Schlaf schloss unseren Aufenthalt in Tel Aviv ab.

---

22 Jerusalem aus Gold

Tulpen des Generals

Cäsarea war unsere nächste Station. Nach dem sportlichen Frühstück an einem netten, gut besuchten Café an der belebten Kreuzung Ben-Yehuda/ Idelson Straße brachen wir auf. Mittlerweile waren wir wieder ein ständiges Mitglied der digitalen Welt geworden. Als Erstes schalteten wir ein Videotelefonat mit unseren Kindern in Köln und Hamburg und zeigten ihnen die Straßen von Tel Aviv, während wir von unseren Erlebnissen erzählten. Das Internet und die unzähligen Kommunikations-Apps haben die große weite Welt in ein kleines mehr oder minder handtellergroßes Gerät zusammengepfercht. Ich konnte somit mit meinen Kindern fast umsonst telefonieren, sie sehen und ihnen alles zeigen, was ich selbst in demselben Moment sah. Als ich nach Deutschland kam, kostete ein telefonisches Gespräch nach Iran stolze 6 D-Mark pro Minute. Also musste ich auf mehrere Mahlzeiten verzichten, um 5 Minuten mit meiner Familie reden zu können.

Bald verließen wir die vollen Straßen Tel Avivs und fuhren, das Mittelmeer zu unserer Linken, entlang der Autobahn 2 nach Cäsarea Maritima. Die zum Teil gut erhaltenen Ruinen liegen mitten in einem Nationalpark direkt am Meer. Sahar nahm ihre Kamera mit und wir betraten die Stadt. Man geht erst über eine über dem Burggraben geschlagene Brücke und dann durch einen gewölbeähnlichen Eingang und gelangt somit in einen großen Hof. Links sind die Mauern eines Bades mit einem großen Becken in der Mitte und einer weiblichen Statue ohne Kopf zu sehen. Wir gingen ein paar Meter weiter und sahen drei nebeneinander stehende langen Räume mit Kuppeldecken, die als „Mithräum“ geschildert waren.

„Aha! Die Herren Römer waren nicht einmal in der Lage, selbst eine Religion zu kreieren und mussten unsere Vorfahren auch in diesem Punkt nachahmen!“, sagte ich zu meiner Frau, die damit beschäftigt war, das herrliche Licht zum Fotografieren zu nutzen.

„Und Du wunderst Dich den Ruf zu genießen, den Iran als den Ursprung aller Errungenschaften der Menschheit zu sehen! Was hast Du jetzt schon wieder entdeckt, mein ehrgeiziger nationalistischer Ehemann?“

„Hier! Schau doch selbst! Das ist ein Mithräum! Sie waren im zweiten Jahrhundert nach Chr. Anhänger des Mithraskultes! Und wo kam bitte schön Mithra her?“

„Tatsächlich!“, sagte Sahar, ohne den vorherigen fast spottenden Ton abgelegt zu haben. In der Tat war vor der Christianisierung der Römer der Mithraismus ein einflussreicher Elitenkult, der sich bis in die entlegensten Zipfel ihres Imperiums hoher Beliebtheit erfreute. Diese iranische Religion war in jener Epoche in ihrem Herkunftsland längst von Zoroastrismus abgelöst worden. Dennoch freute sich meine Gattin diebisch über die Gelegenheit, mich – wenn auch zu Unrecht – mit diesem Thema aufzuziehen.

Diese Mithräen sind aber nicht die einzigen Schnittstellen zwischen Cäsarea und dem Iran. Die Stadt wurde in der Perserperiode (550–332 v. Chr.) von den Phöniziern gegründet und war Teil des ersten Perserreiches unter den Achämeniden. Über tausend Jahre später und gegen Ende des zweiten Perserreiches unter den Sassaniden nahm das iranische Heer in Rahmen des Eroberungskrieges an der Westfront die Stadt ein, bevor es sich in Richtung Jerusalem aufmachte. Der iranische General Schahrbaraz eroberte Jerusalem mit Hilfe der jüdischen Verbündeten im Jahr 614, installierte einen „Rat der Gerechten“ unter dem Vorsitz von Nehemia ben Huschiel, der stellvertretend für das Perserreich in der Stadt regierte, und kehrte selbst nach Cäsarea zurück, um dort seine Residenz aufzuschlagen. Er konfiszierte die Schätze der Kirchen und versandte sie, allen voran das heilige Kreuz nach Iran. Der Großkönig Ḫosrau II. legte es in Ehren mit den anderen heiligen Gegenständen in das neue, extra dafür erbaute Schatzhaus[23] inmitten seiner Hauptstadt Ktesiphon. Einige Monate später lehnte sich die christliche Bevölkerung erfolgreich gegen die jüdische Herrschaft auf und richtete unter den Juden ein Massaker an.

---

23 Ḫosrau war mit einer Christin, nämlich der Tochter des byzantinischen Kaisers Maurikios verheiratet. (Flavius Mauricius Tiberius 539–602 n. Chr.)

Die Überlebenden flohen nach Cäsarea und baten Schahrbaraz um Hilfe, woraufhin er von dort aus eine Großoffensive gegen die Insurgenten startete, Jerusalem nach nur 19 Tagen zurückeroberte und sie erneut dem Rat der Gerechten übergab. Die Iraner gaben sich allerdings ca. ein Jahrzehnt später geschlagen und die Führung der Armee zog sich zurück, während das Gros der Soldaten in der Region verblieb.

Die witzigste Geschichte aber ist die sogenannte islamische Eroberung der Stadt: Einer der berühmtesten islamischen Historiker ist der Perser Balāḏurī, der die islamischen Expansionschroniken in seinem berühmten Werk Futūh al-Buldān (Eroberung der Länder) zusammengestellt hat. Über die Eroberung der Stadt Cäsarea schreibt er, dass die Stadt sieben Jahre lang belagert wurde, bevor Muʿāwiya[24] sie im Jahre 640 mit 17.000 Mann eroberte und in ihr 700.000 Söldner, 30.000 Samariter und 200.000 Juden vorfand.

„Kannst Du Dir vorstellen, dass innerhalb dieser Mauern vor ca. 1400 Jahren fast eine Million Menschen gelebt haben?", fragte ich Sahar, die tief in ihrem Element als Fotografin versunken war.

„Ich glaube nicht einmal, dass hier eine Million Ratten Platz finden, geschweige denn Menschen!"

„Sag's nicht mir, sag's Herrn Balāḏurī! Er setzt noch einen darauf und behauptet, die muslimischen Eroberer fanden hier 300 Bazare vor! Ich meine, eine Million Menschen mussten auch irgendwo shoppen gehen! Zumindest stimmen die Relationen!"

Die Stadt ist einer der bedeutungsvollen Schauplätze der Geschichte des Nahen Ostens gewesen. Der Mosaikboden, das Bad und eine Inschrift, in der Pontius Pilatus erwähnt wird, betonen neben dem Kolosseum und der Pferderennbahn – Hippodrom – die lange Herrschaft der Römer. Auch

---

24 Der fünfte islamische Kalif nach traditioneller Historiografie. Laut neuesten Forschungen soll er mit dem nicht arabisierten Namen Maʿ āwiya aber ein iranischer Heeresführer arabischer bzw. aramäischer Abstammung gewesen sein, der die Eroberungspolitik des letzten sassanidischen Großkönigs Ḫosrau II. fortgesetzt haben soll.

ein sehr wichtiges Ereignis der römischen Geschichte habe laut Bibel hier in diesem Theater stattgefunden:

„19 Herodes aber ließ ihn suchen, und da man ihn nicht fand, verhörte er die Wachen und befahl, sie abzuführen. Dann zog Herodes von Judäa nach Cäsarea hinab und blieb dort.

20 Er war über die Bewohner von Tyrus und Sidon sehr aufgebracht. Sie kamen gemeinsam zu ihm, gewannen Blastus, den Kämmerer des Königs, für sich und baten um Frieden, weil sie ihre Nahrung aus dem Land des Königs bezogen.

21 Am festgesetzten Tag nahm Herodes im Königsgewand auf der Tribüne Platz und hielt vor ihnen eine feierliche Ansprache.

22 Das Volk aber schrie: Die Stimme eines Gottes, nicht eines Menschen!

23 Im selben Augenblick schlug ihn ein Engel des Herrn, weil er nicht Gott die Ehre gegeben hatte. Und von Würmern zerfressen, starb.

24 Das Wort Gottes aber wuchs und breitete sich aus.“[25]

Nach den Muslimen kamen die Kreuzfahrer und ließen sich hier nieder. An sie erinnert unter anderem das Eingangstor, durch welches man in die Stadt kommt. Ein einsames Minarett bezeugt die osmanische Herrschaft, für die die bosnischen Siedler kämpften. Sie waren formell nach Cäsarea gekommen, um das osmanische Heer zu verstärken, der wahrscheinlichere Grund war aber die schnelle Ausbereitung des Christentums im Habsburgerreich. Gerade das ist etwas, was mich in der Geschichte meiner Herkunftsregion so fasziniert. Sie ist sehr abwechslungsreich und man kann in ihr nahezu alle Arten der historischen Wendepunkte wie Völkerwanderung, Aufstieg und Fall der Reiche, Kulturwandel, Religionsentstehung, Dynastienwechsel und vieles mehr wiederfinden. Dennoch bekriegen sich die Menschen in dieser Region wegen Religion, Boden, Wasser, Ressourcen und anderer materiellen Reichtümer, nicht wissend, dass der wahre Reichtum ebendiese vielfältige und lehrreiche Geschichte ist. Vielleicht saß General Schahrbaraz Abend für Abend an der Terrasse seiner Residenz am Meer, trank aus einem

---

25 Apostelgeschichte 12,19–24

tulpenförmigen Rhyton den schweren persischen Wein und las aus den Geschichtsbüchern. Die Vorstellung des ruhmreichen Kriegers ließ mir einen angenehmen Tulpenduft in den Sinn steigen und wir machten kehrt.

Nachdem wir unsere Tour beendet hatten, nahmen wir an einem der Restaurants zwei kalte Getränke und unterhielten uns über Gott und die Welt. Aus den Lautsprechern ertönte fröhliche israelische Musik, die weder so laut war, dass sie einen beim Gespräch störte, und noch so leise, dass man sie ignorieren konnte. Eine Kellnerin in schwarzen Dienstkleidern und etwa im Alter unserer Tochter bediente uns. Auch ihre Figur, ihre langen schwarzen Haare und ihre freundliche Art erinnerten uns an sie.

„Gib ihr bitte ein dickes Trinkgeld. Sie ist wirklich nett und freundlich.“, sagte ich zu Sahar, die der Kellnerin immer wieder ein Lächeln zuwarf, wenn sie an unserem Tisch vorbei lief. Anfangs bewegte sie sich sehr schnell zwischen den Tischen, so dass man jedes Mal in Sorge war, dass sie in ihrer Hast Stühle oder sogar Tische umschmeißen würde. Nach einer Weile schien sie aber müde geworden zu sein und ging langsamen Schrittes an unserem Tisch vorbei.

„Die Arme! Kein Wunder bei dieser Hitze! Sie ist innerhalb der letzten Minuten richtig ermüdet.“

Sahar, die mit dem Rücken zum Meer saß und die Terrasse besser im Blick hatte, lächelte mich mit einem Hauch von Mitleid an und warf ein:

„Mein armer naiver Liebling! Kaum siehst Du ein Mädchen, das Dich an Deine Tochter erinnert, schon verblenden Dich Deine Vatergefühle!“

„Was meinst Du damit! Hast Du nicht gesehen, wie schnell sie hier hin und her lief, als wir an diesem Tisch Platz nahmen? Ich musste sogar meinen Sonnenhut mit beiden Händen festhalten, damit ihn der durch ihre Hast erzeugte Wirbel nicht wegbläst!“

„Ja ja! Mach Du Dich nur lustig! Aber beobachte sie beim nächsten Mal, wenn sie aus dem Restaurant rauskommt, oder dorthin zurückkehrt. Ist Dir nicht aufgefallen, dass sie immer an unserem Tisch vorbeigeht und ihre Beine nur in unserer Nähe schwer werden?“

Sie hatte recht. Die Kellnerin wurde an unserem Tisch nicht nur langsamer, ging mit einem zu uns geneigten Oberkörper vorbei und hielt ihren Kopf so, dass ihr Ohr am nächsten Punkt zu unseren Stühlen war.

„Spioniert sie uns etwa aus?“, fragte Sahar leicht verstimmt. Wir waren zwei Iraner in Israel, von denen einer einem dreieinhalbstündigen Verhör unterzogen wurde. Es war also nicht von der Hand zu weisen, dass man es dabei, nicht beließ. Sicherheit wird in Israel eben großgeschrieben.

Ich glaube nicht! Wenn man uns abhören wollte, wären unsere Handys eine viel bessere Möglichkeit. Warum soll man denn eine Kellnerin in Cäsarea dafür bemühen?

Wir spekulierten weiter, bis uns auffiel, dass das Mädchen seit mehreren Minuten gar nicht an unserem Tisch war. Es war eine sehr merkwürdige Situation. Ich sah sie ein paar Tische weiter, hob die Hand und winkte ihr zu.

„Möchten Sie bezahlen?“

„Ja gerne“, antwortete ich sehr kalt und trocken. Die Sympathie war längst verflogen.

„Es macht 32 Schekel.“

Während Sahar ihr Portemonnaie rausholte, um die Rechnung zu begleichen, sagte die Kellnerin schüchtern:

„Darf ich Sie etwas fragen?“

„Bitte!“

„Ich arbeite seit 2 Jahren hier und habe viele Touristen aus verschiedensten Ländern gesehen, so dass ich mittlerweile fast jeden anhand seiner Sprache gut zuordnen kann. Obwohl ich heute so oft in ihrer Nähe war und aufmerksam zuhorchte, weiß ich immer noch nicht, in welcher Sprache Sie sich unterhalten. Wo kommen Sie her?“

Im Nu war die Sympathie wieder zurückgekehrt. Sahar und ich schauten uns an und lächelten. Ich sagte:

„Wollen Sie es nicht raten?“

„Was glauben Sie, was ich die letzten fünfundvierzig Minuten getan habe!? Ich komme zum Verrecken nicht darauf! Was ist das in Gottes Namen für eine Sprache?“

„Ok ok! Wir sind aus dem Iran und sprechen Persisch!"

Den Gesichtsausdruck kannten wir bereits aus unseren Begegnungen in Tel Aviv. Also schauten wir sie uns in aller Ruhe an. Die Fragen, die dann über ihre Lippen kamen, waren nahezu dieselben.

„Meine ersten Iraner! Ich kenne auch keinen in meinem Bekanntenkreis, der je einen Iraner gesehen hat. Ich würde ihnen gerne zwei Biere aufs Haus ausgeben, aber wahrscheinlich dürfen Sie als Muslime gar keinen Alkohol trinken."

Wir lachten laut.

„Wir sind zwei Iraner, die in Israel unterwegs sind und gerade Cäsarea besuchen, was glauben Sie, wie „Muslem" wir auf einer Skala von null bis zehn überhaupt sein können?"

Und bevor sie antwortete, fügte ich hinzu:

„Es ist sehr nett und freundlich von Ihnen. Dennoch können wir Ihre Einladung nicht annehmen, meine Frau trinkt kein Bier und ich muss fahren."

„Ich wünsche Ihnen einen schönen Aufenthalt in Israel. Sagen Sie Ihren Landsleuten, dass wir sie lieben. Sie haben ein großartiges Land und ich würde es gerne besuchen."

Wir verabschiedeten uns von ihr und schritten in Richtung des Ausgangs. Dass das Trinkgeld sehr großzügig ausfiel, bedarf eigentlich keiner Erwähnung.

Wir gingen wieder durch das Tor auf die Brücke. Ich fing diesmal die Mauern von außen genauer zu betrachten. Nach einer Weile sagte ich fast schreiend:

„Diese gottverfluchten Arschlöcher!"

„Was ist denn jetzt schon wieder?"

Es fiel mir ein, was Balāḏurī darüber geschrieben hatte. Angeblich hielten jede Nacht 100.000 Soldaten auf diesen Mauern wache.

„Wenn ich in meinem Buch die Meinung vertreten habe, dass die islamischen Geschichtsschreiber in ihren Büchern maßlos übertrieben haben, so muss ich mich jetzt korrigieren: entweder waren sie stets bekifft, oder sie haben all das geschrieben, um mich zu verarschen!"

„Lass den blöden Balāḏurī doch in Ruhe! Na gut, er hat meinetwegen ein wenig geflunkert! Er wollte die Macht des islamischen Glaubens zeigen, also ließ er 17.000 Muslime über 100.000 Heiden siegen. Es ist doch nichts dabei!"

„BISSCHEN geflunkert!? 100.000 Mann, die mit einem Abstand von 3 Metern zueinander halten, würden einen Kreis von 300 km bilden. Die Stadt wäre demnach 7000 km² groß. Das bedeute wiederum diese Stadt, die wir gerade innerhalb von ein paar Stunden besucht haben, sei 17 Mal größer als Köln!"

Wir ließen uns vor diesem Wunderwerk der islamischen Historiografie fotografieren, verfluchten die Seele von Balāḏurī, auf dass sie in dem ewigen Schwefelfeuer der muslimischen Hölle elendig schmore und brachen in Richtung Haifa auf. Als ich unterwegs meinem Sohn von Balāḏurī und seinen Schilderungen erzählte, sagte er lachend:

„Mein ehrwürdiger Vater! Auf die Gefahr hin, dass ich Ärger mit Deiner Gemahlin bekomme, weil ich Dich schon wieder zu irgendeinem Blödsinn anstifte, aber wenn Du sowieso in der Region bist, versuche herauszufinden, welche Grassorten dort wachsen und welche Wirkungen ihnen zugeschrieben werden. Wenn Du den Stoff ausfindig machen könntest, den er und seine Kumpane damals rauchten, könnten wir sehr schnell sehr reich werden!"

Rose aus der Persis

Schreibt man über die Stadt Haifa, sie habe eine lange und abwechslungsreiche Geschichte, hat man weder etwas Neues noch etwas Spezielles, sondern lediglich eine Eigenschaft dieser Stadt treffend beschrieben. Dies kann man jedoch von fast allen Städten in dieser Region behaupten. So wird es keinen wundern, wenn überall geschrieben steht, dass Haifa eine über zweitausend Jahre alte Siedlung ist, und in ihr nahezu alle großen Mächte der Vergangenheit und der Gegenwart ihre Spuren hinterlassen haben. In den umliegenden Höhlen sind Überreste diverser Siedlungen von Hominiden und sogar Neandertalern gefunden worden. Die Stadt findet Erwähnungen im Talmud und wurde von den Römern „Caiphas Porphyria" genannt. Wie nahezu alle anderen wichtigen Städten Israels war sie auch ein Schauplatz der Machenschaften der Römer, später der muslimischen Araber, dann der Kreuzfahrer, noch später der Mameluken und schließlich des osmanischen Reiches. Diese Anfang des neunzehnten Jahrhunderts 1.000-Einwohner-starke Stadt spielte ca. hundert Jahre später eine sehr wichtige Rolle bei der demografischen Entwicklung der Region, indem sie das Schicksal der Juden dieses Protektorats stark mitprägte. Zwischen 1922 und 1947 liefen sie viele Schiffe an, die Juden aus ganz Europa und insbesondere diejenigen dorthin verfrachteten, die der Vernichtung knapp entkommen waren. Wo blieben aber die Iraner? Könnte es sein, dass sie ausnahmsweise in den Geschehnissen dieser Stadt nicht mitgespielt hatten? Die Antwort konnten wir am nächsten Tag besichtigen.

Haifa liegt an einem Kap und wir mussten es über die Autobahn 2 entlang des Strandes umfahren, um zu unserem Hotel zu gelangen. Zu unserer rechten stieg der Karmelberg mit dem Wahrzeichen der Stadt – Bahaii Garten – empor und zeigte sich im hellen Licht der Oktobersonne mit all seiner Herrlichkeit. Das Hotel war von außen sehr unauffällig und hatte den Charme einer schlichten Herberge. An der Rezeption angekommen, änderte sich aber das Bild. In dem lobbyartigen, großen Raum saßen mehrere Gäste und unterhielten sich in verschiedenen Sprachen. Ein ca. 30-jähriger kräftig gebauter Mann empfing uns und erklärte uns die Hausregeln. Der Hinterhof war so gemütlich und einladend, dass wir uns vornahmen, am selben Abend und nach unserer Stadtbesichtigung dort einen Tee zu trinken. Der kräftige Angestellte nahm ungefragt den Koffer meiner Frau mit und brachte uns in ein geräumiges, sehr sauberes Zimmer mit hoher Decke und einem kleinen Balkon zur Straße.

„Frühstück gibt es ab 7.00 Uhr. Wenn Sie irgendetwas brauchen sollten, unsere Rezeption ist rund um die Uhr besetzt. Sie haben ca. 5 Minuten zu Fuß von hier entfernt die Wahl zwischen zwei Restaurants, die gleich gut sind."

Dann holte er eine Karte von dem Viertel und zeichnete mit viel Geduld den Weg und wünschte uns einen guten Appetit. Wir hatten seit dem sportlichen Frühstück in Tel Aviv nur Getränke zu uns genommen und unsere Mägen hingen uns dementsprechend in den Kniekehlen. So entschieden wir uns direkt für das erste Restaurant und gingen fragend rein. Es war gegen 15 Uhr und wir waren die einzigen Gäste. Das kleine Restaurant, wenn man den größeren Imbiss überhaupt so nennen konnte, war sauber und machte einen verschlafenen Eindruck. Die beleibte Dame am Tresen mit blonden Haaren, die mit ihrem Handy beschäftigt war, sprang leichtfüßig auf und begrüßte uns sehr freundlich auf Hebräisch. Als sie merkte, dass wir Touristen auf Durchreise waren, versuchte sie einen Kommunikationsweg zu finden:

„Ruski? Polski? Arabi?"

Englisch und Französisch standen ja nicht zur Wahl, also fing ich an, mit meinem bescheidenen Arabisch mit ihr zu reden, und es stellte sich heraus, dass meine Arabischkenntnisse vollkommen ausreichten, um das Essen zu bestellen. Die Tatsache, dass ihr Arabisch auch nicht gerade auf akademischem Niveau war, erleichterte die Sache ungemein.

Die Wirtin schmiss sich an die Arbeit und wir setzten uns an einem der insgesamt 5 Tische. Ihre Neugierde über unsere Herkunft hielt sich in Grenzen. Viel mehr interessierten sie die Schlagzeilen auf dem Fernsehbildschirm. Sahar und ich verfolgten ihre Bewegungen und waren ein wenig in Sorge, dass sie sich von den wichtigen Nachrichten ablenken ließe und wir entweder ein verbranntes oder gar kein Essen bekämen.

Der Duft des scharf gebratenen Fleisches und frischen Fladenbrotes vermischte sich mit dem Aroma von fein gehackter Minze und Petersilie und ließ uns buchstäblich das Wasser im Mund zusammenfließen.

Sie servierte die große Essensplatte mit allerlei Landesspezialitäten von Humus über Falafel bis Kofta fast tanzend, während sie auch dabei mit einem Auge auf den Bildschirm schielte. Wir bedankten uns und stürzten uns auf das himmlisch duftende Essen, dessen Geschmack sogar seinen den Geruchssinn betörenden Duft übertraf.

Nachdem das riesengroße Loch in unseren Mägen gestopft war und wir vom instinktiven Teil der Nahrungsaufnahme zum kulinarischen Genuss übergegangen waren, strengte ich mich an, mir auf die Bilder einen Reim zu machen. Es schien um ein Attentat zu gehen, das sich vor Kurzem ereignet hatte. Als die Wirtin vernahm, dass ich die Berichterstattung interessiert verfolge, sagte sie auf Arabisch:

„Es ist Irans Schuld!"

Sahar fragte mich mit sehr großer Neugierde:

„Habe ich es richtig gehört? Fiel gerade das Wort Iran? Was sagt sie denn?"

„Sie sagt, daran, worüber gerade berichtet wird, sei der Iran schuld, was es auch immer sein mag. Sie liegt wahrscheinlich auch gar nicht so falsch, immer wenn es in dieser Region knallt, sind die Mullehs nicht weit entfernt."

Ich schaute zu der Wirtin, die zum ersten Mal ihren Blick vom Bildschirm genommen hatte und uns beäugte. Ich lächelte ihr zu und führte ein Stück des immer noch prima schmeckenden Koftas zum Mund, zeigte ihr alle Begeisterungszeichen, die man mit den Händen vermitteln kann und wiederholte dabei mehrmals die Wörter „sehr gut" und „sehr lecker" in der Hoffnung, dass sie nicht auf die Idee kommt, uns die Frage aller Fragen zu stellen. Dafür war es aber zu spät. Sie kam an unseren Tisch und fragte, ob uns das Essen schmeckte und ob wir etwas brauchten. Als wir uns bedankten und sagten, dass wir rundum zufrieden sind, fragte sie zögernd und nervös, während sie permanent ihre akkurat sitzende Schürze zurechtmachte, ob sie fragen dürfe, welche Sprache wir sprachen. Ich antwortete:

„Das ist Persisch!“

Und bevor sie ausholen konnte um zu fragen, aus welchem Land wir kamen, setzte ich nach:

„Wir sind aus dem Iran!“

Und wieder die großen Augen, die fast raussprangen, wieder die Kinnlade, die fast zu unserem Tisch herunterhing und wieder eine endlos scheinende Stille. Wir, beide mittlerweile gut auf solche Momente vorbereitet, sahen sie lächelnd an und warteten, bis sie den Schock überwunden hatte. Das ging schneller als gedacht. Während sie sich sammelte, ging mir durch den Kopf, wir könnten daraus ein Wettspiel machen, indem wir darüber wetteten, wie lange die Leute sprachlos blieben, nachdem sie erfahren hatten, wir seien aus dem Iran. Sie fragte fast flüsternd:

„Kommen Sie jetzt auch daher?“

„Nein! Wir leben seit längerer Zeit in Deutschland.“

Als sie dann begann, mir weitere Fragen zu stellen, stieß ich sehr schnell an meine sprachlichen Grenzen und verzog ein verzweifeltes Gesicht. Sahar intervenierte und fragte auf gut Glück, ob sie Französisch sprach. Es stellte sich überraschenderweise heraus, dass die Wirtin ausreichende Französischkenntnisse hatte, um die Konversation fortzusetzen. Sie erzählte Sahar, dass sie sich für gewöhnlich eigentlich nicht traute, diese Sprache zu sprechen, aber jetzt wollte sie die Gelegenheit nicht verpassen, zwei Menschen aus dem feindlichen Land näher kennenzulernen. Dann nahm sie sich ungefragt einen Stuhl und setzte sich zu uns. Ich vergnügte mich weiter mit dem Essen und gab mich mit dem zufrieden, was Sahar mir übersetzte. Nachdem sie uns ca. dreißig Minuten, während derer sie mehrere Anrufe wegdrückte, über den Iran ausgefragt hatte, fing sie auf gezielte Nachfrage von Sahar auch an, etwas von ihrem Leben preiszugeben. Die ca. 50-jährige Restaurantbesitzerin stammte aus Polen und war als junge Frau nach dem Zerfall des Ostblocks nach Israel ausgewandert. Arabisch hatte sie dann hier gelernt. Ihre Eltern waren in Polen geblieben und mittlerweile verstorben.

Die ersten Jahre waren sehr schwierig. Das Land befand sich im Umbruch.

Sie müssen es sich vorstellen; innerhalb von ca. vier Jahren waren mehr als eine halbe Million Menschen hierhergekommen. Die meisten waren aus Russland oder der Ukraine, viele von ihnen hatten nur jüdische Wurzeln und konnten nicht einmal Hebräisch. Jude zu sein war für viele von ihnen nur ein Bonus des Schicksals, womit sie nach Israel reisen und ein neues Leben beginnen konnten. Für einige war das Land auch nur eine Zwischenstation auf ihrem Weg nach Amerika. Ich gehörte nicht zu der ersten Einwanderungswelle aus den ehemaligen Ostblockstaaten, da meine Eltern Polen nicht verlassen wollten, hat es lange gedauert, bis ich seelisch und natürlich auch finanziell soweit war. Als ich hierherkam, waren mehrere hunderttausend sogenannte Russlandjuden schon seit einigen Jahren hier. Ich habe mich bereits am ersten Abend stark erschrocken, als ich für einen kurzen Spaziergang auf die Straße ging und sah, dass jemand in russischer Sprache antisemitische Parolen auf einige Wände gesprüht hatte. In einem mir noch fremden Land, in dem ich als Jüdin Zuflucht gefunden hatte, hatte ich mit allem gerechnet, aber nicht mit Antisemitismus!

Ich hatte bereits in den Neunzigern über dieses Phänomen gelesen. Unter diesen Zuwanderern gab es eine nicht zu übersehende Minderheit, die sich das rechtsradikale Gedankengut der letzten Sowjetjahre angeeignet hatten und dieses nun in Israel auslebten. Diese waren vor allem vollkommen assimilierte jüngere Männer, die mit der jüdischen Identität und der Tradition ihrer Vorfahren gebrochen hatten und ihre Zugehörigkeit zu der jüdischen Gemeinde ausnutzten, um der desaströsen Wirtschaftslage der GUS zu entkommen und mit ein bisschen Glück sogar in das gelobte Land USA zu gelangen. Hier hatte ich es aber mit einer zeitgenössischen Zeugin zu tun. Sie bestätigte alles, was ich in den Büchern gelesen hatte.

Sie brachte uns dann Tee und Teilchen aufs Haus, was Sahar sehr beglückte. Sie beurteilt Länder nach ihrem Süß- oder Feingebäck und ist der festen Überzeugung, dass Menschen, die keine Süßigkeiten oder Süßwaren mögen, in aller Regel Menschen ohne Humor sind. Der Besuch von den Konditoreien gehört somit zu dem festen Programm unserer Reisen, damit meint sie mehr über die Menschen in einem Land zu erfahren als in jedem Reiseführer. Wir entschieden uns nach dieser fürstlichen und vor allem kalorienreichen Mahlzeit für einen langen Spaziergang. Dank Google Maps konnten wir nun alle Ecken der Stadt zu Fuß erkunden.

Einige enge Straßen und noch engere Gassen, die zum Teil mit langen Treppen miteinander verbunden waren, brachten uns an das „Wadi Nisnas“, das ein arabisches Viertel mit ca. 8000 Einwohnern ist. Die verschlafenen Läden waren in orientalischer Manier mit Waren vollgestopft und vor ihnen saßen Männer in kleinen Gruppen, tranken Tee, rauchten Schischa und unterhielten sich laut. Es gab aber auch einige Damenfriseurläden, in denen Frauen hinter verschlossenen Türen unter sich waren und ihren Gesten man eine fröhliche Stimmung entnahm. Das Viertel hatte den Scham einer Altstadt, erweckte in uns aber eine tief depressive Stimmung. Noch heute bringe ich meine Impression von Wadi Nisnas mit der Farbe grau in Verbindung.

Plötzlich waren wir beide relativ still und gingen Seite an Seite langsamen Schrittes durch die verdreckten Straßen und Gassen und schauten uns die Läden an.

„Was ist Dein Eindruck? Denkst Du, diese Menschen sind glücklich?“, fragte Sahar mit einer Tonfarbe in ihrer Stimme, die schon meine Antwort suggerierte.

„Ich denke nicht, dass sie es sind. Sie sind die letzten Verbliebenen einer einst arabischen Stadt. Warte mal, ich schau bei Wikipedia nach.“

Tatsächlich wohnten 1922 in dieser Stadt ca. 24.000 Menschen, von denen nur 6.000 Juden waren. 1948 waren 70.000 von den 92.000 Einwohner Juden. Heute leben über 280.000 Menschen in Haifa, wobei der Anteil der arabischen Einwohner kaum über 10% sein dürfte. Diese Stimmung, die man regelrecht in dem Viertel riechen konnte, hatte also wie wir es bereits in Tel Aviv festgestellt hatten, mit der Last der Vergangenheit zu tun.

„Weißt Du eigentlich, was die Bedeutung von Wadi Nisnas ist?“, fragte ich Sahar.

„Keine Ahnung, Wadi ist ja Wadi, was Nisnas bedeutet, keine Idee!“, antwortete sie leicht genervt. Ich hatte aber einen Anlass gefunden, die Stimmung wieder zu erheitern.

„An welches Wort erinnert Dich denn „Nisnas“?“

„Doch nicht etwa an „Nasnaas“?“

fragte sie lachend und merklich amüsiert.

„Doch! Genau daran!“

Ein langes, lautes und befreiendes Lachen brachte die Urlaubsstimmung wieder zurück. Nisnas – auf Persisch Nasnaas – werden heute einige Affenarten genannt. Im Persischen ist Nasnaas ein Sammelbegriff für alle Menschenaffen. Was wir aber in dem Moment so lustig fanden, dass wir unter den fragenden Blicken der Passanten so laut lachen mussten, war ein Volksglaube. Als Nisnas/Nasnaas bezeichnen die Volkssagen und -geschichten in den Ländern des Vorderen Orients eine Kreatur, die ein halber Mensch ist, mit nur einem Bein, einem Arm, einem Ohr und einem Auge und er hüpft auf diesem einen Bein so schnell, dass es kein Pferd auf dieser Erde einholen kann. Über seine Sprache gibt es aber Lokalvariationen, manche behaupten, es spreche Arabisch und lebe auf der arabischen Halbinsel und manch andere sagen wiederum, es spreche Indisch und lebe an den Küsten des indischen Ozeans oder in den Steppen Zentralasiens. Alle Sagen sind sich aber in einem Punkt einig, dass es entstanden sei, nachdem sich ein Dämon namens Schiq mit einem Menschen gepaart habe.

Jetzt darfst Du Dir ein Tal vorstellen, voll mit männlichen und weiblichen Nasnaasen und anfangen, eine deiner berühmten Geschichten darüber zu erzählen, warum die Menschen, die diese Region besiedelten, sie so tauften! Bühne frei für Prinzessin Scheherazade!

Ich schaute sie und ihr breites Lächeln in dem Licht der einbrechenden Dämmerung an. Gott, war sie schön! War das der Zauber von Haifa, oder war sie während dieser Reise von Tag zu Tag hübscher geworden? Ich sah in ihre vom Lachen glänzende Augen, und fragte mich, inwieweit unsere Wahrnehmung von unserem aktuellen Gemütszustand abhängt? Variiert unsere Umwelt ihre Gestalt passend zu unserem Empfinden, oder passen sich unsere Eindrücke und Wahrnehmungen unserem gegenwärtigen

Gemüt an? Sahar hatte angefangen, ihre Geschichte über die Besiedlung des „Wadi Nisnas“ zu erzählen und ich gab mich mit Leib und Seele ihrer sanften Stimme hin, die seidene Züge annahm, wenn sie tief in ihrem Element war. So gingen wir an jenem Abend durch die Straßen von Haifa entlang der Khuristraße in Richtung von German Colony.

„Schau an! Schon wieder etwas, was uns an unsere alte Heimat erinnert!“, sagte sie schreiend. Auf dem Weg zum German Colony bogen wir einmal falsch ab und schon waren wir auf der Al-Isfahani-Straße. Al-Isfahani, Isfahani, Isfahan! Eine Stadt im Zentraliran, die von ihren stolzen Einwohnern als „die halbe Welt“ bezeichnet wird. War das Schicksal wieder im Begriff, uns an der Nase herumzuführen? Warum mussten wir auf dem Weg zur deutschen Kolonie ausgerechnet über die Al-Isfahani-Straße laufen und binnen weniger Minuten so imposant daran erinnert werden, wo wir herkamen und wo wir hingehörten? Noch heute leben viele Juden in dieser alten, gegen 1.000 v. Chr. gegründeten Stadt. Im Mittelalter hatte sie sogar den Beinamen Yahūdiyya, die Judenstadt, was wiederum auf eine große und bedeutungsvolle jüdische Gemeinde hinweist. Da war es also nicht verwunderlich, dass einige dieser Juden, die vor Jahrzehnten nach Israel gekommen waren, diese Straße nach ihrer alten Heimat getauft hatten. So erreichten wir über Derech Allenby endlich die deutsche Kolonie.

„Es sieht aus wie auf den Ringen in Köln!“, sagte Sahar mehr oder weniger süffisant. Die große Sderot Ben-Gurion-Straße mit breiten Bürgersteigen an beiden Seiten und vielen Cafés erinnerte wirklich an unser Viertel in Köln.

1869 wurde diese sogenannte Kolonie von Christoph Hoffmann und Georg David Hardegg – zwei Anhängern des Deutschen Templerordens gegründet. Sie kauften Grundstücke außerhalb dieser zu jener Zeit unbedeutenden, 4.000-Einwohner starken Stadt und zogen eine Straße durch sie, an der die Templer eine Obhut finden sollten. Noch heute kann man deutsche Innenschriften an einigen Mauern dieser Häuser sehen. Die deutschen Siedler bauten später eine Mole und legten somit den Grundstein für eine spätere Entwicklung der Stadt zu einem der wichtigsten Häfen Israels.

Es war bereits dunkel, als wir in der deutschen Kolonie ankamen. Kaum waren wir in die Straße abgebogen, da präsentierte sich schon der Bahá'í Garten mit seiner ganzen Schönheit und Pracht, mit seinen kaskadenartigen grünen Terrassen in der unteren Hälfte, mit dem tempelartigen Mausoleum von Mirza Alimohammad Bab in der Mitte und den rundlichen Gartenetagen in der oberen Hälfte des Karmelberges. Das Ganze war sehr kunstvoll beleuchtet und hatte etwas Paradiesisches. Wir setzten uns an einen Tisch auf dem Bürgersteig, bestellten zwei kalte Getränke und bewunderten in einer ehrfurchtsvollen Stille dieses monumentale Kunstwerk.

Das auch unter dem Namen „hängende Gärten" bekannte Monument wurde von Fariborz Sahba, einem iranisch-kanadischen Architekt von 1987 bis 2001 unter Anlehnung an den altiranischen Gartenbau quasi aus dem kargen Boden gestampft. Ich schaute weiterhin in Stille dieses einmalige Werk an und musste erneut an Professor Elfenbein denken. Im zweiten Jahr meines Studiums fingen wir mit Altpersisch an. Die meisten Inschriften in dieser Sprache sind aus der Regentzeit von Darius dem Großen, in denen er vor ca. 2500 Jahren sich und seine Errungenschaften verewigt hat:

„Dann wirst Du begreifen, wie weit der Speer eines Persers reichte, dass der Perser weit von Persien gekämpft hat."

Der Gedanke versetzte mich in eine unbeschreibliche Stimmung aus Melancholie, Freude, Stolz und Wehmut. Würde der König der Könige, Schahanschah Darius heute leben, würde er sein Wort anders formulieren:

„Dann wirst Du begreifen, wie weit die ewig währende Seele des Iran flog, dass der Iraner weit von Iran die Welt mit seiner Kunst verzauberte ..."

In solchen Momenten wird einem Exiliraner bewusst, was das islamische Regime seiner Heimat angetan hat. Über sieben Millionen Iraner sind auf dem Globus verstreut, von denen die meisten bestens ausgebildet sind und zur Gestaltung ihrer Gastländer beitragen. In den vier Jahrzehnten der Herrschaft des Klerus blutet das Land mental und intellektuell aus. Sahba hätte diese Anlage auch im Iran, ja sogar in Schiraz, in der Geburtsstadt von Bab erbauen können. Genauso wie Hadi Tehrani die Kranhäuser hätte anstatt in Köln in Isfahan, Teheran oder Täbriz entwerfen können. Sahar hatte recht, wir Iraner ähneln uns den Juden vor der Gründung

Israels in einem Punkt, zerstreut in der ganzen Welt, und voller Sehnsucht danach, den „Khaak e Paak“[26] wieder betreten zu können.

Wir machten uns nach einer Weile auf den Weg zurück ins Hotel, es kratzte mir im Rachen, was das erste Zeichen einer sich ankündigenden Erkältung war. Sahar zog mich auf dem ganzen Rückweg deshalb auf. Sie hatte Recht, es war noch zu früh fürs Hotel und wir hätten noch Zeit, einiges mehr von den Kalorien zu verbrennen, die uns laut Sahar die Mentalität der Menschen in Haifa nähergebracht hatten. In der Nähe unseres Hotels auf HaBankim Str., Ecke Derekh Jafo, fanden wir ein kleines familiäres Café mit dem Namen Shtroudl[27] und setzten uns draußen zu einem Kaffee für Sahar und einen großen Tee mit Honig und Zitrone für mich hin. An den Innenwänden hingen zahlreiche alte Fotos entweder in schwarz-weiß oder in vintagebraun. Vermutlich waren sie die Bilder der ersten jüdischen Einwanderer aus Europa. Überall hingen alte Gegenstände vom Kochtopf bis zum verbeulten Saxofon von der Decke herunter und verliehen dem ganzen Laden ein vertrautes heimisches Ambiente. An den außenseitigen Fensterbänken standen ein altes Röhrenradio, eine handbetriebene Nähmaschine, eine viktorianische Tischlampe mit vergilbtem Schirm, ein alter kohlenbetriebener Samowar und dazwischen zwei Vasen. Über all das spannte sich der lange Arm einer ebenfalls alten und teilweise verrosteten Stehlampe und gab einem neben der an der Außenmauer angebrachten schlichten rundlichen Wohnzimmeruhr das Gefühl, bei seinen Eltern zu Hause im Gästezimmer zu sitzen und zusammen mit fremden Gästen Zeit zu vertreiben.

Eine milde Brise fing an, durch die Blätter der am Straßenrand aufgereihten Bäume zu wehen und erzeugte ein äußerst angenehmes, beruhigendes Rascheln.

„Weißt Du, was für mich die schönste Melodie ist?“, fragte ich Sahar, die immer noch die einzigartige Dekoration des Cafés musterte.

„Was denn, mein kranker, schwer leidender Gemahl?“

---

26 Reine Erde / reiner Boden. Huldigende Umschreibung für Iran

27 Wahrscheinlich „Strudel“

„Genau das, was Du gerade hörst. Noch vor dem Meeresrauschen halte ich dieses Rascheln der Blätter für das schönste von der Natur erzeugte Geräusch. Das erinnert mich immer an meine Kindheit und an die Geborgenheit, die ich an der Seite meiner Mutter erfuhr. Heißer Tee mit Honig und ein paar Tropfen frisch gepresster Zitronensaft waren ihr Elixier, womit sie jede Erkältung bereits im Keime erstickte. Es ist merkwürdig, dass ich jetzt an sie denken muss!"

„Ganz und gar nicht! Du hast doch selber gesagt, dass Dir dieses Café ein heimisches Gefühl gibt. Heim und Heimat sind in unserer Sprache eben sehr dicht mit dem Begriff Mutter verbunden."

Wie so oft war meine kluge Frau im Recht. Während sich in nahezu allen europäischen Sprachen die Beschreibung des Herkunftslandes auf den Vater bezieht - wie Vaterland, Fatherland, Patrie etc. - heißt die Heimat in meiner Muttersprache „Mutter Heimat".

„Deswegen ist es für einen Iraner unmöglich, ein Patriot[28] zu sein. Schließlich kann er ja nur die Mutter Heimat, aber nicht das Vaterland lieben!", sagte Sahar laut lachend und wir brachen auf.

Im Hotel angekommen, ging ich in die gemeinsame Küche auf dem Erdgeschoss und machte uns zwei große Tassen Tee. Wir setzten uns an einen kleinen Tisch im Hinterhof des Hotels, der sehr geschmackvoll eingerichtet war. Rundherum standen riesige Pflanzentöpfe mit allerlei Gewächsen, von denen ich die meisten nicht kannte. Diese verliehen zusammen mit der sehr kunstvoll gestalteten Beleuchtung dem relativ kleinen Hof das Flair eines Gartens. Plötzlich betrat eine Gruppe von ca. 20 Schwedinnen und Schweden den Hof. Allen voran kam eine bullige Frau mit langen blonden Haaren herein, die ein dickes Buch unter dem rechtem Arm hielt und die Gruppe lautstark herumkommandierte. Die schlicht bekleideten jungen Frauen und Männer alle ca. Mitte 20 zogen einige Tische und Stühle zusammen, fragten uns sehr höflich, ob sie die freien Stühle an unserem Tisch mitnehmen dürften. Die Frauen trugen alle lange, bis zur Mitte ihrer

28 Vom griechischen patér, Vater

Unterschenkel reichende Röcke sowie Hemdblusen in verschiedenen Farben. Die Bekleidung der jungen Männer bestand aus schwarzen Flanellhosen und langärmeligen weißen Hemden. Sie unterhielten sich laut und riefen sich gegenseitig Sätze zu, wobei die ganze Gruppe in Gelächter ausbrach. Indes saß die ältere Frau an einem der Tische und war tief in ihrem Buch versunken, sie bewegte teilweise die Lippen beim Lesen und notierte hin und wieder etwas in einem kleinen Heft.

Nach einer Weile war alles so eingerichtet, dass die Gruppe um sie herum in einem großen Kreis sitzen konnte. Sie stand auf und las etwas aus dem Buch. Die heitere Stimmung der jungen Leute war im Nu verflogen. Sie hielten inne und hörten ihr sehr aufmerksam zu. Die anfangs leise Stimme der Leiterin wurde von Satz zu Satz lauter. Wahrscheinlich ging es dabei um eine Losung, auch wenn wir das gehörte Wort nicht verstanden, verriet die gesehene Gestik alles. Bald verloren wir wieder das Interesse und unterhielten uns über andere Themen. Nachdem aber die Frau ihre Lesung beendet hatte, fingen die Gruppenmitglieder mit ihrem Teil der Zeremonie an. Jeder von ihnen stand auf und erzählte etwas mit einer Geste der Demut, die Männer mit einer zitternden Stimme und die Frauen zum Teil weinend. Das Ganze wurde wieder interessant und wir schauten ihnen weiter zu. Die Leiterin sagte zu jedem Mitglied etwas in einem ermahnenden Ton und ließ es sich wieder hinsetzen. Als sie aber alle gemeinsam die Arme gen Himmel streckten und flehend irgendwelche gebetsartige Gesänge emporstießen, war es für unsere Begriffe zu viel Religion. Also nahmen wir unsere Tassen und schlichen uns aus dem Hof. Das Kratzen in meinem Rachen hatte zugenommen und auch wenn es noch zu früh zum Schlafen war, legten wir uns auf unserem Zimmer hin. Das war unsere erste Begegnung mit einer aus der westlichen Hemisphäre stammenden religiösen Gruppe, ja sogar Sekte, so haben uns die viel strengeren Pilger in Jerusalem nicht mehr wundern können.

Das Rezept meiner Mutter hatte also doch nicht geholfen. Deswegen entschied ich mich, meine eigene Rezeptur mit Rum auszuprobieren. Die Straßen waren relativ menschenleer. Nach einem ca. 30-minütigen

Spaziergang fanden wir den Laden und verließen ihn mit einer 500 ml Flasche Rum und schritten in Richtung des Hotels. In der Straße angekommen, bot sich uns ein völlig anderes Bild als vorhin. Die Straße war an beiden Kreuzungen mittels zweier Stühle gesperrt, dazwischen waren Tische und Stühle aufgestellt und obwohl es ein Montag war, deutete alles auf ein Straßenfest hin.

Kaum waren wir auf unserem Zimmer, ging es auch schon los. Wir setzten uns an den Stühlen auf dem Balkon und genossen die fröhliche Stimmung, während ich einen mit dem teuren Rum gestreckten Tee nach dem anderen trank. Von Minute zu Minute stießen mehr junge Leute dazu und tanzten auf die Musik, die aus den großen Boxen ertönte, die man aus den nun geschlossenen Läden gebracht hatte. Jungs und Mädels schwangen voller Elan das Tanzbein und gönnten sich zwischendurch alkoholische Getränke, die in Plastikbechern serviert wurden. Die Stimmung stieg mit jeder neuen Gruppe, die sich der tanzenden Masse anschloss und mit lautem Applaus und Schreien begrüßt wurde. Nach dem vierten oder fünften Tee merkte ich eine steigende, wohlige Wärme in meinem Körper sowie eine Relaxation in all meinen Muskeln. Eine heiße Dusche schloss die Behandlung ab und ich legte mich zum Schlafen hin, während noch weit nach Mitternacht das Straßenfest weiterging. Gerne hätten wir dieser großartigen Stimmung weiter beigewohnt, aber wir hatten für den morgigen Tag eine Menge vor. Der Bahaii-Garten erwartete uns mit all seinen Geheimnissen und Schönheiten. Fernab vom Iran hatten wir einen Fleck auf der Erde gefunden, der ausschließlich mit uns als Iraner zu tun hatte. Ein kleines Stück Erde, dass uns mit dem verband, was wir unsere alte Heimat nennen. Alt? Dieses Attribut ist sehr mit Vorsicht zu genießen. Wie kann man etwas als alt bezeichnen, das so allgegenwärtig ist? Jeder Iraner, ob bewusst oder unbewusst, ist ein Gefangener seiner über siebentausend Jahren währenden Geschichte. In Anbetracht dessen relativiert sich das Wort „alt". Eines hatte ich aber in all den Jahren, in denen ich mich mit der Geschichte meines Herkunftslandes beschäftigt hatte, gelernt; viel darüber zu wissen, befreit dich nicht davon. Viel mehr weicht eine determinierte Abhängigkeit – um nicht zu sagen: Gefangenheit – einer Koexistenz. Man kann nicht ohne seine Vergangenheit, ist aber auch nicht ihr Gefangener. Dieser Garten, den wir am nächsten Tag besuchen wollten, war somit nur ein Bindeglied zwischen jetzt und früher, zwischen heute und gestern, zwischen unserem deutschen und unserem iranischen Dasein. Abgesehen davon habe ich Iran und Deutschland in Bezug auf mich immer als zwei Ufer desselben Flusses, und mich als die darüber geschlagene Brücke verstanden. Kann man einer Brücke abverlangen, sich zu nur einem Ufer zu bekennen? Wo gehört nun die Brücke hin? Welches Ufer darf sie ihres nennen?

Mit diesen Gedanken fielen mir die Augen langsam zu und ich träumte von Daitya, dem heiligen Fluss, in dem Zarathustra einst schwamm, bevor er sprach. Also sprach Zarathustra und ich fiel in einen tiefen, erholsamen Schlaf ...

* * * * * * *

Am 20 Oktober 1819 wurde in der historischen Stadt Schiraz im Süden Irans ein Junge geboren, der das Schicksal des Iran des 19. Jahrhunderts stark prägen sollte. Er wurde Ali Mohammad getauft, ein Name, der den Propheten aller Muslime und die höchste religiöse Persönlichkeit des Schiitentums in sich vereinte. Mit nur 25 Jahren offenbarte er seine Botschaft an seine Anhänger als der seit exakt 1.000 Jahren ersehnte Mahdi, der zwölfte Imam und der Erlöser nach dem schiitischen Glauben. Er nannte sich Bab (das Tor) und seine Anhänger wurden Babis genannt. Somit legte er den Grundstein für die spätere Weltreligion des Bahaiitums. Wie ein Lauffeuer konnten seine radikalen Änderungen der islamischen Scharia durch seine 18 Jünger, die sogenannten „Buchstaben der Lebendigen“ in ganz Iran verbreiten. Eine der überragenden Persönlichkeiten unter ihnen war Qurrat al-ʿAin, die Tochter eines hoch angesehenen und sehr einflussreichen Islamgelehrten, die als die erste Frauenrechtlerin des Nahen und Mittleren Ostens bezeichnet wird. Das Land befand sich zu jener Zeit in einer äußerst bedrückenden und depressiven Stimmung. Das Königshaus hatte erst kürzlich zwei Kriege gegen Russland verloren und große territoriale Verluste hinnehmen müssen. Armut, Krankheiten und zügellose Ausbeutung des Volkes durch den Klerus bestimmten den Alltag. Seine trostspendenden Worte, seine das Leben erleichternden Reformen der Scharia und vor allem die Tatsache, dass er die Stellung der Kleriker in der Gesellschaft und ihre Daseinsberechtigung streitig machte, trafen in großen Teilen des Landes auf offenes Gehör, sodass die Babi-Bewegung in Kürze zum Staatsfeind Nummer eins erklärt und entsprechend bekämpft wurde.

Dies taten die Beamten sehr gründlich; er wurde zuerst unter Hausarrest gestellt und später, bevor er am 9. Juli 1850, also 6 Jahre nach der Offenbarung öffentlich hingerichtet wurde. Diese sechs Jahre hinterlassen aber ihre tiefen Spuren in der modernen Geschichte Irans sogar bis zum heutigen Tag. Das Land befand sich danach für mehrere Jahre in Aufruhr, viele Intellektuelle schlossen sich der Babi-Bewegung an und spielten später bei der konstitutionellen Revolution im Jahre 1906 eine bedeutende Rolle. Der Islam versäumte aber dadurch seine letzte historische Gelegenheit, sich von innen zu reformieren und dem Fortschritt der Zeit anzupassen.

Nach einem gescheiterten Attentat der Bab-Anhänger an den König, wodurch seine Hinrichtung vergolten werden sollte, wurde sein Nachfolger Bahā'ullāh 1853 nach Bagdad – ehemals das osmanische Reich – ins Exil geschickt. Die Resonanz der Ideen der Babi-Bewegung war aber im ganzen Iran so groß, dass auf Begehren des iranischen Königs diesem ersten Exil weitere Verbannungen folgten, bis sich der Gründer des Bahaitums und der Nachfolger des Bab im Jahr 1870 letztendlich in Akko unweit von Haifa niederließ.

An jenem neunten Juli des Jahres 1850 ließen die Soldaten den von Kugeln durchsiebten Körper des Babs im Burggraben liegen. Einige seiner übereifrigen Anhänger entführten ihn im Dunkel der Nacht und brachten ihn nach Teheran, wo er anonym auf dem Hof des Mausoleums eines der unzähligen Heiligen um diese Stadt beigesetzt wurde. Als Bahā'ullāh

1891[29] den Berg Karmel besuchte, ordnete er seinen Anhängern die Errichtung eines Grabmals an dieser Stelle an. So kamen die Gebeine des Babs 1909 auf geheimen Wegen nach Haifa und wurden an dieser Stelle zunächst in einem schlichten Schrein beigesetzt, bis Sahba dann ca. einhundert Jahre später sein Mammutprojekt genau dort beendete.

Nun standen wir da und bewunderten diesen imposanten geschichtstragenden Bau, der symbolisch für eine der wichtigsten Epochen der iranischen Geschichte in der Moderne steht. Am einfachsten gelangt man dorthin per Karmelit - eine Mischung aus Eisenbahn und Seilbahn - die angeblich die kürzeste U-Bahnstrecke der Welt sein soll.

In einer Gruppe von 20 Besuchern gingen wir durch das Eingangstor und betraten ein Stück Heimats Erde, nachdem wir eine akribische Leibesvisitation durchliefen und eine ausführliche Instruktion erhielten. Die Führung übernahm eine ca. 30-jährige israelische Frau, die uns bereits zu Beginn erklärt hatte, dass sie selbst keine Bahaii sei und lediglich für die Stiftung arbeite. Dennoch waren ihre Ausführungen sehr präzise und äußerst informativ. Von da oben bot sich ein völlig anderes Bild, als das, was wir am Vorabend von der deutschen Kolonie aus gesehen hatten.

Die heilige Zahl der Bahaii-Religion ist die 19 und alle Strukturen und Bauten in Verbindung mit ihr beinhalten auch entsprechend diese Zahl. So ergibt die Zahl der Jünger Babs 18 mit ihm selbst zusammen 19. Der Bahaii-Kalender besteht aus 19 Monaten, die jeweils 19 Tage haben usw. Es ist also auch nicht verwunderlich, dass diese Gartenanlage in Andenken von den ersten 19 Erleuchteten - Bab und seine 18 Jünger - auf 19 Ebenen erbaut worden ist, wobei sein Mausoleum in der Mitte herausragt.

Die Führerin fing an, über die Entstehung der Bahaii-Religion zu erzählen und mir wurde auf einmal klar, wie sehr die Bahaiis im Iran in den letzten eineinhalb Jahrhunderten gelitten haben. Seit der islamischen

29 All dies geschah, wie man es dieser Chronologie unschwer entnehmen kann, lange bevor der Staat Israel gegründet wurde. Dennoch behauptet das islamische Regime unermüdlich, die Bahaiis seien eine von Israel gegründete und gelenkte Spionagegemeinde, die es darauf abgesehen haben, den Islam zu vernichten.

Revolution nahmen die Repressalien gegen diese friedliche Gemeinde zu, sodass mehrere Hundert von ihnen sogar hingerichtet und die Reichen von ihnen enteignet wurden. Noch heute dürfen sie keine Universität besuchen und gelten als vogelfrei. Dennoch haben die Bahaiis in den vergangenen vier Jahrzehnten unter Einsatz ihres Lebens genau das bekämpft, worauf das islamische Regime und ganz besonders der schiitische Klerus basiert; die Lüge! Die Bahaiis im Iran haben ihre religiöse Identität so gut wie nie – von einigen äußerst seltenen Ausnahmen abgesehen – geleugnet. Obwohl sie bereits vor einem Jahrhundert dem Analphabetismus den Kampf erklärten und noch heute zu den bestausgebildeten Bürgern des Iran gehören, nehmen sie es billigend im Kauf, aus Universitäten geworfen zu werden, indem sie in Bezug auf ihre Religion die Wahrheit sagen. Anfangs brachte ich diese Verhaltensweise mit religiösem Fanatismus in Verbindung. Später aber fing ich an, die Sache aus einer anderen Perspektive zu betrachten und sah es ein, dass sie dem Fortbestand der moralischen Werte der Gesellschaft unter einem auf Lügen gegründeten Regime den besten Dienst erweisen, indem sie der Wahrheit treu bleiben.

Die oberen Terrassen sind halbrund und in einer penibel akkuraten Symmetrie gebaut. Nach unten werden sie immer eckiger, bis man am Schrein diese unmerklich entschwundene Rundung nicht mehr sieht. Die Farbmischung ist genial gewählt, so dass sie eine angenehm warme Atmosphäre erzeugt, ohne direkt erregend zu wirken. Die Gehwege sind pfirsichfarben und die restliche Fläche in einem Farbton zwischen Aprikose und Kürbis. Hinzu kommen die weißen Geländer mit einem Hauch von grau. Das alles in einer übertrieben grünen Anlage, mit sehr kunstvoll platzierten Springbrunnen aus Marmorstein, in dem man aus jeder Ecke den schönen Klang eines anderen singenden Vogels hört, versetzt den Besucher in eine Stimmung von Ruhe, Relaxation, Neugierde und Spiritualität.

„Ich denke, wenn es das Paradies tatsächlich gäbe, wäre es mit Sicherheit nicht schöner als das, was sich gerade unseren Augen anbietet!“, sagte Sahar voller Begeisterung, und sie war wie so oft im Recht. Das Wort Paradies war aber in diesem Zusammenhang auch genau am richtigen Ort ausgesprochen. Tatsächlich kommt das Wort „Paradies“ in den meisten indogermanischen Sprachen Europas aus dem Altpersischem pairi daēza, was so viel bedeutet wie etwa „eingezäunter Garten“. Es wurde als pardēs in das Hebräische übernommen. Der griechische Politiker und Schriftsteller Xenophon, der sich mit seinem Werk „Kyrupädie“[30] verewigte, machte während seiner Söldnerzeit im Iran Bekanntschaft mit dem persischen Garten und nahm das Wort als Parádeisoi in die griechische Sprache auf. Ihm ist es somit zu verdanken, dass der Europäer unbewusst an den iranischen Garten denkt, wenn er vom Himmel spricht. Die Rosen, die sich in dieser Augenweide voller Stolz gen Himmel richteten, gehören der persischen Sorte, die für ihren betörenden Duft berühmt ist und aus der seit Jahrtausenden Rosenwasser gewonnen wird. Es erinnerte mich an den Hof jenes Hauses, in dem ich aufwuchs.

Wir kamen am Schrein an, wo unsere Besichtigungstour endete. Die Führerin fragte die Besucher einzeln – anscheinend nach einer sich über die Jahre eingebürgerten Tradition – wo sie herkamen und was sie für einen Eindruck gewonnen hatten. Es war erstaunlich, wie viele Nationalitäten in einer ca. zwanzig köpfigen Gruppe steckten. Sie alle waren voller Begeisterung und ein Satz wiederholte sich stets: „So etwas habe ich noch nie in meinem Leben gesehen!“ Als wir waren, sagte ich ohne lange darüber nachzudenken:

„Wir kommen aus jenem Land, in dem all das seinen Anfang fand.“

Und mir fielen erneut die Worte ein, die mir am Vorabend durch den Kopf gegangen waren. Spätestens jetzt hätte der König der Könige Darios der Große folgende Worte in den Stein meißeln lassen:

„Dann wirst Du begreifen, wie weit die ewig währende Seele des Iran flog, dass der Iraner weit von Iran die Welt mit seiner Kunst verzauberte.“

Ich sprach diese Gedanken aber nicht aus. Sahar und ich standen minutenlang am Geländer und ließen diese paradiesische Aussicht auf uns einwirken. In der westlichen Ferne konnte man bei klarem, sonnigem Wetter

---

30 Darstellung des idealen Herrschers an Beispiel des Gründers des ersten Perserreiches Kyros des Großen

das Mittelmeer sowie die Küste und die Reste der einst von deutscher Hand erbauten Mole sehen, nie zuvor waren in meinen Augen Iran und Deutschland einander so nah ...

Wir liefen den Berg wieder herunter, kamen an die Al-Isfahani Straße vorbei und gingen in Richtung unseres Hotels. Nach längerem Suchen fanden wir endlich ein kleines Restaurant, das auch Salate servierte. Ganz anders als sonst auf dieser Reise redeten wir kein Wort über unsere Eindrücke der vergangenen Stunden. Es kam mir vor, als wollte ich diese Impressionen nicht in Worte umwandeln lassen, damit sie für immer die Gefangene meiner Gedanken blieben. Es war nicht nur die überwältigende Schönheit der Anlage, die mich bei ihrem Besuch so fasziniert hatte. Es steckten 150 Jahre Geschichte des Iran in diesen Baumblättern, in den einzelnen Kieselsteinen, die Sahba so kunstvoll zusammengestellt hatte.

„Ist es eigentlich etwas Positives, so mit der eigenen Geschichte verbunden zu sein? Ergreift dann die Vergangenheit nicht Besitz von einem? Wird man nicht der Gefangene seines Wissens?", fragte ich Sahar ohne auf unseren Besuch auf den Karmelberg hinzudeuten, während wir zu Mittag aßen. Eigentlich wollte ich an den Gedanken anknüpfen, die mir am Vorabend durch den Kopf gegangen waren, bevor ich leicht betäubt von dem teuren Rum in den Schlaf fiel. Eine junge Israeli bediente uns und war sehr darum bemüht, dass an dem Tisch nichts fehlte.

„Wir kommen schon mit vielen Fesseln auf diese Welt; Sprache, Nationalität, Religion, um nur einige der banalsten zu nennen. Aber wenn es etwas wie ein kollektives historisches Gedächtnis gäbe, dann würden wir am meisten dadurch geprägt, oder es mit deinen Worten zur Sprache zu bringen, dieses kollektive Gedächtnis ist der hartnäckigste und gnadenloseste Wächter dieses Gefängnisses, das wir Identität nennen. Aber im Gegensatz zu dir denke ich, dass man umso freier ist, je bewusster man sich darüber wird. Das Verhältnis zwischen „Bewusstsein" und „Unterbewusstsein" bestimmt das Ausmaß dessen, was wir als Befreiung von der Vergangenheit bezeichnen. Also mein fauler Gemahl! Versuche ja nicht unter diesem Vorwand aufzuhören, aus der Geschichte zu lernen!"

Sie konnte mit diesen Worten dem ständig in meinem Kopf herumschwirrenden Durcheinander eine logische Ordnung verleihen. Meine weise Mutter hatte einst, als sie uns in Deutschland besuchte, gesagt:

„Es ist ein großes Glück, eine hübsche Frau zu heiraten, eine weise Frau an seiner Seite zu haben, ist jedoch ein Segen. Zu wissen, dass du, mein Nesthäkchen, in dieser fernen Fremde ein glücklicher Mann bist, der ein gesegnetes Eheleben führt, beruhigt mich ungemein!"

Die beiden Frauen, die mich und meine Persönlichkeit am meisten geprägt haben, behielten also Recht.

Nach einem kurzen regenerierenden Nickerchen in unserem Hotel gingen wir wieder auf den schönen Hinterhof. In der Hotellobby saßen die jungen Leute aus Schweden auf gepackten Koffern und warteten auf ihre Abholung. Von der bulligen Gruppenleiterin war weit und breit keine Spur und die Jungs und Mädels redeten laut durcheinander und lachten befreit. Die bedrückende Spiritualität der vergangenen Nacht war verflogen und man konnte die junge frische Lebensfreude wieder innerhalb der Gruppe beobachten.

Neben den weiteren üblichen Sehenswürdigkeiten machten wir einen langen Spaziergang zum Leuchtturm und dem Kloster Stella Maris. Danach fuhren wir über die Seilbahn in Richtung des Strandes. Oben angekommen, hat man einen herrlichen Ausblick auf Teile der Stadt, vor allem aber auf den Strand. Von der Endstation der Seilbahn am Ha'Aliya HaShniya aus nahmen wir dann den Weg am Strand in Richtung unseres Hotels. Einige dunkle Wolken zogen sich zusammen und die Luft wurde immer schwüler und drückender. Der Gehweg endete aber abrupt am Bat Galim Beach, ohne dass man durch eine Beschilderung auf den Weg in die Stadt hingewiesen wurde. Nach einigen vergeblichen Versuchen bekam ich Netz und wir setzten unseren Spaziergang fort. Dabei versuchten wir immer wieder, die von Google Maps empfohlene Route über HaHagana Avenue zu verlassen und über Seitenstraßen und Gassen zum Hotel zu gelangen, da man die Seele einer Stadt in eben jenen entlegenen halbdunklen Seitenstraßen und Gassen erkunden kann. Nur hier fernab der vollen, stark befahrenen

Hauptstraßen, in denen man kaum seine eigene Stimme zu hören vermag, kann man riechen, was die Menschen in Haifa zu Abend essen und welche Musik sie hören, welchen Duft ihre am Vorgarten gepflanzten Blumen sprühen und welche Farbe ihre Vorhänge haben.

An einer dieser Straßen trafen wir eine freundliche Frau, die auf der Stufe vor ihrer Haustür saß und uns freundlich grüßte. Durch die halboffene Haustür war ein arabisches Lied zu hören, während uns die leicht beleibte Frau in einem ärmellosen Sommerkleid fragte, ob wir Touristen seien und somit die Unterhaltung eröffnete. In ihrer Hand hielt sie eine Schüssel voll von gerösteten und gesalzenen Sonnenblumen- und Kürbiskernen, die sie uns freundlich anbot. Um die Unterhaltung kurz zu halten, begnügten wir uns damit zu sagen, wir kämen aus Deutschland. Als sie dann sah, wie routiniert wir die Kerne zwischen den Schneidezähnen brachen, schälten und aßen, sagte sie lachend:

„Ihr könnt mir viel erzählen, aber Deutsche seid Ihr mit Sicherheit nicht! Kein Europäer kann so etwas! Wo Ihr auch immer jetzt herkommen mögt, Ihr seid irgendwo zwischen dem Mittelmeer und dem Indus aufgewachsen!"

Sie empfahl uns unbedingt Tiberias zu besuchen, bevor wir nach Jerusalem fahren.

Im Hotel angekommen waren, wir so erschöpft, dass wir nur noch das nach uns schreiende Bett im Sinn hatten.

Lilie des Friedens

Das üppige Frühstücksbuffet war ganz nach unserem Geschmack angerichtet. Spätestens jetzt konnte man sehen, dass es sich bei dieser schönen, sauberen und bequemen Unterkunft mit äußerst freundlichem Personal um ein Familienunternehmen handelte. Von dem ernst schauenden Opa über die freundliche, leichtfüßig herumlaufende zierliche Oma bis hin zum ca. 14-jährigen Knaben packten alle mit an und machten einen routinierten Eindruck. Nach dem Frühstück stiegen in den Wagen und fuhren über Okef Krayot – auch Route 22 genannt – in Richtung Akko, um dort die Altstadt zu besuchen.

Akko, auch bekannt als Akkon, Acre und Akka war in der persischen Periode von 586 bis 332 v. Chr. genau wie Haifa in Bezug auf Bau, Religion etc. stark unter phönizischem Einfluss. Als sich gegen das Ende des sechsten Jahrhunderts v. Chr. die Kriege zwischen dem ersten Perserreich und Ägypten häuften, gewann die Stadt an Bedeutung und diente vermehrt als Ausgangspunkt für einige Feldzüge der persischen Armee. Dementsprechend erfuhr sie auch eine rasante wirtschaftliche und kulturelle Blüte, die einige Jahrhunderte anhalten konnte. Sie wurde auch für kurze Zeit von Ägypten erobert. Kurz nach unserer Rückkehr aus Israel fand man bei den Ausgrabungen in Tel Keison ca 13 km südöstlich von Akko die Reste eines achämenidischen Militärstützpunktes von 525 v. Chr., aus dem Jahr, in dem Kambyses der II[31] Ägypten eroberte und die 27. ägyptische Dynastie (die sogenannte Perserdynastie Ägyptens) gründete.

Gegen Ende des zweiten Perserreiches, unter den Sassaniden und in den ersten Jahrzehnten des siebten Jahrhunderts, war Akko Teil der iranischen Provinz Assurestan (Syrien) mit der Hauptstadt Cäsarea, die ca. 60 km südlich von ihr liegt. Der zuvor erwähnte Balāḏurī berichtet, dass die Muslime die Stadt 636 einnahmen. Laut ihm habe jener Muʿāwiya

31 Der zweite König des ersten Perserreiches unter den Achämeniden

dort im Jahre 640 eine Werft erbauen lassen, die als die strategische Basis einer Eroberungspolitik – wie einst unter dem sassanidischen Großkönig Ḫosrau II. – gegen das byzantinische Reich dienen sollte. Von dort aus startete er 649 eine erfolgreiche Offensive gegen die Stellungen von Konstans II. auf Zypern. Ferner war die Stadt einer der wichtigsten Schauplätze der Kreuzzüge, insbesondere des dritten Kreuzzuges. Als ihnen die Eroberung von Jerusalem nicht gelang, erklärten die Kreuzfahrer unter Richard I. Löwenherz Akko zur Hauptstadt des Königreiches Jerusalem und richteten im Jahre 1191 unter den Kriegsgefangenen ein Blutbad an. Während der Belagerung der Stadt gründeten deutsche Kaufleute aus Lübeck und Bremen als Hospitalgemeinschaft einen deutschen Orden, dessen Nachlass das von uns besuchte Zentrum sehr stark geprägt hat. Ist die individuelle Identität eine Reflexion der kollektiven Vergangenheit, so ist Akko ebenfalls eine Stätte der Begegnung zwischen meinem deutschen und meinem iranischen Ich.

Folgt man Google Maps, so wird man automatisch über die Ha-Hagana Straße zum meerseitigen Eingangstor der Altstadt geführt, welche den Schildern nach zumindest überwiegend arabisch ist. Wir hatten Glück und fanden direkt vor dem Tor einen freien Parkplatz. Überraschenderweise waren die ersten Gassen direkt hinter dem Tor relativ leer. An jeder Ecke sah man ein Schild in arabischer Schrift, das entweder eine kurze Koransure oder eine religiöse Ermahnung beinhaltete. Das erste davon, welches mir sofort ins Auge sprang, lautete: „Im Gedenken Allahs ist es, dass Herzen Trost finden können". Einige hundert Meter nach dem besagten Eingangstor erreicht man einen großen Platz, an dessen rechtem Rand mehrere Restaurants aneinandergereiht sind. Unweit von diesem befindet sich ein noch größerer Platz und nach einigen wenigen Metern links von diesem erreicht man schließlich die Hauptattraktion der Stadt, das Besucherzentrum von Akko. Um dieses zu betreten, hat man zunächst durch ein relativ niedriges, an einen Garteneingang erinnerndes Tor zu gehen.

Die Route durch die Gänge und Hallen ist so sorgfältig aufgebaut, dass man keine Ecke verpassen kann, wenn man dieser gemäß den Nummerierungen folgt. Zu Beginn erhält man eine kurze Erklärung über die Frühantike, bestehend aus den Herrschaftsperioden der Perser, Ägypter und Römer. Danach geht man sehr schnell zu der Epoche der Kreuzzüge über, auf der das Hauptaugenmerk bezüglich der Stadtgeschichte ruht. Die Wandmalereien verleihen den durch daen Audio Guide gesprochenen Schilderungen eine zusätzliche Visualisierung und verhelfen dem Besucher zu einer besseren Vorstellung der Verhältnisse. Halle für Halle und Gang für Gang erfährt man immer mehr über die wirtschaftlichen, militärischen, religiösen und gesellschaftlichen Verhältnisse jener Zeit. Ob es darum geht, wie die in Ungnade gefallenen Ritter bestraft wurden, oder wie man Zuckerhüte hergestellt hat, man bekommt zu jedem Thema eine audiovisuelle, teils plastische, teils malerische Darstellung.

In der letzten Halle sind Gegenstände aus der osmanischen Periode ausgestellt. Dazu kann man eine ca. 40-minütige Dokumentation über die Belagerungen und Kriegshandlungen anschauen, während man neben riesigen, bedacht platzierten Kanonen sitzen darf. Eine der schrecklichsten Geschichten hierzu waren die Chroniken der Belagerung durch die französische Armee 1799 unter Napoleon. Nachdem die Franzosen seit März sieben vergebliche Angriffe unternommen hatten, gelang es ihnen in Mai mit der Feuerkraft all ihrer Kanonen die Stadtmauer zu durchbrechen. Völlig euphorisch von diesem Erfolg stürmten sie mit allen verfügbaren Einheiten durch die so entstandene Scharte, wo sie mit großem Schrecken eine zweite Mauer vorfanden, nachdem sich Rauch und Staub gelegt hatten. In einer Falle getappt zwischen zwei dicken Mauern waren sie den osmanischen Verteidigern ohne jeglichen Schutz ausgeliefert. Diese nutzten die Gelegenheit und metzelten die verzweifelten Franzosen bis zum letzten Mann nieder. Dies bewog Napoleon dazu, die Belagerung aufzugeben und sich nach Jaffa zurückzuziehen. Somit war Akko der Schauplatz einer der wichtigsten Wendepunkte der europäischen Geschichte, Napoleon soll in seinen Memoiren geschrieben haben, die Geschichte hätte einen anderen Lauf genommen, hätte er Akko 1799 erobert. Das Schicksal des Vorderen Orients sei – so Napoleon – in dieser kleinen Stadt besiegelt.

Völlig beeindruckt von all diesen Informationen verließen wir die Anlage und setzten uns zu einer kühlen Apfelschorle vor einem gemütlichen Café in den Schatten und beobachteten den vollen Platz mit all seinen Einheimischen und Touristen. Nach einer Weile sagte Sahar:

„So, Herr Reiseführer! Wo ist der nächste Halt?"

„Das Museum „Treasures in the Wall", gnädige Frau!"

„Hop hop! Sie werden nicht fürs Herumsitzen bezahlt!"

Und wir brachen auf. Gegenüber vom Zentrum mit den Ritterhallen sind das Gemäuer und die Verteidigungsanlage zu der gegenüberliegenden Küste mit Kanonen und Schießscharten. Unter einer dieser Mauern befindet sich ein von außen unscheinbares, von innen aber sehr geräumiges Gebäude, das ein vielfältiges Sammelsurium an Gegenständen aus aller Welt beherbergt, die in irgendeiner Art und Weise mit der Geschichte des Judentums bzw. der Juden zu tun haben. Teils sind diese von den jüdischen Einwanderern fertiggestellt und teils nur verschenkt. Man kann hier Hinterlassenschaften vieler Generationen aus vielen Ländern sehen, in denen die Juden früher gelebt haben. Von Spanien und Tunesien über die Türkei und den Iran bis Kasachstan und Indien waren Gegenstände wie Nähzeug, Möbel, Küchengeschirr, chirurgische Instrumente, Gemälde, Kleiderstücke, Samoware, Kaffeetassen und Teegläser in einer nach Regionen kategorisierten Anordnung ausgestellt. An dem letzten Raum waren viele Gegenstände aus dem Vorderen Orient, darunter ein Teeset aus dem Iran, mit dem Porträt des berühmtesten Königs der Qadscharendynastie, Näser ad-Din Schäh. Mütterlicherseits stammt meine Frau aus diesem Geschlecht, was für mich immer eine willkommene Tatsache ist, sie mit ihrer revolutionäre Vergangenheit damit aufzuziehen.

„Oh ha! Schau mal! Wenn uns die bisherigen Brücken lediglich an unsere Heimat im Allgemeinen erinnert haben, stellt das Gesicht deines Urgroßvaters auf diesen Teegläsern und dieser wunderschönen Teekanne ein familiäres Verhältnis mit Israel her!"

Ihre Antwort darauf waren ein erboster Blick und ein mehrminütiges Schweigen. Danach stand die Besichtigung der Verteidigungsanlage über dem Museum auf dem Programm. Von hier aus hat man eine schöne Aussicht über einen Teil der Stadt. Wir setzten uns eine Weile hin, schauten uns die Stadt zu den Füßen der Mauer an, genossen die nach Meeressalz riechende Brise, horchten wortlos der Geräuschkulisse der Altstadt und ließen die imposanten gewonnenen Eindrücke erstmal wirken.

Von da oben kann man die Altstadt von Akko sehen, mit der zu Ehren des osmanischen Gouverneurs erbauten Al-Jazzar Moschee an der gleichnamigen Straße. Es handelt sich dabei um jenen in Bosnien geborenen Cezzar Ahmed Paşa, der dem französischen Heer unter Napoleon die vorher erwähnte schmachvolle Niederlage beibrachte. Die Moschee ist einer der größten in ganz Israel und beherbergt, wie es auch bei katholischen Kirchen der Brauch ist eine Reliquie. In diesem Fall ein sog. Scha'r un-Nabi, ein Barthaar des Gesandten Allahs. Einige 10 Meter rechts von der Moschee gelangt man durch eine bedachte Gasse in die Altstadt, deren Häuser noch heute den Eindruck erwecken, man sei in das Mittelalter zurückgereist. Die engen, zum Teil durch mehrere Etagen überdachten Gassen, die selten gradlinig verlaufen, zwischendurch große Plätze, an denen mehrere Gassen ohne eine geometrische Anordnung münden und die Schilder in arabischer Sprache versetzen den Besucher ebenfalls in eine längst vergangene Zeit zurück. Als Sahar an einem dieser Gassen eine Gehpause einlegte, um einige alte Türen in aller Ruhe zu fotografieren, stand ich an der Türschwelle eines mehrstöckigen Hauses, auf dessen Hof einige Kinder mit ihren Murmeln spielten. Eine schmale Treppe ohne Geländer mit 12 Stufen führte zu einer blauen Tür in der ersten Etage. An zwei Seiten des Hofes waren blaue Fensterrahmen relativ nahe aneinander gereiht, was für kleine Zimmer sprach. Ich füllte meine Lungen mit der nach allerlei arabischen Speisen duftenden Luft, schloss meine Augen und ließ meiner Fantasie freien Lauf. Es waren die freudigen Schreie der Kinder zu hören, die vor tausend Jahren in diesen Gassen spielten, Kinder wie Sindbad, die von einer Mauer auf die andere sprangen und sich vorstellten, eines Tages die Stadt mit einem Schiff zu verlassen und die große weite Welt zu entdecken.

Der Besuch der Altstadt von Akko ist ein Erlebnis für sich und versetzt jeden Touristen mit einem Hauch von Fantasie in eine unbeschreibliche, ja sogar befremdliche Stimmung. Gibt man sich dem Fluidum der engen, zum Teil bedachten Gassen, der alten Häuser mit ihren schmalen Türen und kleinen Fenstern, der Düften der Stadt und der von Leben sprühenden Geräuschkulisse hin, vergisst man für einige Momente gänzlich, dass man sich im 21. Jahrhundert befindet, vielmehr wird man in eine ferne, längst vergessene Vergangenheit zurückgeworfen.

Mit solchen Gefühlen kamen wir dann an Piza-Platz an und fragten nach dem Templer Tunnel. Es handelt sich um einen Fluchtweg, den die Ritter des Templer Ordens 1291 genutzt haben sollen, nachdem sie als letzte Kreuzfahrer dem wachsenden Druck der Mameluken nachgegeben und sich durch diesen geheimen Tunnel zum Hafen versetzt hatten. Von dort aus sollen sie dann mitsamt dem Ordensschatz nach Sidon im heutigen Libanon gesegelt haben. Der ca. 350 m lange Tunnel ist mit einem Holzsteg versehen, sodass man ihn unschwer besichtigen kann. An einigen Stellen ist die Decke so niedrig, dass man sich ducken muss. Alles in allem und nachdem man die anderen bereits erwähnten Sehenswürdigkeiten gesehen hat, hält sich die Begeisterung bei diesem Tunnel aber eher in Grenzen. Vielleicht waren aber unsere Sinne mit so vielen Reizen überflutet, dass unsere Aufnahmekapazitäten nun maßlos erschöpft waren. Wir kehrten zu Al-Jazzar Str. zurück, musterten eine Weile die Restaurants und entschieden uns für eins. An dem Nachbartisch saß eine Familie bestehend aus einer älteren Frau, einem älteren Mann, zwei Frauen Mitte 40 und einem jüngeren Mann um die zwanzig. Google Maps zeigte uns zwei Orte für unser nächstes Ziel, nämlich den Schrein von Bahá'u'lláh. So fragte ich die mir am nächsten sitzende Frau nach der Adresse. Sie erklärte mir, dass sich der Garten mit dem Schrein außerhalb der Altstadt befinde und die andere in der Nähe liegende Adresse lediglich so etwas wie ein Kulturhaus der Bahai's sei.

„Wir wollen die Anlage auch besuchen, allerdings erst, nachdem wir die Altstadt gesehen haben. Sind sie Bahai?“ fragte sie sehr neugierig.

„Nein, wir sind Touristen und der Schrein ist der letzte Punkt auf unserer

Akko-Liste. Danach brechen wir nach Tiberias auf."

„Oh! Strammes Programm! Darf ich fragen, wo sie herkommen?"

Routiniert wie wir mittlerweile geworden waren, antwortete ich:

„Aus dem Iran!"

„Ist das wahr? Wir auch!" antwortete sie mit einem strahlenden Gesicht, während sie immer wieder die anderen Familienmitglieder anschaute. Ausgehend davon, dass sie scherzte, lachten Sahar und ich laut. Sie meinte es aber ernst.

„Sie kommen aber jetzt nicht aus dem Iran, das geht ja gar nicht! Wo leben Sie?"

Wir hatten auf dieser Reise mit allem gerechnet, jedoch nicht damit, dass wir Landsleute in Israel treffen. Also antwortete Sahar in Persisch. Daraufhin verzog die Frau das Gesicht und antwortete fast beschämt:

„Ich kann leider nur wenig Persisch, meine Mutter aber dafür ganz gut."

Es stellte sich heraus, dass die beiden jüngeren Frauen die Töchter waren, die selbst direkt nach der Einwanderung ihrer Eltern aus dem Iran in Israel geboren wurden. Der ältere Mann war mit der Schwester, die ich ansprach, verheiratet und der jüngere Mann war ihr Sohn. Der letztere fing plötzlich an, ein Lied von dem iranischen Pop-Sänger „Omid", der mit einer Israelin verheiratet ist, zu trällern. Kaum hatten wir uns von diesem ersten Staunen erholt, da kam die Großmutter an unseren Tisch und begrüßte uns mit einem starken kurdischen Akzent in einem sauberen Persisch.

„Lassen Sie den Jungen weitersingen, denn er kann von unserer Sprache nur Pop-Lieder, oder üble Schimpfworte! Gott möge die Neuankömmlinge aus dem Iran verfluchen! Sie bringen dem Jungen nur Unsinn bei. Das einzig Gute dabei ist es, dass er wenigstens alles versteht, wenn ich mit ihm schimpfe. Wissen Sie? Man kann in keiner Sprache der Welt so kreativ schimpfen wie in unserer Sprache!"

Immer wenn sie „unsere Sprache" sagte, glänzten ihre Augen und bebte ihre Stimme. Sie kannte Iran hauptsächlich aus den Erzählungen ihrer Eltern. Sie waren direkt im Jahr der Staatsgründung nach Israel gekommen, während ihre Mutter mit ihr schwanger war. Sie hatte zwar ihre

Verwandten in Kermanschah im Westen Irans zweimal vor der Revolution besucht, aber diese kurzen Besuche hatten wohl nie ausgereicht, um vom Land auch etwas mitzubekommen. So erzählte sie weiter in „unserer Sprache" über ihre Familie.

Danach verabschiedeten wir uns von der netten Familie, während die beiden Schwestern versuchten, alle Ausdrücke und Höflichkeitsphrasen zum Abschied anzuwenden, die sie über die Jahre hinweg von ihrer Mutter und ihren Großeltern aufgeschnappt hatten.

Bevor wir zum Auto gingen, um zu dem Schrein zu fahren, hatten wir aber noch eine letzte Station vor uns, den Bazar von Akko, eine enge, lang gezogene Passage mit vielen dicht aneinander gereihten Läden, in denen man allerlei Dinge vom Fisch bis Schmuck kaufen kann. Auch wenn Touristen weltweit einen solchen Bazar in nahezu frenetischer Begeisterung stürmen, stellt er für einen Iraner kein Spektakel dar. Wer die Bazare in Teheran, Täbriz, Kashan, Schiraz, Isfahan und den anderen iranischen Städten besichtigt hat, findet diesen langen Gang nicht des Namens Bazar würdig. Dementsprechend wurde unser Bazar-Besuch auch nur mehr oder minder als ein Bestandteil des Reiseprotokolls abgehakt und daher möglichst kurzgehalten. Gerade als wir den Bazar verlassen wollten, sahen wir wieder die nette Familie.

„Beim nächsten Mal müssen Sie uns aber etwas ausgeben!", sagte ich lachend zu den Schwestern.

„Gerne! Aber warum erst nächstes Mal? Glauben Sie, wir werden uns wiedersehen?"

„Das war nicht ernst gemeint, das ist ein deutscher Spruch, wenn man sich dreimal in ..., ach wissen Sie was, es hat uns sehr gefreut Sie kennenzulernen."

Der Witz hatte nicht gezündet. Ich mochte Sahar gar nicht das Gesicht zuwenden, ich wusste ganz genau, dass sie sich diebisch über die Situation amüsierte und heimlich lachte. Wir gingen zum Auto und fuhren los.

Der Garten ist auf einem mehrere Hektar großen umzäunten Grundstück mitten in einer eher kargen Umgebung aufgebaut. Das Mausoleum von Bahā'ullāh steht im Zentrum der Anlage, umgeben von einem mit akkuraten Linien geschnittenen Garten. Wenn man hier und inmitten eines Meeres aus verschiedensten Blumen steht, merkt man sofort, dass die Lilien mit ihrem Duft eindeutig herausstechen. Auf dem Weg dorthin bekommt ein Iraner – aber auch nur ein Iraner – das Gefühl, sich auf einem überdimensionalen Perserteppich zu bewegen. Der Garten wurde auch seinerzeit von dem Urenkel von Bahā'ullāh (der Enkel seiner Tochter) nach solchen Mustern aus der Heimat des Gründers der Bahai-Religion entworfen. Sieht man heute die Luftbilder der Anlage, erkennt man die Sorgfältigkeit, mit der er damals die zum Teil tausend Jahre alten Teppichmuster nachgeahmt hat. Unter den Anhängern der Bahai-Religion nennt man die Anlage und das darin befindliche Mausoleum „Darya-ye Noor" (Meer oder Ozean des Lichts), was ihre Stellung gegenüber den zuvor genannten Bahai-Gärten von Haifa hervorhebt, die „Kooh-e Noor" (Berg des Lichts) genannt werden. Dieser Garten, mit dem Schrein in seinem Herzen, ist nicht nur die wichtigste Pilgerstätte der im 19. Jahrhundert in Iran entstandene Bahai-Religion, sondern auch die Qibla[32] ihrer ca. acht Millionen Anhänger, die in aller Welt täglich in seine Richtung beten.

Über die Anfänge dieser Religion schrieb ich bereits im Zusammenhang mit dem Bab und den Bahai-Gärten in Haifa. Der endgültige Bruch dieser Religion mit dem Islam erfolgte 1848 im Rahmen einer Konferenz in der Stadt Badascht im Nordosten Irans, wo die zuvor genannte „Qurrat al-'Ain" vor ihren Anhängern den damals üblichen islamischen Schleier ablegte und das Ende der islamischen Epoche samt Scharia und religiösen Pflichten verkündete. Dies ist insofern ein revolutionärer und vor allem höchst mutiger Akt, als dass eine solche „Entblößung" seinerzeit mit einer Kriegserklärung gegen die islamische Obrigkeit, gesellschaftliche Ordnung und somit Gott persönlich verstanden wurde, was selbst bei einem milden Urteil schon mindestens mit dem Tode durch Steinigung bestraft wurde. Die Reaktion fiel daher alles andere als friedlich aus und erzürnte nicht nur die religiöse und

32 Gebetsrichtung. Wie die Muslime in Richtung von Mekka, beten die Bahai in Richtung von Akka

staatliche Obrigkeit, sondern führte zu einem regelrechten, schon fast bürgerkriegsähnlichen Flächenbrand in nahezu allen iranischen Städten. Die der Konferenz folgenden bewaffneten Auseinandersetzungen zwischen den Babis und den iranischen Behörden zwangen Qurrat al-ʿAin schließlich zu einem Leben im Untergrund. Als sie sich 1849 einigen Aufständischen im Norden Irans, einer Hochburg der Babis und späteren Bahais, anschließen wollte, flog ihre Tarnung auf und führte zu ihrer Inhaftierung. Während der Haft soll der König um ihre Hand angehalten haben, was sie mit einem einigermaßen harschen Gedicht abgelehnt haben soll. Die erste Frauenrechtlerin des Nahen und Mittleren Ostens wurde letztlich im Jahre 1852 im Alter von 35 Jahren ganz im Geiste der Zeit und nach islamischer Manier von zwei Groß-Ayatollahs daher zu Tode verurteilt und im Gefängnis erdrosselt.

An jener Konferenz hatte auch der spätere Gründer der Bahaii-Religion Bahā'ullāh teilgenommen. Nach der Hinrichtung des Bab wurde er wie bereits beschrieben ins osmanische Exil nach Bagdad vertrieben. Dort befürchteten die örtlichen Behörden sowie geistlichen Würdenträger, trotz konfessioneller Unterschiede beider Reiche, ebenfalls „blasphemische Verführungen" in ihrer Gesellschaft, sodass der von den Klerikern unbeliebte Bahā'ullāh, nach mehreren Verbannungen innerhalb des osmanischen Reiches, schließlich mitsamt seiner Gefolgschaft im Jahre 1868 nach Akko in Palästina deportiert wurde. Abseits der großen islamischen Zentren ihrer Zeit, in einer Art unbedeutendem Niemandsland, als welches die westliche Levante damals galt, sollten somit beide benachbarten Länder – Iran und das osmanische Reich – vor ihm und seinen revolutionären Predigten ihre Ruhe finden. Was ursprünglich als eine Isolationshaft vorgesehen war, entwickelte sich schnell zu einer willkommenen Gelegenheit für die Missionierung in der Bevölkerung. Kurz nach seiner Ankunft durfte Bahā'ullāh nicht nur das Gefängnis verlassen, sondern auch die näheren Ortschaften außerhalb von Akko besuchen. Sein Ansehen stieg von Tag zu Tag dermaßen, dass der Mufti von Akko ihn, der nominell und auf Befehl des Sultans immer noch ein Gefangener war, auf den Knien anflehen musste, in ein Haus nördlich von Akko einzuziehen, was er auch letztendlich im Jahre 1877 tat. Um dieses Haus baute sein Urenkel schließlich diese wunderbare Gartenanlage nach den klassischen Mustern eines Perserteppichs. Viele Jahre später standen nun Sahar und ich auf dem kleinen Vorhof des Schreins, schlossen unsere Augen und atmeten ein letztes Mal die nach allerlei Blumen duftende Luft ein, bevor wir dieses sowohl geschichts- als auch leidträchtige Monument verließen.

Nach meinem Plan sollten wir zwischen 16:00 und 17:00 Uhr in Tiberias ankommen, uns dort ca. 2 Stunden aufhalten und zwischen 21:00 und 22:00 schließlich in Jerusalem sein. Das erzählte mir zumindest Google Maps.

„Willst du dich wirklich nicht in Friedrich-Wilhelm umtaufen lassen?" So penibel wie du diese Reise geplant hast, hätten dich selbst preußische Beamte für bekloppt erklärt!"

„Du hast doch selber gesagt, dass wir auf dieser Reise keinen Leerlauf haben dürfen! Dir kann man es auch nie rechtmachen!"

„Ja, das habe ich, aber ich habe von einer Reise gesprochen und nicht von einem Gefangenentransport!"

Sie schnitt einige Grimassen und gestikulierte wie ein Wehrmachtssoldat und wir stiegen in das Auto ein. Meine Verwandten im Iran benutzen seit Jahren das Navigationssystem „Waze" und hatten mir das wiederholt empfohlen. Mittlerweile war dieses äußerst präzise und benutzerfreundliche Programm dermaßen beliebt, dass es von nahezu allen Taxiunternehmen im Iran benutzt wurde. Als das islamische Regime jedoch erfahren hatte, dass es sich um ein in Israel entwickeltes Programm handelt, wurde es kurzerhand verboten. So dachte ich mir, ich könnte es nun ausprobieren, wo denn sonst, wenn nicht in Israel?

So kam es, dass wir uns ca. eine Stunde später mitten im Nirgendwo auf einem großen abgelegenen Platz fanden. Weit und breit war keine Menschenseele zu sehen und zu allem Überfluss fing nun das anfänglich hochgelobte Navi-System an zu spinnen und ich bekam kein Netz mehr.

„Ich will ja nichts sagen, aber ein echter Friedrich-Wilhelm hätte das funktionierende Programm nicht durch ein unbekanntes, von ihm selbst noch nicht ausprobiertes ersetzt! Du bist also kein richtiger Deutscher, sondern nur ein billiges Imitat!", sagte Sahar, während sie sich eine Zigarette anzündete. Wer hätte schon gedacht, dass ein in Israel entwickeltes System ausgerechnet in Israel versagen würde? Es tat es aber und diese Lehre kostete uns unseren Tiberias-Besuch.

* * * * * * *

Acht Monate später holte ich diesen Besuch aber mit meinem Sohn nach. Wir waren am Vormittag von Netanja nach Jerusalem gefahren, damit Coussar die letzten Formalitäten seines Auslandsemesters erledigen konnte. Somit konnten wir erst spät am Nachmittag nach Tiberias aufbrechen. Ich erzählte ihm von unserem misslungenen Versuch bei meiner letzten Reise und er zog mich stellvertretend für seine Mutter wegen meines Orientierungssinns auf. Die ersten 60 Kilometer gestalteten sich auch sehr unkompliziert und wir kamen sehr gelassen und stressfrei durch. Als die Dämmerung aber einsetzte, ging es mit den Irrfahrten los. Nachdem ich mich zum dritten Mal verfahren hatte, sagte Coussar:

„Ohne dir zu nahe treten zu wollen, lieber Vater, ich kenne da eine kluge Frau, die dir eigentlich noch ein zweites Navi-Gerät kaufen wollte, damit du die Ansagen von diesem Gerät besser verstehst. Was ist eigentlich daraus geworden?"

„Du kennst dich doch in diesem Land mittlerweile sehr gut aus, oder?"

„Es geht so, aber warum fragst du?"

„Nichts! Ich dachte mir nur, du wolltest zu Fuß nach Tiberias laufen!"

Während die Dunkelheit langsam einbrach, fuhren wir weiter und verwickelten uns in tiefen Gesprächen. Coussar, der sich in den drei Monaten seines Aufenthaltes ein viel deutlicheres Bild von Israel gemacht hatte, klärte mich über vieles auf und ich erzählte ihm von meinem Sinneswandel in Bezug auf Israel und Palästina und davon, wie froh ich war hierhergekommen zu sein, um diesen Wandel zu vervollständigen. Coussar fragte in einem skepsisbehafteten Ton:

„Und? Hast du es geschafft? Ist dein Bild jetzt vollkommen?"

„Mit Sicherheit nicht! Und es wird es auch nie werden! Aber ich denke, je mehr ich darüber weiß, desto geringer ist die Wahrscheinlichkeit, dass ich irgendwelchen indoktrinierten Klischees verfalle."

„Und was ist mit mir und meiner Schwester? Du hast uns in all den Jahren durch deine Haltung zu diesem Konflikt indirekt indoktriniert, selbst wenn es dabei nur darum ging, dass du geflucht hast. Das haben wir passiv mitgenommen und es hat zumindest bei mir mein Weltbild stark geprägt. Nun lässt du mich und Cammand mit deinem Sinneswandel in der Luft hängen! Fair ist das nicht!"

„Glaub mir, wenn es eine Eltern-Akademie gäbe, hätte ich sie für viel Geld besucht, bevor Sahar und ich euch beide planten. Auch ich habe erst im Laufe der Zeit lernen müssen, dass nicht das, was du willst, die Erziehung deiner Kinder bestimmt, sondern das, was du selbst bist. Aber dennoch bin ich sehr stolz darauf, was aus euch geworden ist. Es ist schön mitzuerleben, was für einen ausgeprägten Sinn für Gerechtigkeit deine Schwester entwickelt hat. Das ist es auch, worauf es letztendlich ankommt. Mit so einem Verständnis der Welt hat man echte Chancen, auf der richtigen Seite zu stehen. Nicht ohne Grund studiert sie Jura!"

„Aber du weißt doch besser als jeder andere, dass Recht und Gerechtigkeit in unserer Welt kaum etwas mit einander zu tun habe. Siehe diesen Konflikt! In vielen Punkten haben die Palästinenser recht. Aber erfahren sie auch Gerechtigkeit? Ich denke, wir müssen uns aus den linguistischen Zwängen befreien, die diese beiden Begriffe in enger Verwandtschaft sehen und akzeptieren, dass sich der Homo sapiens immer noch in den Anfängen seiner natürlichen Evolution befindet, in der das Recht immer auf der Seite der Stärkeren ist. Nicht jeder, der im Recht ist, bekommt auch Recht."

Wir waren so tief in diesem Gespräch versunken, dass ich erneut die Ansagen des Navi-Gerätes überhörte und falsch abbog.

„Ich stimme dir zu, aber was soll Cammand zum Beispiel in Zukunft machen? Das geltende Recht so anwenden, dass ihr Mandant heil aus der Sache rauskommt, oder immer die Gerechtigkeit im Sinn haben und stets Recht vor Gnade walten lassen? Im ersten Fall wäre sie eine gutverdienende

Top-Anwältin und im zweiten Fall eine bettelarme Wohltäterin. Du hast vollkommen recht. Die Menschheit hat sich von ihren Höhlen nicht sehr weit entfernt, in dem großen Dschungel, den wir die Weltgemeinschaft nennen, herrscht immer noch das Recht der Stärkeren."

„Wo bleibt aber das Gute in den Menschen? Kommt es denn gar nicht zum Tragen? Muss man sich der Herrschaft von Ahriman[33] widerstandslos fügen? Ich bin davon fest überzeugt, dass unsere Vorfahren ein viel klareres und verständlicheres Bild von der Welt hatten, auch wenn sie es nur in Form von Mythen und Legenden zum Ausdruck brachten. Übrigens! Du bist schon wieder falsch abgebogen!"

„Ey sag mal! Will mich dieses Navi-Gerät eigentlich verarschen? Wir hätten eigentlich vor 30 Minuten in Tiberias sein müssen. Ich glaube, deine komischen Vorfahren haben diese Route verflucht! Der letzte Versuch nach Tiberias zu fahren, war genauso holprig und misslang deshalb!"

„Auf die Gefahr hin, dass ich zu Fuß weitergehen muss, aber das Gerät ist unschuldig. Soll es dich anschreien, beschimpfen und anstupsen, damit du nicht falsch abbiegst!?"

Diesmal mussten wir einen großen Umweg hinnehmen, damit wir wieder in Richtung von Tiberias fahren konnten. Coussar fuhr fort:

„Wo waren wir stehengeblieben? Ja! Ich denke, die Perser, die das erste große Imperium der Welt gründeten, verfügten über genug Wissen und Willen, dieses auch zusammenzuhalten. Sie verbanden das Recht mit der Wahrheit und bildeten daraus eine den Gesetzen des Universums entsprechende Einheit."

Ich genoss im Stillen, dass mein Sohn innerhalb dieser relativ kurzen Zeit so erwachsen und weise geworden war. War es das gesunde Pendant zum Jerusalem-Syndrom[34]? Hatten Sahar und ich bei unserer Reise nicht

33 Der Gegenpol zum Schöpfergott Ahura-Mazda. Ahriman ist der Zerstörer und Schöpfer des Bösen. Wie der Kampf zwischen den beiden ausgeht, entscheiden letztendlich die Menschen selbst, in dem sie sich für einen von beiden entscheiden.

34 Auch wenn dies keine wissenschaftliche Diagnose ist, verfallen

die gleichen Eingebungen gehabt? Ich hörte ihm genüsslich zu, und merkte, wie sehr er nach seiner Mutter kam, indem er sich innerhalb weniger Sekunden in ein Thema hineinsteigerte und es mit Enthusiasmus verinnerlichte. Er setzte nach:

„Somit komme ich zurück zu deiner Frage. Wie soll Cammand vorgehen? Sie soll meines Erachtens immer dem Ascha[35] treu bleiben. Der Rest ist ein Selbstläufer."

„So wie ich sie kenne, macht sie es jetzt schon, weshalb ich auf ihr Urteilsvermögen in fast allen Bereichen großen Wert lege. Aber du hast meine Frage immer noch nicht beantwortet. Was soll der Palästinenser machen, um das zu bekommen, was ihm rechtlich zusteht? Denke daran, der bärtige Höhlenmensch schlummert immer noch mit seinen zerzausten Haaren und seinem Schurz aus Fell in uns und schwingt sofort die Keule, sobald ihm etwas nicht passt!"

„Ich weiß es auch nicht, ich weiß nur, dass kein Mensch es verdient so zu leiden. Und, dass jeder Mensch uneingeschränkt dazu berechtigt ist, für seine Rechte einzutreten und sogar dafür mit allen Mitteln zu kämpfen. Im Gegensatz zu dir spreche ich den Palästinensern dies alles nicht ab."

„Das habe ich so nie behauptet! Ich maße es mir auch nicht an, über die Anfänge dieses Konfliktes und darüber, wer im Recht und wer im Unrecht ist, zu urteilen. Wozu ich in meinen diversen Artikeln in Persisch wiederholt ermahnt habe, sind Vernunft und Realismus. Wenn du mit Deiner Vorgehensweise immer wieder auf die Schnauze fällst und verlierst, wenn dich der eingeschlagene Weg permanent von deinem Ziel entfernt, hilft es dir nicht im Geringsten, gebetsmühlenartig zu wiederholen, das Recht sei auf deiner Seite."

---

jährlich ca. 100 Besucher Jerusalems einem religiösen Wahn.

35 Das universelle Gesetz der Schöpfung der Welt, wonach sich alles auf der Welt richtet. Der Mensch ist nach zarathustrischer Lehre verpflichtet, mit diesem Gesetz in Einklang zu leben. Nur so obsiegt das Gute. Das höchste Gebot in diesem Gesetz ist die uneingeschränkte Treue zur Wahrheit und das Lügen wird als die größte Sünde verstanden.

„Und was wäre deiner Meinung nach der richtige Weg?"

Ich schaute auf den Monitor, um zu sehen, ob wir noch auf dem richtigen Weg waren und wie lange wir noch zu fahren hatten. An sich wollte ich mir eine Verschnaufpause verschaffen und meine Gedanken ordnen. Ich erwiderte:

„Das weiß ich auch nicht, aber so wie bisher mit Sicherheit nicht. Schau dir einmal die Landkarten seit 1948 und vergleiche die Größe der Gebiete, die nach jedem Krieg den Palästinensern verblieben. Anfangs hatten sie ca 49% der Gesamtfläche mit den besten Böden, während die Israelis ebenfalls 49% besaßen, wovon das Meiste die Negew-Wüste war. Und jetzt? Die Armen haben nach mehreren Kriegen, langen Guerillakämpfen und drei Intifadas nur noch den Gazastreifen und ein Stück Schweizer Käse namens Westbank. Als Arzt betrachte ich diesen Konflikt wie eine Krankheit und sage meinem palästinensischen Patienten: "Ich kann Dich zwar nicht heilen, aber eins kann ich dir mit Sicherheit sagen; wenn du so weitermachst wie bisher, verschlimmert sich dein Zustand, du wirst noch mehr leiden und irgendwann bist du auch tot!."

Es war zu spät, um sich irgendwelche Sehenswürdigkeiten anzuschauen. Wir fuhren Google Maps folgend zu einer Promenade und parkten das Auto auf einem riesigen Parkplatz, von dem aus man laute Musik und fröhliche Kinderschreie hörte. Coussar sagte:

„Es hört sich an wie auf der Wuppertaler Kirmes!"

Und als wir uns der Promenade genähert hatten, sah es tatsächlich genauso aus, ein Rummelplatz mitten im Heiligen Land, mit Karussell, Autoscooter, Schießbuden und allem anderen, was das Herz an so einem Platz begehrt. Wir entschieden uns, vorerst einen langen Spaziergang zu machen und uns nach dieser Fahrt, die wegen meines miserablen Orientierungssinnes unnötig lang geworden war, die Beine zu vertreten. Ich drehte mich zu Coussar und sagte:

„Lass uns Sahar anrufen, damit sie wenigstens ein bisschen von Tiberias mitbekommt."

Wir zeigten ihr die Bilder von dem Rummel und führten sie virtuell ein wenig herum. Sie war aber kurz angebunden und man hörte laute Musik im Hintergrund.

„Ich muss auflegen, Jungs! Wir proben das Stück „Klang der Farben"! Es ist sogar besser geworden, als ich es am Toten Meer im Kopf hatte! Die Gruppe liebt es, sie blühen auf der Bühne alle richtig auf. In nur drei Wochen steht die Uraufführung an. Macht's gut!"

Die Luft am Hafen war angenehm mild und die groß erscheinenden Sterne am Himmel, die sich im ruhigen Wasser des Ge-Nazareth Sees spiegelten, wirkten sehr beruhigend. Wir schauten uns den Rummel an, während wir leckeres koscheres Eis aßen. Es gab aber auch nichts Unkoscheres, was uns zuerst verwunderte. Dann sahen wir die Besucher ein wenig genauer an; es waren tatsächlich viele orthodox jüdische Familien unterwegs. Genau genommen waren wir beide und eine Handvoll Jugendlichen die einzigen, dessen Aussehen nicht auf ihre religiöse Gesinnung schließen ließ. Die Knaben rannten mit ihren Kippas und Schläfenlocken herum, während die Mädchen sich an dem Rockzipfel ihrer Mütter festhielten. Wir saßen auf einer Bank und schauten sie uns an. Im Gegensatz zu den erzreligiösen Schiiten schienen sie doch einen Sinn für Spaß zu haben und bestiegen alle möglichen Geräte, bewarfen Dosen und fuhren Karussell.

Wir standen auf, um das Ganze noch genauer zu beobachten. Dass der Klerus im Iran hinter geschlossenen Türen einen dekadenten, um nicht zu sagen, perversen Lebensstil führt, ist ein offenes Geheimnis. Es ist aber unvorstellbar, dass ein schiitischer Geistlicher mit seiner Familie auf die Kirmes geht und öffentlich Spaß hat. Deshalb war der Forscher in uns beiden erwacht und wir wollten unbedingt eine vergleichende Feldforschung betreiben.

Nach nur wenigen Metern sahen wir jedoch etwas, was uns verzaubert auf der Stelle stehen ließ; einen Trickspieler, der just in diesem Moment seinen Tisch aufklappte und die Becher aufstellte. Coussar sagte:

„Lass uns hier eine Weile stehen, es wird gleich sehr interessant! Ich würde zu gern wissen, wie die jüdischen Gläubigen zu Glückspielen stehen! Wird er gleich beschimpft und achtkantig rausgeworfen, oder machen sie sogar mit, was meinst du?"

„Keinen Dunst! Aber da sich die streng religiösen unter den Juden und Schiiten sehr ähneln, tippe ich auf Rausschmiss!“

Und ich lag falsch. Schon bevor der Trickspieler seinen Hocker mit dem Hintern berührt hatte, sammelte sich rund um seinen Tisch eine Gruppe von ca. 10 Männern in schwarzen Anzügen, mit Fransen an vier Ecken und Kippa auf dem Scheitel. Die Frauen brachten die Kinder weg und die Männer – etwa zwischen 20 und 30 Jahren – standen mit weit aufgerissenen Augen um den Tisch und schauten sich die Handbewegungen des Trickspielers an. Wir beide waren sehr gespannt, ob sie einsteigen würden. Sie beäugten das Ganze mit großem Interesse, als hätten sie so etwas noch nie in ihrem Leben gesehen. Der Trickspieler lud sie immer und wieder ein, zu tippen. Sie weigerten sich zuerst, bis die Jüngeren lachend ihren Tipp abgaben, natürlich ohne einen Geldeinsatz. Der Eine oder der Andere lag auch richtig, was einen lauten, befreiten und fröhlichen Jubel unter ihnen auslöste. Der Mittzwanziger mit seinen Bechern und Hütchen schien ein richtiges Schlitzohr zu sein, er spielte nämlich so, dass die meisten Tipps richtig ausfielen. Die Stimmung stieg langsam, und man sah den jungen Männern förmlich an, wie scharf sie darauf waren, selbst ein Teil des Spiels zu sein. Mit der Zeit waren noch mehr Männer dazu gestoßen, während ihre Frauen 50 Meter weiter die Kinder hüteten.

Einer der Orthodoxen hielt es letztendlich nicht mehr aus und kam zu Coussar und sprach ihn auf Hebräisch an. Er gab ihm zu verstehen, dass er kein Wort verstand und fragte ihn auf Englisch, was er von ihm wollte. Der junge Mann ging zu den anderen, kam dann mit zwei anderen zurück, von denen einer relativ gut Englisch sprach. Sie baten Coussar darum, ihr Geld einzusetzen und quasi für sie zu spielen.

Ich kannte diese Praxis bereits von den Schiiten. Als das Radio nach Iran kam, verteufelten es die Ayatollahs als das Sprachrohr des Satans. Selbst der Kauf oder Verkauf von einem Radiogerät hielten sie für eine große Sünde. Einige neugierige Gläubige hatten sich aber schon für teureres Geld ein Radio gekauft und wussten nicht, was sie damit machen sollten. Einerseits wollten sie das Gerät nicht wegschmeißen, und andererseits sollte der Zorn

Allahs durch den Verkauf des Teufelszeuges nicht erweckt werden. Die perfiden Ayatollahs fanden sofort eine Lösung: man sollte sich mit einem Kunden über den Preis einigen, dann das Radio in einen Beutel schmeißen und dem Käufer sagen: „Ich verkaufe dir diesen Beutel für soundsoviel!" Von dem Ertrag sollte der Verkäufer ein Fünftel an den Ayatollah abführen und damit wäre die Birne geschält und die Gnade Allahs dem Sündigen gewiss!

Coussar sagte zu, nahm den 20 Schekel-Schein und setzte ihn ein. Den Tipp sollten sie aber selber abgeben. Mittlerweile hatten sich mehr als 50 Orthodoxe um uns versammelt und feuerten meinen Sohn an, obwohl er lediglich ein Werkzeug war, um Jahwes Gesetz zu umgehen. Ich genoss das spektakuläre Erlebnis mit allen Fasern meines Körpers und dachte mir, wie viele Menschen auf der Welt könnten von sich behaupten, in so einer Sache verwickelt gewesen zu sein? Die Männer standen da, schwiegen, wenn der Trickspieler seine Becher hin und her schob und folgten mit halb raushängenden Zungen seine Bewegungen. Sie grölten, wenn der Tipp falsch war und jubelten, wenn er richtig ausfiel. Coussar steigerte sich sofort in die Sache hinein, gab den Spielern Tipps und diskutierte laut und heiß mit dem Trickspieler.

Nach 30 Minuten waren die Orthodoxen insgesamt um mehr als 500 Schekel erleichtert. Dennoch bedankten sie sich bei Coussar und zogen mit hängenden Ohren weiter. Wahrscheinlich war das ein Erlebnis, das sie mehrere Standpauken kosten würde. Sie hatten das Gesetz Jahwes gebrochen, hatten versucht ihn zu übergehen und dazu noch Geld verloren, keine erfreulichere Nacht für sie also. Coussar fragte:

„Und? Was sagst du dazu? Wer von uns hat recht behalten?"

„Keiner von uns! Aber wir sind die wahren Gewinner des Abends! Während du diesen Gläubigen mit vollem Elan dazu verholfen hast, ihren Gott zu verarschen, beschloss ich, ein Buch über meine Reisen in Israel zu schreiben!"

Eine halbe Stunde später waren wir auf der Autobahn und unterhielten uns über das Erlebte. Google Maps ließ uns aber diesmal nicht im Stich.

* * * * * * *

Sahar und ich saßen im Auto und fuhren mehr oder weniger ziellos vor uns hin. Die Irrfahrt nach ausreichender Netzstärke in dieser menschenleeren Gegend hatte uns so viel Zeit gekostet, dass unser strammer preußischer Plan nicht mehr einzuhalten war. Somit wechselte ich wieder zum alt bewährten Google Maps und fuhr los. Wenig später waren wir auf der Autobahn 6 und unterhielten uns über die Stadt, die wir nicht besuchen konnten.

"Wenn deine Tochter hier wäre, hätte sie mit Sicherheit gesagt: „nichts geschieht ohne Grund, seid froh, dass es so gekommen ist".

Die Erinnerung an unsere Tochter konnten uns aber nicht über unsere Enttäuschung hinwegtrösten, also fuhren wir eine Weile still vor uns her und hörten hebräische Lieder, ohne ein einziges Wort zu verstehen.

Nach ca. einer Stunde hielt ich für eine kurze Pause an. Die Sonne war im Begriff unterzugehen. Ich parkte in der Haltebucht und holte die Thermoskanne und Becher, um Tee zu machen. Ungefähr 30 Meter entfernt befand sich ein Dickicht, über dem nun die Sonne herunterbrach. Wir tranken Tee und unterhielten uns weiter über das verpasste Erlebnis in Tiberias. Kurz nachdem wir angekommen waren, hielt ein anderer Wagen an. Ein junger Mann - etwa Anfang zwanzig - in IDF-Uniform[36] stieg aus und bewegte sich mit seinem Maschinengewehr, ohne uns zu beachten, einige Meter in Richtung des Dickichtes. Er trug eine Kippa auf dem Kopf und ein Tefillin[37] am linken Arm. Nachdem er die richtige Stelle gefunden hatte, holte er ein Gebetbuch heraus und fing an zu beten. Es handelte sich wahrscheinlich um das Mincha-Gebet[38], das der junge Mann noch vor dem Sonnenuntergang absolvieren wollte. Wir nippten genüsslich an unserem Tee und schauten ihn an. Voller Ehrfurcht stand er da, las aus dem Gebetbuch und wippte sehr dezent mit dem Oberkörper vor- und rückwärts. Wenn man selbst eine religiöse Vergangenheit hat, fällt es einem leichter, sich in die Lage eines Gläubigen zu versetzen. Ein

---

36 Israel Defense Forces (Israelische Verteidigungsstreitkräfte)

37 Gebetsriemen

38 Mittags- bzw. Nachmittagsgebet

junger betender Mann, der wahrscheinlich sogar seine dienstliche Route unterbrochen hatte, um zu beten, kurz bevor sich die Tore des Himmels für dieses Gebet schließen würden, machte uns aber eher nachdenklich.

„Was glaubst du, wie spirituell bist du noch?“

„Spirituell? Wie kommst du denn jetzt auf einmal darauf?“ antwortete ich, während ich an dem mittlerweile lauwarmen Tee nippte.

„Ich weiß es nicht, das Ganze hier weckt in mir Erinnerungen aus der Zeit, in der wir so alt und wahrscheinlich genauso gläubig waren. Ich frage mich stets, wo in meinem Leben der Wendepunkt liegt, an dem es zu einem kompletten Bruch mit jeglicher Religiosität kam. Gibt es diesen Zeitpunkt überhaupt?“

„Ich glaube, nach dem Zeitpunkt würde man vergeblich suchen. Sicherlich gab es das eine oder das andere Ereignis oder womöglich sogar die eine oder andere Erkenntnis, die stärker als die anderen unseren Werdegang geprägt haben, aber ich denke, es war ein Prozess. Also wir „waren“ nicht, wir „wurden“ und es gab keinen Anfang für das, was wir sind, genauso wie es vermutlich auch kein Ende dafür geben wird. Davon abgesehen ruft das hier in mir auch keine ichbezogenen Erinnerungen hervor, vielmehr habe ich das Gefühl, in die Seele eines alten Volkes einzutauchen, dessen kulturelle Existenz eng mit seiner Religion verflochten ist.“

Tatsächlich hatte das Bild dieses betenden Soldaten vor dieser herrlichen Kulisse mit dem niedrigen Dickicht und der darüber untergehenden Sonne etwas gleichermaßen Spirituelles wie Archaisches. Ich schloss meine Augen und stellte mir vor, wie junge Makkabäer vor tausenden von Jahren ihre Kippa zurechtrückten, sich gegenseitig dabei halfen, ihr Tefillin um den linken Arm und die Stirn zu wickeln, ihre Thorarollen aus den Proviantsäcken herausholten und gemeinsam beteten, bevor sie gegen die Makedonier in die Schlacht zogen.

Als wir wieder in das Auto einstiegen und Richtung Jerusalem fuhren, war die Abenddämmerung bereits hereingebrochen. Es war weder so dunkel, dass man ohne die Scheinwerfer nichts hätte sehen können, aber auch nicht so hell, dass man sich nicht hätte konzentrieren müssen.

Dieser Umstand machte aus den gerade eingeprägten Bildern eine dumpfe Erinnerung. Ich konnte in meinen Gedanken nicht mehr zwischen dem IDF-Soldaten und den Makkabäern unterscheiden und blickte deshalb auf vollkommen verzerrte Bilder zurück. Schon wieder hatte mich die Geschichte in ihren magischen Bann gezogen. Als Sahar ihre Augen für ein kurzes Nickerchen schloss und ihren Kopf gegen die Fensterscheibe lehnte, konnte ich in der Stille des Wagens sogar das Wiehern der Pferde, den Schlachtruf der Anführer und den metallischen Klang der Schwertklingen hinter mir hören.

Gab es unter den Soldaten, die an der Seite von General Schahrbaraz das Schwert führten, auch jemanden, ja sogar einen meiner tapferen Vorfahren, der genau solche Gedanken hegte, während das persische Heer gen Jerusalem zog, um es zu erobern?

Jerusalem rief uns aus der Tiefe seiner Geschichte.

Seele des Granatapfels

Als wir in der Stadt ankamen, war es bereits dunkel. Trotzdem waren viele Menschen unterwegs. Sahar warf ein:

„Wow! Ich muss ehrlich gestehen, ich habe mir diese Stadt vollkommen anders vorgestellt. Ich komme mir vor wie in einer der Episoden von „Unsere kleine Farm“[39], die ich mir im Iran so gerne anschaute!“

Zumindest die meisten Frauen, die von mehreren Kindern umgeben waren, waren wie Caroline Ingalls und ihre Töchter Mary, Laura und Carrie angezogen. Die Bekleidung der Männer kannten wir aber genau, das waren lange schwarze Mäntel, weiße Hemden, schwarze Hosen und ein schwarzer Hut. Wir fuhren weiter in Richtung unseres Hotels und versuchten uns von diesen ungewohnten, ja befremdlichen Bildern nicht beirren zu lassen. Vor uns in ca. zwei Kilometer Entfernung konnte man die kunstvoll beleuchtete Mauer der Altstadt sehen. Diese zogen unsere Blicke wie ein Magnet an sich und erleichterten uns zugleich die Fahrt, ohne uns zu verfahren.

In gewohnter Manier hatten wir uns ein Hotel in der Nähe der Altstadt und exakt 700 Meter vom Damaskus-Tor entfernt ausgesucht. Der letzte Kilometer zum Hotel durch die engen Gassen und Straßen der arabischen Altstadt stellten selbst für einen im Iran aufgewachsenen und die morgenländische Fahrweise gewohnten Deutschen eine echte Herausforderung dar – der Orient ließ grüßen!

Im Hotel wurden wir von einer sehr netten jungen und fließend Englisch sprechenden Dame empfangen. Ich hatte im Vorfeld bereits dafür gesorgt, dass wir in einem Hotel mit Parkplatz wohnen. Sie erledigte schnell die Formalitäten und sagte dann, sie müsse einige Nachbarn informieren, damit ich das Auto auf dem Hof neben dem Hotel parken konnte. Richtig zu verstehen war das Ganze nicht, deshalb fragte ich sie erneut, was sie genau damit meinte und was die Nachbarn damit zu tun hatten.

---

39 Eine sehr beliebte US-Serie vom Jahr 1974

„Es ist ein gemeinschaftlicher Parkplatz. Ich glaube, es ist besser, wenn ich ihn Ihnen zeige."

Bei dem sogenannten gemeinschaftlichen Parkplatz handelte es sich um einen langgezogenen schmalen Hof, auf dem mehrere Autos der Reihe nach hintereinander geparkt hatten. Das bedeutete in dem Moment, dass etwa 8 Autos Platz machen mussten, damit ich auf der für mich vorgesehenen Lücke parken konnte.

„Brauchen Sie das Auto morgen früh?"

„Nein! Und die Tage danach eigentlich auch nicht!"

„Dann ist es besser, dass Sie genau dort ganz hinten parken."

Ca. 15 Minuten später stand das Auto auf dem Hof, nachdem die routinierten Nachbarn ihre Autos erst raus und dann wieder reingefahren hatten, und das alles mit einem ständigen Lächeln, ohne einmal zu mosern.

Eine lange Dusche war genau das Richtige, um die Müdigkeit des ereignisvollen Tages aus dem Leib und der Seele zu waschen. Wir hatten uns vorgenommen, am Samstag darauf nach Petra zu fahren. Alle unsere Versuche bei diversen Reisebüros in Tel Aviv und Haifa eine adäquate Reise zu buchen, schlugen fehl. So beschloss ich, die Reise online bei einem Reiseunternehmen in Jerusalem zu buchen. Dies ging dann auch deutlich einfacher als gedacht und nach 20 Minuten erhielt ich eine E-Mail mit einer genauen Instruktion, nach der wir am Samstag, um 4 Uhr morgens am David Hotel zu sein hatten.

Nachdem alles erledigt war, gingen wir auf den Balkon und ließen die Geräuschkulisse der Stadt unsere Seelen durchdringen. Mittlerweile ist das fast schon ein Ritual bei unseren Reisen. In der Nacht unserer Ankunft versuchen wir am späten Abend dem sogenannten Gesang der Stadt zu horchen und ihren Geist zu riechen. Die Luft roch nach Hitze, Gewürzen, Abgas und gegrilltem Fleisch, kurz gesagt, nach Leben. Man hörte zugleich aus nah und fern die Marktschreier, die ihre Ware noch vor dem Ladenschluss loswerden wollten, Koranrezitationen, fröhliches Kindergeschrei und langes unbeschwertes Lachen junger Frauen. Das alles erinnerte uns sehr an die alte Heimat, an Teheran, mit ihren ebenfalls engen Gassen und Straßen und ihrer nach Lebensfreude klingenden Geräuschkulisse. Seit unserem letzten Besuch in Teheran waren über vier Jahre vergangen, jetzt war aber das erste Mal, dass ich so etwas wie Sehnsucht verspürte. Ich drehte mich zu Sahar. Sie schaute mich mit feuchten Augen an und sagte mit bebender Stimme, fast schluchzend:

„Warum ist unsere Welt so gespalten und unsere Seele so zerrissen? Werden wir Iran je wiedersehen können?"

Ich nahm sie in die Arme, streichelte ihr über die Haare und flüsterte ihr ins Ohr:

„Wir tragen ihn in unseren Herzen und er ist immer da, wo wir sind. Ein Migrant hat keine Heimat. Wir haben in all diesen Jahren unsere eigene Heimat erschaffen. Sie ist überall bei uns, keine Armee kann sie besetzen und kein Despot kann uns derer verweisen."

Überwältigt von all den Ereignissen, Bildern und Emotionen gingen wir relativ früh ins Bett. Der Gesang der Stadt verstummte nach und nach und wurde zu einem angenehmen Schlaflied und wir fielen eng umschlungen mitten in einem Gespräch in einen tiefen Schlaf.

****

Auch wenn Sahar mich stets damit aufzieht, schlafsüchtig zu sein, weil ich immer und überall schlafen kann, so gab sie am nächsten Morgen selber zu, dass dies nicht unbedingt eine schlechte Eigenschaft sein muss. Schließlich hatte dieser tiefe und lange Schlaf die bedrückte Stimmung des gestrigen Abends vertrieben. Wir wachten relativ früh voller Energie und Elan auf und machten uns fertig für das Frühstück. Die Stadt war längst aufgewacht und wurde von Minute zu Minute lauter.

Das Frühstückbuffet war üppig und reichhaltig aufgebaut. Wir nahmen an einem Tisch am Fenster mit einer schönen Aussicht Platz und unterhielten uns über den Tagesplan. Der Speisesaal war fast voll und es kamen immer mehr Gäste hinzu, sodass nach einer Weile auch der Vorraum voll war. Wir waren zwar in einem arabischen Hotel, die meisten Gäste schienen aber aus Osteuropa und besonders Russland zu stammen. Viele Männer trugen typische Mönchkutten der orthodoxen Kirche, wie wir sie aus Armenien und Georgien kannten. Vereinzelt konnte man aber auch westeuropäische Sprachen wie Spanisch und Französisch hören. Vergeblich hielten wir aus bloßer Neugierde nach Landsleuten aus Deutschland Ausschau, die aber woanders zu residieren schienen.

Diesmal führte uns gerade das sonst so zuverlässige Google Maps in die Irre, indem es uns anstatt durch das am nächsten zu uns liegende Damaskus-Tor in die Altstadt zu führen, zum Jaffa-Tor gehen ließ, um unsere Tour von dort zu beginnen. Dieser Umweg hatte aber auch einen großen Vorteil, während wir entlang der unüberwindbar erscheinenden Mauer spazierten, unterhielten wir uns darüber, wie es wohl unseren Vorfahren vor genau 1.404 Jahren ergangen sei und worüber sie sich untereinander und mit ihren jüdischen Verbündeten in der Nacht vor der alles entscheidenden Schlacht unterhalten haben könnten. Nach 20 Minuten gingen wir an 2 schwer bewaffneten Polizisten vorbei und traten durch das große Tor in die Altstadt. Links von dem Tor befinden sich mehrere kleine Läden, hauptsächlich Kioske und Reisebüros, die Besichtigungstouren für Jerusalem und Umland verkaufen.

„Möchten Sie eine unvergessliche Tour durch die Jerusalemer Altstadt?"

Diese Frage stellte man uns innerhalb von 15 Metern dreimal. Die Antwort war aber auch immer die Gleiche:

„Nein Danke! Wir haben bereits eine."

Eine meiner Eigenschaften, worüber sich meine liebe Frau seit Anbeginn unserer Ehe amüsiert, ist mein katastrophaler Orientierungssinn. Sie hatte es dermaßen satt, dass ich mich selbst bei unsren kurzen Reisen innerhalb Europas permanent verfuhr, dass sie mir irgendwann ein teures Navigationsgerät schenkte. Als unsere Freunde sie später fragten, ob es mit den Irrfahrten jetzt vorbei sei, antwortete sie fast erzürnt:

„Schön wäre es! Ich dachte, er wird sich mit Hilfe des Navi-Gerätes nicht mehr verfahren, anscheinend muss ich ihm noch ein zweites Gerät kaufen, das ihm die Ansagen des ersten Gerätes erklärt!"

Deshalb musste sie diebisch lachen, als ich behauptete, wir kämen zurecht: „Eigentlich hättest du sagen müssen: ‚Ich bin ein iranischer Mann und ich werde mich so oft verlaufen, bis ich nicht mehr aufrecht gehen kann, dann frage ich eventuell nach dem richtigen Weg'!"

„So siehst du mich also! Vor kaum 24 Stunden wolltest du mich in Friedrich-Wilhelm umtaufen!"

„Ja, das stimmt auch! Du bist eben mein niedlicher Friedrich-Wilhelm, mit banaieschem Hintergrund!"

Wir gingen lachend vorbei am David-Tower auf die Armenian Patriarchate Str., die zum armenischen Viertel führt. Dort kann man die prachtvolle St. Jakobus Kathedrale besichtigen, wobei hier Sahar mit ihrem fließenden Französisch die Sprachvermittlung übernahm. Durch ein relativ unsichtbares Tor kommt man auf den Hof der Kathedrale. Das starke Gemäuer des im 12. Jahrhundert erbauten Hauses verleiht dem Ganzen eine kalte Atmosphäre. Die Kirche ist Jakob dem Gerechten, dem Bruder Jesu Christi gewidmet und gehört zu den wichtigsten und heiligsten Stätten der armenischen Gemeinde. Die Innenarchitektur und Ornamentik erinnern stark an die Kathedrale von Etschmiadsin in der Nähe der armenischen Hauptstadt Jerevan.

Hinter der Kathedrale kommt man über engere Gassen weiter in das armenische Viertel hinein. Wenn man einen glücklichen Augenblick erwischt, in dem diese Gassen mit ihren hohen Mauern menschenleer sind, kommt man sich wie ein Zeitreisender vor. Wir hatten bereits während wir die anderen bisher genannten Städte besuchten, festgestellt, dass man in Israel ein völlig anderes Zeitgefühl entwickelt. Das Land der Propheten lädt einen förmlich dazu ein, sich der Gegenwart zu entziehen und weit in die Geschichte zurückwerfen zu lassen. Spaziert man über diese alten Gassen und engen Straßen, mit den Mauern, deren Gestein durchaus mehrere Jahrhunderte, wenn nicht Jahrtausende überdauert hat, wird man sehr leicht dazu verleitet, der Fantasie freien Lauf zu lassen, sich dem Geiste des Ortes hinzugeben und die Zeit der Gegenwart völlig außer Acht zu lassen.

So verließen wir das armenische Viertel, das mit 14 % der Gesamtfläche der Altstadt das kleinste der vier Quartiere ausmacht. Als das erste Volk der Welt nahmen die Armenier Anfang des vierten Jahrhunderts die christliche Religion an und fingen dann nach und nach an, Jerusalem als Wächter der christlichen Heiligtümer zu besiedeln.

Nach einem kurzen Spaziergang in diesen geschichts- und kulturträchtigen Gassen erreichten wir die Hurva-Synagoge, an deren nördlichen Mauer auf der Lahome Har Be Tashah Str. das „The War of Independence Memorial“ steht. Man geht über einige Treppen runter in das Untergeschoss und bekommt eine Menge Bildmaterial zu Gesicht. Hier hat der Fotograf John Phillips die letzten Tage der jüdischen Gemeinde vor dem Fall des Viertels an die jordanische Besatzung mit seinen Bildern dokumentiert. Es handelt sich dabei um die Belagerung des jüdischen Quartiers nach der Ausrufung des Staates Israel im Jahre 1948. Nach einem erbitterten Widerstand und einem regelrechten Häuserkampf zogen sich die jüdischen Einwohner in den Komplex der vier sephardischen Synagogen zurück, wo sie dann schließlich zur Aufgabe gezwungen und nach Westjordanland und Jordanien deportiert wurden. Wir konnten uns nun nach exakt 70 Jahren in diesem kühlen Keller auf die Bänke setzen und eine der wichtigsten Epochen der israelischen Geschichte aus der Kameralinse eines Zeitgenossen Revue passieren lassen; John Phillips hatte ganze Arbeit geleistet.

Vorbei an der Synagoge erreichten wir den zentralen Quartierplatz. Mitten auf dem Platz ist dort eine überdimensionale, goldfarbene Menora in einer großen, rundlichen Glasvitrine aufgestellt. Wir setzten uns zu einer kurzen Rast auf eine der Sitzbänke und schauten uns die Menschen – Einheimische wie Touristen – an. Neben der Menora spielten zwei Kinder. Das etwa acht Jahre alte Mädchen trug ein knöchellanges, ärmelloses, dunkel violettfarbenes Kleid und darunter ein weißes, langärmeliges Shirt mit weißen Ballerinas. An dem, was von ihrem Fuß und Knöchel zu sehen war, konnte man eine dicke Strumpfhose erkennen. Der ca. fünf- oder sechsjährige Junge trug ein weißes Hemd mit hoch gekrempelten Ärmeln und eine dicke schwarze Hose sowie braune Lederschuhe. Unter seinem

Hemd hingen vorne und hinten lange Fransen herunter, was dafür sprach, dass er unter seinem Hemd ein Tallit Katan[40] trug. Auf dem Kopf trug er eine große, blauweiße, fast die Hälfte seines Schädels bedeckende Kippa. Mein Smartphone zeigte eine Temperatur von 38° im Schatten.

Auf der Nachbarbank saß ein alter Rabbi mit weißem Bart umgeben von mehreren Jugendlichen, die ihrer Bekleidung nach zu den orthodoxen Juden gehörten, und erklärte ihnen Sachen, wobei sie ihm sehr interessiert und aufmerksam zuhörten. Während ich dieses Bild beobachtete, dachte ich mir, welch ein zeitloses Ereignis sich eigentlich vor mir abspielte: der Rabbi, die Jugendlichen und die beiden Kinder neben der großen Menora, all das hätte sich vor eintausend, zweitausend oder sogar dreitausend Jahren genauso abspielen können.

„Auch wenn wir schon seit fünf Tagen in Israel sind und unsere seelische Akklimatisierung bereits abgeschlossen sein müsste, kann ich es immer noch nicht fassen, dass wir in Jerusalem und inmitten eines jüdischen Viertels sitzen. Aber wenn ich die Kinder hier neben dieser überdimensionalen Menora sehe, bleibt mir kein Zweifel, wo wir gerade sind", sagte Sahar mit einer Stimme voller Begeisterung und holte ihre Kamera raus, um diesen speziellen Moment zu verewigen. An der Südseite des Platzes stehen die vorher genannten vier sephardischen Synagogen, ein Gebäudekomplex, der aus dem Zusammenschluss von vier im 18. Jahrhundert erbauten Synagogen entstanden ist und einst der letzte Zufluchtsort der jüdischen Verteidiger war. Der Besuch gestaltete sich aufgrund des großen Andranges allerdings sehr kurz. Somit ist mir als einziges Bild ein Perserteppich in einer der Synagogen in Erinnerung geblieben.

Wir entschieden uns, die andere wichtigere Synagoge zu besuchen und uns dabei richtig Zeit zu lassen. Also kehrten wir wieder zurück zum Platz und suchten den Eingang zur Hurva-Synagoge. Plötzlich ertönte laute aserbaidschanische Musik und wir schauten auf die Terrasse über

---

40 eine Art leibchenähnliche Unterbekleidung für Männer mit langen Fransen an vier Ecken.

dem Eingang der Synagoge, wo sich eine Hochzeitsgesellschaft versammelt hatte und auf schnelle Rhythmen der kaukasischen Musik tanzte. Wir standen eine Weile da und genossen die fröhliche Stimmung. Nachdem sich allmählich herausstellte, dass der Besuch erst nach der Hochzeitszeremonie, also in 4-5 Stunden möglich war, zogen wir es vor, zunächst andere Sehenswürdigkeiten zu besichtigen und bei einer späteren Gelegenheit zu der Synagoge zurückzukommen. Dazu sollte es aber leider nicht mehr kommen. Der Preuße unter uns hatte das Programm so stramm zusammengeschnürt, dass kein Platz mehr für Abweichungen übrig war. So kam es, dass uns, die wir fast in jedem Land der Welt – sogar im Iran – Synagogen besucht hatten, ausgerechnet im jüdischen Quartier Jerusalems eine solche Besichtigung verwehrt blieb.

Wir gingen durch die Gassen des Viertels und versuchten, keine Ecke zu verpassen. Ich konnte nicht glauben, dass diese Gassen an ganz gewöhnlichen Wohnhäusern vorbeizogen. Die Kinder, die aus den Häusern herausrannten, das Aroma der frisch zubereiteten Gerichte, hier und da Wäsche, die aus den Fenstern hing, ließen aber keinen Zweifel daran, dass wir es mit einem gewöhnlichen Wohnviertel zu tun hatten. Nach einer Weile meldeten sich unsere Mägen. Wir kehrten zu dem Platz zurück und setzten uns in dem kleinen Restaurant B.B.Q. gegenüber von Hurva-Synagoge zu einem kalten Getränk.

Nach dieser Erfrischung machten wir uns auf dem Weg zur Klagemauer. Links vom B.B.Q.-Restaurant ist eine relativ schmale Gasse mit vielen gemütlichen Cafés und Imbissen, die an mehreren Stellen überdacht ist. Über diese gelangt man an eine kleine Terrasse, die durch mehrere Treppen und ein langes Plateau zu einem der Checkpoints führt, die man erst passieren muss, bevor man zu dem großen Platz vor der Klagemauer am Fuße des Tempelberges kommt. Nun standen wir da oben auf dieser Terrasse und genossen die Aussicht. Hinter uns saß ein seinem Aussehen nach russischer Rabbiner mit seiner Geige und spielte das wohl berühmte jüdische Lied „Hava nagila", das wir überraschenderweise zum ersten Mal hörten, seit wir in Israel waren. Vor uns stand die mehrere tausend Jahre alte Klagemauer, an der viele Gläubige an dieser frühen Mittagsstunde mit einer Kippa auf dem Scheitel und einem Tallit[41] auf dem Haupt und den Schultern beteten. Hinter ihr stieß die goldene Kuppel des weltberühmten Felsendoms gen Himmel empor.

„Was glaubst du, was würde ein Großteil der Muslime in der ganzen Welt geben, um in diesem Augenblick an unserer Stelle zu sein? Wir sind schließlich nur einige wenige hundert Meter von dem Ort der Himmelfahrt des Propheten entfernt!“, fragte Sahar und ich dachte an mein 13-jähriges Ich, das ein Poster über seinem Schreibtisch an der Wand gehängt hatte mit einem Abbild des Felsendoms und der Aufschrift: „Al Quds[42] o lana!“ (Der Quds ist unser!). Mein 13-jähriges Ich wusste aber nicht, dass dieser Satz abertausenden von Menschen schon damals nur Tod und Elend gebracht hatte. Ich stand da und schwelgte in alten Erinnerungen aus einer Zeit, in der ich jeden einen Verräter genannt hätte, der nur daran dachte, an dieser Stelle zu stehen, ohne eine Waffe auf die israelischen Soldaten zu richten. Ich antwortete also:

„Hättest Du es Dir selbst vor fünf Jahren erträumen können, jetzt hier zu stehen? Ich habe gerade an das Poster über meinem Schreibtisch denken müssen, von dem ich dir erzählt hatte. Was denkst du, können wir auf diesen Wandel in unserem Leben stolz sein?“

Ob wir mit unserer Meinung zu diesem Konflikt und die Rolle der jeweiligen Kontrahenten richtigliegen, ist ungewiss, vielleicht ändern wir sie auch, wenn wir mehr darüber wissen. Wir können aber freilich darauf stolz sein, dass wir die uns von dem Mainstream indoktrinierte Auffassung abgelegt haben und unseren eigenen Weg gegangen sind. Gerade diese Befreiung von den gesellschaftlichen Zwängen ist eine wichtige und würdevolle Errungenschaft.

20 Minuten später und nach einer Leibesvisitation an dem westlichen

41 Viereckiges Gebetstuch, auf dessen Muster die israelische Flagge basiert

42 Arabische Bezeichnung für die Altstadt von Jerusalem. Erstaunlicherweise wird in der islamischen Historiografie für die Stadt die römische Bezeichnung „Ilia“ verwendet, was die arabisierte Form von „Colonia Aelia Capitolina“, gekürzt „Aelia“ ist.

Checkpoint standen wir an dem großen Platz vor der Klagemauer, die sogenannte „ha-kotel ha-ma'arawi"[43]. Nun, da wir das wohl wichtigste Heiligtum der Juden erreicht hatten, quasi einem Symbol ihres Glaubens und vor allem einem Sinnbild ihres Leidens, galt es der Frage nachzugehen, ob auch hier eine Verbindung zum Iran bestand. Welche Schnittstelle könnte es hier wohl wieder zwischen beiden Ländern und ihren Völkern geben? Die Antwort ist ganz einfach und auch wenn sie wohl 99 % der Menschheit nicht bekannt ist, so ist sie dennoch umso gewichtiger, ja vielleicht sogar das Fundament der iranisch-jüdischen Beziehung und das wohl wichtigste Bindeglied dieser beiden alten Völker:

Diese weltberühmte Mauer, die den meisten in den Kopf schießt, wenn sie an Juden und Jerusalem denken, ist der einzige Teil des zweiten Jerusalemer Tempels, der uns heute übriggeblieben ist. Der erste Tempel sei nach biblischer Überlieferung bei der babylonischen Eroberung Jerusalems der Zerstörungswut der Invasoren zum Opfer gefallen:

„Und im fünften Monat, am Siebten des Monats, das war das neunzehnte Jahr des Königs Nebukadnezar, des Königs von Babel, kam Nebusaradan, der Oberste der Leibwache, der Knecht des Königs von Babel, nach Jerusalem. Und er verbrannte das Haus des HERRN und das Haus des Königs.[44]"

Archäologische Funde belegen eine derartige Eroberung im Jahr 589 v. Chr., woraufhin eine Massendeportation der Einwohner Jerusalems nach Babylon stattgefunden habe. Dies zeigt wiederum das vermehrte Auftreten jüdischer Namen auf babylonischen Tontafeln in den darauffolgenden Jahrzehnten. Als der persische König Kyros der Große im Jahr 539 Babylon friedlich einnahm, gewährte er den Juden freies Geleit nach Jerusalem, gab ihnen Geld und Proviant für ihre Rückreise, und befahl, die nötigen Mittel bereitstellen zu lassen, damit der zerstörte Tempel wiederaufgebaut werde. Es ist dieser Augenblick, in dem sich ein historischer Wendepunkt in der Geschichte der Juden ereignet, der zudem für Jahrhunderte

43 Die Klagemauer wird auf Hebräisch „die westliche Mauer" genannt.

44 2. Könige 25,8-21

und Jahrtausende einzigartig bleiben sollte: Nie zuvor (und lange Zeit darauf) hatte jemand solch eine Milde und Barmherzigkeit dem jüdischen Volke gegenüber gezeigt. Ein Blick auf die darauffolgenden Jahrhunderte unterstreicht diese Tatsache: Dieser sogenannte zweite Tempel wurde ca. sechs Jahrhunderte später nach einer blutigen Niederschlagung des jüdischen Aufstandes unter dem römischen Kaiser Titus[45] zerstört. Und zwar so gründlich, dass davon nur noch die besagte Klagemauer übrigblieb. Durch die Plünderung von Jerusalem, das Massaker an ihren Bewohnern und die Deportation der Überlebenden durch die Römer, gewann die große jüdische Gemeinde in der iranischen Provinz Babylon nun fortan immer mehr an Relevanz, so dass gerade hier das weltweit zweitwichtigste religiöse Werk der Juden nach der Thora, nämlich der babylonische Talmud entstand. Diese Gemeinde bestand hauptsächlich aus den Nachfahren jener Juden, die nach Befreiung durch Kyros d. Gr. in Babylon geblieben waren, sowie einiger vieler, die dem römischen Terror entflohen und im Iran Asyl gefunden hatten. Erneut waren es also die Iraner, die das jüdische Volk mit offenen Armen empfingen und Schutz vor der Willkür fremder Okkupanten gewährten.

Eine kleine hofähnliche Fläche vor der Mauer ist eingezäunt und durch einen Trennzaun in zwei ungleiche Bereiche geteilt. Wir gingen zu dem kleinen Bereich, wo viele Stühle aufgestellt waren, auf denen ausschließlich Frauen saßen und die die Geschehnisse auf der anderen Seite mit sehr großer Spannung verfolgten. Wie zwei Schlafwandler gingen wir langsamen Schrittes in Richtung der Mauer und versuchten nichts zu verpassen. Plötzlich drehten sich mehrere junge Frauen in meine Richtung und riefen laut:

„Nischaim! Nischaim![46]"

Ich blieb völlig verschreckt stehen und fragte vorsichtig, was sie damit meinten.

---

45 Titus Flavius Vespasianus

46 Frauen! Frauen!

„Hier nur Frauen!“, rief mir eine von Ihnen auf Englisch zu. Erst jetzt wurde mir der Sinn dieses Trennzauns klar, er diente nämlich einer strengen Geschlechtertrennung an der Klagemauer, die auch an allen anderen religiösen Stätten gilt. Wir kehrten zunächst zusammen zurück, um uns neu zu orientieren. In dem Moment hörten wir aus dem südlichen Bereich des Platzes laute Musik. Mehrere Gruppen kamen durch das historische Dungtor und bewegten sich in Richtung der Klagemauer. Die Männer unter ihnen trugen einen Baldachin, unter dem ein Jugendlicher mit einer Kippa auf dem Kopf und umgeben von Männern und Frauen marschierte. Jede Gruppe wurde von einem Trommler begleitet, der einen großen Schofar[47] umgehängt hatte. Ein anderer Mann trug einen tragbaren Lautsprecher mit einem Headset und stimmte fröhliche Lieder ein. Alle zehn bis zwanzig Meter blieb die Gruppe stehen und Männer wie Frauen tanzten Hand in Hand singend unter dem Baldachin um den Jugendlichen. Fast alle wurden von einem Kameramann begleitet, der sein Gerät keine Sekunde ausschaltete. Obwohl ich mich über die Bar Mitzwa-Rituale erkundigt hatte, war mir dieser Teil vollkommen unbekannt.

Wir kehrten wieder zu der Mauer zurück, nachdem Sahar genug Bilder geschossen hatte. Dort angekommen, trennten wir uns und jeder ging zu dem für ihn vorgesehenen Bereich. An dem Zaun vorbei geht man über einen flachen rampenähnlichen Gang zu dem für Männer bestimmten Bereich. Jetzt verstand ich auch den Sinn des Trennzauns: Auf dieser, „meiner“ Seite wurden nämlich die Knaben unter erwachsenen Männern zu mündigen Mitgliedern der Gemeinde, während auf der anderen Seite des Zauns ihnen ihre Mütter, Tanten und Schwestern dabei zuschauen konnten. Man sah in den hinteren Bereichen des Hofes fern von der Mauer tanzende Jugendliche, die voller Stolz ihre Thorarollen präsentierten und herumblödelten. Sie winkten ihren weiblichen Angehörigen auf der anderen Seite des Zauns zu und sprachen laut mit den sie begleitenden Erwachsenen. Weiter vorne und unmittelbar an der Mauer standen

47 Ein meistens aus dem Horn eines Widders gebautes rituelles Blasinstrument.

meistens ältere Männer mit einer Kippa auf dem Kopf und lasen ihre Gebete aus kleinen Büchlein, wobei ihre Gebete von den herumstehenden Gläubigen mit einem lauten „Amen" begleitet und bekräftigt wurde. Wieder wurde ich in meine Kindheit zurückgeworfen: Bei den Pilgerfahrten zum Schrein des achten schiitischen Imams in Maschad habe ich immer mit einem gemischten Gefühl aus Ehrfurcht und Bewunderung ältere Männer beobachtet, die vor dem Grab standen, sich das kleine Gebetsbuch vor dem Gesicht hielten und mit dem Oberkörper vor- und zurück wippten. Die meisten von ihnen trugen dabei ein Scheitelkäppchen[48]. Die Ähnlichkeit beider Rituale war so gravierend, dass ein Außenstehender den Unterschied nur anhand unterschiedlicher Gebetssprachen erkennen könnte. In den Schlitzen der Klagemauer konnte man eine große Menge an Papierstücken sehen, welche die Gläubigen dort hinterlassen hatten.

Ich kehrte wieder zu der Stelle zurück, an der Sahar und ich uns zuvor verabredet hatten. Wir tauschten unsere Erlebnisse auf den beiden Seiten des Zaunes aus und sie sagte nachdenklich:

„Eines ist mir heute klar geworden: Wenn das, was Du behauptest, stimmt und der Islam seine Wurzeln in den frühen jüdisch-christlichen Glaubensrichtungen hat, dann kann ich mir gut vorstellen, wo diese strenge Geschlechtertrennung in Islam herstammt."

Sie war wahrscheinlich im Recht. Die Juden, die wir beide bis dato kennengelernt hatten, unter anderem die Arbeitgeber meines Vaters und einige Nachbarn in dem Viertel, wo sie aufgewachsen war, waren alle sehr säkular.

„Gut, dass du das erwähnst! Ich habe eine sehr wichtige Frage zu einem der Themen in meinem Buch, die mir schon seit Monaten unter den Nägeln brennt. Ich denke, eine bessere Gelegenheit finde ich nicht, um auf diese Frage eine richtige Antwort zu bekommen. Kannst du hier auf mich warten? Neben der Mauer ist eine große Halle, in der ausschließliche Geistliche beten."

„Nur zu! Aber sorge bitte dafür, dass wir hier heil rauskommen und

48 Man könnte das eine ein wenig größere Kippa nennen.

versuche um Himmelswillen nicht, dem Rabbi seine Religion zu erklären!"

„Du kannst manchmal richtig gemein sein, weißt du das!?"

Sie lachte laut und erwiderte:

„Ich kenne dich nur zu gut! Also beeile dich und bringe keine Schande über uns!"

Einige Minuten später stand ich in der großen Halle mit kuppelförmiger Decke und beobachtete ca. fünfzig Männer verschiedenen Alters, die tief in ihren Gebeten versunken waren und mit aller Demut, die man sich überhaupt vorstellen kann, Jahwe um was auch immer anflehten. Nach einer Weile kam ein schlanker, großgewachsener Mann etwa Mitte dreißig auf mich zu und setzte sich auf einen Gebetsstuhl. Bevor er das dicke, vor ihm liegende Buch aufmachen konnte, grüßte ich ihn und fragte, ob ich ihn kurz stören dürfte. Er gab mir in einigen Gesten zu verstehen, dass er erst ein Gebet aus dem Buch fertig lesen musste und lächelte mir zu.

Ich lehnte mich an eine Wand, um meiner Lieblingsbeschäftigung nachzugehen. Ich schloss die Augen und versuchte mir vorzustellen, wie diese Halle zu den Zeiten der iranischen Eroberung ausgesehen hat. Hat der genannte Nehemia ben Huschiel als Erstes hier gebetet, nach dem er Schulter an Schulter der tapferen iranischen Soldaten in die Stadt marschierte? Dankte er Jahwe dafür, dass er den König der Könige Ḫosrau den Unbesiegbaren als Messias zu Bnei Yisra'el schickte, damit sie ihre Stadt von den Römern zurückbekamen?

Ich war ganz in meiner Welt versunken, als mir jemand auf die Schulter klopfte. Das war der junge Geistliche.

„Ich bitte Sie um Verzeihung, dass ich ihr Gebet störe, aber ich habe in dem Koran etwas gelesen, was mir seit einem Jahr keine Ruhe lässt. Dort steht, die Juden hätten behauptet, Esra sei der Sohn Gottes und die Christen hätten behauptet, Jesus sei der Sohn Gottes[49]. Gibt es etwas Ähnliches, was man damit in Verbindung bringen könnte? Oder gab es eine Gruppe

49 „Die Juden sagen, Esra sei Allahs Sohn, und die Christen sagen, der Messias sei Allahs Sohn. Das ist das Wort ihres Mundes. Sie ahmen die Rede derer nach, die vordem ungläubig waren. Allahs Fluch über sie! Wie sind sie irregeleitet!" Koran: 9/30

unter den Juden, die an so etwas glaubte?“

Er schaute mich eine Weile voller Erstaunen an. Wahrscheinlich stand er noch nie in so einer Situation.

„Nein! Es steht geschrieben, dass alle Menschen Kinder Gottes sind, aber kein bestimmter Mensch wurde dazu auserwählt. Es hat in der ganzen jüdischen Geschichte niemanden gegeben, der so etwas behauptet haben könnte. Selbst wenn, dann wäre er auch kein Jude mehr, und die Aussage im Koran wäre auch in diesem Falle falsch.“

Dann geschah etwas, wovor mich Sahar schon gewarnt hatte. Unser Gespräch erweckte die Aufmerksamkeit der anderen Betenden, die es sich natürlich nicht nehmen lassen wollten, als Experten des Wort Gottes ihren Senf dazuzugeben. Sie fragten ihn einer nach dem anderen, was dieser Goj[50] von ihm wolle. Im Nu bildete sich ein Kreis, von dem ich sehr schnell ausgeschlossen wurde. Anscheinend hatte die Frage eine heiße Diskussion ausgelöst. Ich hörte nur, wie sie sein Wort mit lauten „lo!“[51]-Rufen unterbrachen. Nachdem er sich nun ausgesprochen hatte, fingen sie alle auf einmal an, ihre Meinung zu äußern. Ich zog mich ein wenig zurück, um sie nicht zu stören. Der junge Geistliche, der voller Elan mit den anderen diskutierte, drehte sich hin und wieder zu mir und lächelte mich an. Einige der Anderen schauten mich auch immer wieder an, während er ihnen meine Frage mitteilte, aber sie lächelten nicht. Eigentlich wusste ich in dem Moment überhaupt nicht, ob es sich gehörte, so etwas einen Rabbi zu fragen. Vielleicht grenzte das sogar an Blasphemie, oder warum schauten mich die anderen Gottesmänner so merkwürdig an?

„Das fällt dir aber reichlich früh ein, mein Lieber! Hättest du wohl lieber auf deine kluge Frau gehört, aber nein ...“ sagte mir eine laute Stimme in meinem Kopf. Es stießen immer mehr Leute dazu und langsam war ich nicht mehr das Thema. Einige der älteren Betenden warfen der diskutierenden Menge verächtliche Blicke zu und brachten ihre Empörung

---

50 Nicht Jude, Ungläubiger

51 Nein auf Hebräisch

über diesen Lärm zum Ausdruck. Dieselbe laute Stimme in meinem Kopf befahl mir, schleunigst das Weite zu suchen und ich schlich mich mit kleinen unmerklichen Schritten in Richtung des Ausganges davon, während die Diskussion immer heißer und heftiger wurde. Meine Antwort hatte ich ja bereits bekommen, also es gab keinen Grund mehr, das Schicksal noch mehr herauszufordern.

„Und wie war es?"

fragte Sahar mit einem Ton voller Skepsis. Bevor ich antworten konnte, setzte sie nach:

„Hast du wieder etwas ausgefressen? So siehst du nämlich aus!"

„Nein! Warum musst du immer das Schlechteste von mir denken?"

„Weil ich seit 31 Jahren mit dir verheiratet bin! Jetzt erzähl! Was hast du wieder angerichtet mit deiner Klugscheißerei?"

Nach diesem lehrreichen Besuch an einem jüdischen Heiligtum standen nun die muslimischen Heiligtümer auf dem Plan. Der Zugang zum Tempelberg war aber nur zu bestimmten Zeiten gewährt. Wir hatten ungefähr eineinhalb Stunden Zeit bis zum nächsten Einlass. Es war die beste Gelegenheit, einen der lästigsten Punkte auf der Tagesordnung abzuhaken: das Mittagessen. Wir gingen zurück zu dem kleinen Restaurant B.B.Q., das uns vorher so gut gefallen hatte.

Danach gingen wir auf demselben Weg wieder zurück auf den Platz und zu der langen Schlange, die sich vor dem Zugang zum Tempelberg gebildet hatte. Von dort aus kann man über eine Art aus Holz gebauten Steg und durch einen weiteren Checkpoint an das Plateau auf dem Tempelberg gelangen. Auf diesem Steg bekommt man wieder einen anderen Ausblick über den Hof vor der Klagemauer. Nach 40 Minuten standen wir auf dem Plateau, wo uns die palästinensischen Ordnungshüter auf den obligatorischen Dresscode hinwiesen: alle hätten lange das ganze Bein bedeckende Beinbekleidungen zu tragen und Frauen auch eine zusätzliche Kopfbedeckung. Obwohl sie eine knöchellange Hose anhatte, erhielt Sahar einen Rock dazu und ein kaftanähnliches langes Sweatshirt mit einer Kapuze. Nun hatte ich die Gelegenheit, sie mit ihrer äußerst modischen Erscheinung aufzuziehen.

Zunächst begaben wir uns zu der Al-Aqsa Moschee, von der aus der Prophet der Muslime in den Himmel gefahren sein und alle vergangenen Propheten besucht haben soll. Laut islamischen Überlieferungen soll er dabei sein Reittier[52] an der Klagemauer angebunden haben. Er habe in jener Nacht von Allah für seine Anhänger die Gebetspflicht von fünfzigmal pro Tag erhalten, wonach er auf Anraten von Moses mehrfach mit Allah gefeilscht und sie auf fünfmal reduziert habe. Das Ganze ist eine Interpretation eines Koranverses, in dem eine Fahrt des Knecht Gottes von der Al-Haram Moschee[53] zu der Al-Aqsa Moschee bezeugt wird[54]. Das Problem ist es allerdings, dass Mohammed laut Überlieferungen im Jahre 632 starb und die Al-Aqsa Moschee nachweislich erst im Jahre 691 von dem Umayyaden Kalif ʻAbd al-Malik erbaut wurde. Wie sich diese knapp 60 Jahre später angelegte Gebetsstätte in dem Koran wiederfindet, dessen Herabkommen im Jahre 632 vollendet sein soll, ist nur eine der unzähligen Ungereimtheiten der islamischen Historiografie.

Wir zogen die Schuhe aus und ließen sie außerhalb der Moschee, wie es sich bei einem Besuch der islamischen Heiligtümer gehört und gingen zum Eingang. Ein Palästinenser mittleren Alters fragte uns, wo wir herkamen, und als wir antworteten, wir seien Iraner, fragte er nicht mehr nach, ließ uns herein und machte sich unaufgefordert zu unserem Wegweiser. Nach einigen Minuten stellte sich aber heraus, dass er uns unbedingt mehrere Korane für teures Geld verkaufen wollte, jeweils mit unseren Namen und denen unserer Liebsten versehen, damit sie dort gelagert wurden und Segen und Glück über unsere Familie brachten. Sein Vorhaben durschauend, rezitierte ich ihm einige Verse aus dem Koran und gab ihm so zu verstehen, dass wir keine geeigneten Opfer für sein scheinheiliges

---

52 „Buraq“, ein fliegendes Reittier größer als ein Esel und kleiner als ein Pferd

53 al-Masdschid al-Harām in Mekka. Sie ist die bedeutendste Moschee des Islam, auf deren Hof Ka□ba steht. In ihre Richtung beten Muslime weltweit täglich fünfmal.

54 „Preise Ihm, der bei Nacht seinen Diener hinwegführte von der Heiligen Moschee zu der Fernen Moschee, deren Umgebung Wir gesegnet haben, auf dass Wir ihm einige Unserer Zeichen zeigen. Wahrlich, Er ist der Allhörende, der Allsehende“ Koran 17/1

Angebot waren. Er ließ mich nicht zu Ende rezitieren, brach das Gespräch abrupt ab und verließ uns in Richtung des Ausganges, wahrscheinlich auf der Suche nach neuen Opfern.

Die Moschee ist ganz im Umayyaden-Stil gebaut. Die Architektur und besonders die innere Ornamentik mit den massiven Säulen und griechisch anmutenden Kapitellen erinnert sehr an den orientalisch-orthodoxen Kirchenbau. Von außen jedoch gleicht sie zum Verwechseln einer alten iranischen Karawanserei, die zum Teil noch heute gut erhalten an der Seidenstraße zu besuchen sind. Das ursprüngliche Gebäude ist wegen Schäden durch mehrere Erdbeben – zuletzt 1927 – immer wieder restauriert worden. Dadurch konnte auch bewiesen werden, dass diese Moschee ursprünglich auf den Ruinen eines byzantinischen Gotteshauses, wahrscheinlich einer der „Seligen Jungfrau Maria" gewidmeten Abtei gebaut worden ist. Heute erkennt man sie durch die relativ kleine, grünfarbene Kuppel. Die schlichten Außenmauern stehen in einem klaren Kontrast zu den prunkvollen Verzierungen des Innenraumes, bei der man mit Geld und Gold nicht gegeizt hat.

Wir gingen wieder auf den Vorhof, fanden unsere Schuhe, wie wir sie verlassen hatten und zogen weiter. Durch eine Treppe, an deren oberen Ende ein triumphbogenähliches Tor steht, kommt man auf ein zweites etwa 6–7 Meter höher liegendes Plateau, mit dem Wahrzeichen der Stadt Jerusalem: der Felsendom, mit seiner goldenen Kuppel. Der als ein Oktagon angelegte Bau zeigt schon von außen gewaltigen Unterschieden zu der viereckig erbaute Al-Aqsa Moschee, indem man hier bereits vor dem Zutritt in das Haus die kunstvoll bearbeiteten Außenmauern sehen kann. Diese bestehen hauptsächlich aus feinen Fliesen und Kalligrafien in typischen Farben der islamischen Gebetsstätten: hell- und dunkelblau sowie grün und weiß.

Das Gebäude wird vor allem in den islamischen Ländern sehr oft für die Al-Aqsa Moschee gehalten. Insbesondere von Unterstützern der palästinensischen Unabhängigkeitsbewegung wird sie weltweit mit der Aufschrift „Al-Aqsa" abgebildet.

Einige Männer verschiedenen Alters saßen im Schatten des Domes und unterhielten sich. Als wir reinwollten, fragte einer von Ihnen, etwa Mitte 30, in gebrochenem Englisch, wo wir her seien. Ich antwortete ihm auf Arabisch und als das Wort Iran fiel, standen alle anderen auf und kamen auf uns zu. Ein älterer Mann musterte uns von oben bis unten und fragte in einem für mich schwer verständlichen Dialekt, wo wir lebten. Ich sagte ihm, dass wir seit Jahren in Deutschland leben. Dann fragte er mich in einem Verdacht behafteten Ton, ob ich regelmäßig den heiligen Koran lese.

Ein streng gläubiges iranisches Ehepaar, dass in einem nichtmuslimischen Land lebte und dazu auch noch ausgerechnet Israel besuchte? Das alles schien ihm wahrscheinlich höchst verdächtig zu sein, weshalb er seine Frage diesmal auf Hocharabisch und unter den gespannten Blicken der anderen Männer wiederholte, die jetzt einen Kreis um uns gebildet hatten.

„Selbstverständlich, mein Herr!“

Und das war keineswegs gelogen. Ich musste in dem Moment lächelnd an meine Tochter denken, die eines Tages zu mir sagte:

„So viel und so oft wie Du in den letzten 4 Jahren aus dem Koran gelesen hast, haben es wahrscheinlich die ganzen 1,6 Milliarden Muslime in der ganzen Welt zusammen nicht getan!“

Also war es nicht gelogen, auch während unserer Reise in Israel und insbesondere in Jerusalem las ich des Öfteren die Verse, die in irgendeiner Art und Weise mit den Juden in Verbindung standen.

„Iqraá![55]“ sagte er bestimmend und schaute mich voller Erwartung an.

„Iqraá bi-smi rabbika llaḏī ḫalaq. ḫalaqa l-’insāna min ʿalaq.[56]“ erwiderte ich und fuhr fort, während sich die Körperhaltung und die Mimik der Männer mit jedem Wort, das meine Lippen verließ, änderten. Dass ich mit meiner Rezitation gerade die Stelle aus dem Koran auswendig vortrug, die genau mit dem Wort begann, das der ältere Mann ausgesprochen

55 Lies (etwas)! Rezitiere (etwas)!

56 Lies im Namen deines Herrn, der erschuf. Erschuf den Menschen aus einem Klumpen Blut. Koran: 96/1-2

hatte, und das alles ohne eine Sekunde zu zögern, überwältigte die Männer dermaßen, dass sie darauf verzichteten, meine Frau auch einer Glaubensvisitation zu unterziehen. Vielleicht hatten sie sich auch gedacht, ein so frommer Mann, der so gut die Rezitationskunst des heiligen Buches beherrscht, wird Gott behüte keine Ungläubige zur Frau genommen haben. Der ältere Mann ging vor und hielt uns die Tür ehrfurchtvoll und mit nach unten gesenktem Kopf auf. Wir traten ein und er betete indes dafür, dass Allah uns und unsere Kinder mit seiner unendlichen Barmherzigkeit segne. Die anderen, die noch in unserer unmittelbaren Nähe standen, schlossen sein Gebet mit einem kräftigen „Amīn, ya rabb al-ʿalamīn“[57] ab.

„War das richtig?“, fragte Sahar in einem Ton, als wollte sie mein Gewissen ein wenig kitzeln.

„Habe ich gelogen? Gewiss nicht! Er fragte mich, wo wir herkommen, wo wir leben und ob ich regelmäßig aus dem Koran lese! Dass er angenommen hat, ich sei ein Moslem, ist doch nicht meine Schuld! Muss ich mich auch für die Vorurteile anderer verantworten?“

„Ja, das ist richtig! Du hast zwar nicht gelogen, ihm aber dennoch die Wahrheit verschwiegen. Ist das nach Deiner Auffassung keine Lüge?“

„Wurde ich nach der Wahrheit gefragt? Ich bin in Bezug auf die Fragen stets der Wahrheit treu geblieben. Und überhaupt, von welcher „Wahrheit“ reden wir hier eigentlich? Die Muslime halten dieses Gebäude für ein islamisches Gotteshaus und das ist ihre „Wahrheit“. In Wirklichkeit ist es aber auf einem Felsen gebaut worden, der bis Anfang des fünften Jahrhunderts eine Pilgerstätte der Juden gewesen ist. Und eine weitere Wahrheit ist auch, dass der Kalif ʿAbd al-Malik, der diesen Dom hat erbauen lassen, kein Muslim, sondern ein gläubiger Christ war. So, dass hier nur Muslime Zutritt haben, beruht auf einer „Wahrheit“, die mit sehr hoher Wahrscheinlichkeit gar keine ist!

Sie holte ihre Kamera aus der Tasche heraus und sagte lachend:

„Allein diese Ausführungen sind für mich Beweis genug dafür, dass

---

57 So werde es, O Herr der Welten!

du schon ein wenig Gewissensbisse hast, und das ist es, worauf es ankommt. du hast in meinen Augen nichts Verwerfliches getan, mein sensibler Gemahl, also brauchst du dich auch nicht zu rechtfertigen. Ich respektiere, besser gesagt toleriere diese völlig absurden Hausregeln mit Religion und Kleiderordnung etc., aber sie müssen sich auch ein bisschen mehr Mühe geben und ihre Fragen genauer formulieren. Lass uns jetzt loslegen."

Sie waltete in diesem Moment ihres Amtes als der unfehlbare Moralkompass unserer Beziehung.

Die islamische Historiografie führt den Bau des Felsendoms übereinstimmend mit den Bauinschriften und anderen archäologischen Funden auf die Jahre 687 bis 691 zurück. Nachdem Kalif ʿAbd al-Malik ibn Marwān alle seine inneren Feinde besiegt und das ganze Reich befriedet hatte, fing er an, wie jeder große Herrscher jener Zeit seinen Namen durch monumentale Bautätigkeiten zu verewigen. Die islamische Historiografie erzählt uns, dass er auf dem Tempelberg diesen Dom und die Al-Aqsa Moschee erbaut habe. Darüber hinaus bezeugen zahlreiche Funde anderer Bauwerke, Straßen, Tore etc., die fast alle mit einer Inschrift versehen und somit datiert sind, seine außergewöhnliche Liebe zum Bau von Monumenten. Sein Sohn al-Walīd trat in seine Fußstapfen und ließ die große Moschee von Damaskus errichten. Angeblich sollen Vater und Sohn ähnliche Baumaßnahmen auch in Mekka und Medina veranlasst haben. Erstaunlich ist es aber, dass wir ausschließlich belegbare Aktivitäten in Palästina, Ägypten und der Levante zur Verfügung haben. Anscheinend haben die beiden berühmtesten Kalifen merkwürdigerweise keinen gesteigerten Wert darauf gelegt, sich auch in den heiligsten Stätten des Islam für ihre Taten mit einem Zeugnis zu profilieren[58].

Es wird sogar behauptet, dass ʿAbd al-Malik die Haddsch-Zeremonien[59]

58 Wahrscheinlicher ist es, dass sie gar nicht in Mekka und Medina waren und diesbezügliche Berichte eine reine Erfindung der muslimischen Geschichtsschreiber sind.

59 Islamische Pilgerfahrt

um diesen Dom hat abhalten lassen, um Mekka eine würdige Konkurrenz zu bieten. Ein christlicher Pilger aus Bordeaux berichtet Ende des vierten Jahrhunderts von Pilgerfahrten der Juden zu einem „durchbohrten Stein" auf dem Tempelberg. Genau vor diesem großen Stein standen wir nun. Der riesige Fels liegt im Zentrum des Gebäudes unter der Kuppel und ist umzäunt. Zum Süden hin zeigt sich eine rundliche Öffnung, die zu einer unterirdischen viereckigen Gebetsnische in dem Inneren des Felsens führt. Dies wird der Pilger aus Bordeaux wahrscheinlich mit der Bezeichnung „Lapis pertusus"[60] gemeint haben. Laut islamischer Überlieferung sollte Abraham seinen Sohn Jischma'el genau auf diesem Felsen opfern[61], der heute von einer pracht- und prunkvollen Kuppel überdacht ist, wobei man hier mehr iranische Einflüsse aus dem siebenten Jahrhundert sieht, als zuvor in der christlich-orthodox geprägten Al-Aqsa Moschee. Die sogenannten „Schwingen des Varhrans" (Kriegs- und Siegesgottheit der altiranischen Mythologie), die in der letzten Periode des zweiten Perserreiches unter den Sassaniden ein elementarer Bestandteil der Kunst- und Münzikonografie waren, schmücken die komplette Rundung der Kuppel und sind zudem an der Wandornamentik sehr demonstrativ platziert. Die Kuppel wird von insgesamt vierzig Säulen getragen, die sowohl an ihren Stämmen als auch an den Kapitellen sehr kunstvoll und nach streng eingehaltenen Mustern geziert sind. Rund um den unteren Rand der Kuppel kann man neben vielen Koranversen auch die Inschrift des Bauherrn 'Abd al-Malik lesen. Die Besichtigung dauerte ca. eine Stunde. Als ich mich anlehnend an einer der vielen Säulen zu einer kurzen Rast hinsetzte, überkam mich plötzlich ein dumpfes, sehr entferntes Gefühl der Religiosität. Die betenden Männer und Frauen, der Duft von Rosenwasser, die kühle Luft, die sorgfältig aufgestellten Stapel der Gebetsbücher und das leise Flüstern der Betenden erzeugte ein sonderbares Fluidum, das mich in meine Kindheit zurückwarf. Sahar schoss ein Bild von mir und wir brachen auf.

---

60 Durchbohrter Sten

61 Entgegen der jüdisch-christlichen Tradition wollte Abraham in der islamischen Heilsgeschichte nicht Isaak, sondern Jischma'el opfern.

So gingen wir durch den Ausgang und zogen uns die Schuhe an. Der ältere Mann von vorhin kam erneut auf uns zu und verabschiedete uns mit den Worten:

„Allah möge Sie beide beschützen und Euer Leben möge erfüllt sein von seinem heiligen Segen.“

Wir bedankten uns bei ihm und jetzt spürte ich zum ersten Mal so etwas wie Gewissensbisse.

„Ich glaube, ich fange langsam an, mich schäbig zu fühlen.“, sagte ich zu Sahar, die mich aber tröstete.

„Siehe es doch so, du hast ihm einen schönen Tag beschert. Er ist wahrscheinlich glücklich, einem Islamgelehrten begegnet zu sein, was du auch in gewisser Hinsicht bist. Warum um Himmels willen willst du ihn dieser schönen Illusion berauben? Was hast du davon? Und noch wichtiger, was hat er davon? Er kann monatelang damit angeben, einen in Deutschland lebenden iranischen Koranexperten kennengelernt zu haben! Wie wir beide die Menschen aus dieser, unserer Region kennen, wird er die Geschichte seiner Begegnung mit dir jedes Mal mit mehr Details ausschmücken und gerade das macht sein Leben mit Sicherheit viel interessanter!“

Sie nahm mich an der Hand und wir bewegten uns in Richtung des Ausganges zum arabischen Viertel. Direkt vor dem Felsendom, etwa nordwestlich davon, steht ein anderes kleineres Oktagon mit dem arabischen Namen „Qubbat al-Miʿrāğ“, was so viel wie etwa „Kuppel der Himmelfahrt“ bedeutet. Laut den Überlieferungen ist dies exakt jene Stelle, von der aus der Prophet Mohammed seine Himmelfahrt begonnen haben soll. Interessanterweise wird ihm hierzu eine Leiter vom Himmel herabgestellt, wie einst bei Jakob[62]. Die kleine Kapelle ist relativ schlicht erbaut, wobei die Kuppel einem Sockel mit acht Säulen aufgesetzt ist. Das genaue

62 Jakob machte sich auf den Weg von Beerscheba nach Harran. Er kam an einen Platz und übernachtete dort, weil die Sonne gerade untergegangen war. Hinter seinen Kopf legte er einen der großen Steine, die dort umherlagen. Während er schlief, sah er im Traum eine breite Treppe, die von der Erde bis zum Himmel reichte. Engel stiegen auf ihr zum Himmel hinauf, andere kamen zur Erde herunter. Genesis, 28, 10-21

Datum seiner Erbauung ist schwer zu ermitteln, fest steht jedoch, dass der in Jerusalem geborene berühmte Geograph des zehnten Jahrhunderts al-Muqaddasī, der hauptsächlich in Aleppo (Syrien) und Schiraz (Iran) gewirkt hat, diese Kuppel im Jahr 985 besucht hat. Ein anderer Gelehrter will sie sogar im Jahr 903 neben dem Felsendom gesehen haben.

Der Plan war es, alles auf dem Tempelberg auf einem Schlag zu besichtigen. Es war Donnerstag, und alles, was wir hätten nicht sehen können, hätten wir am nächsten Tag, also an einem Freitag nachholen müssen. Und wer sich ein wenig mit der Geschichte dieses Landes, besonderes dieser Stadt auseinandergesetzt hat, weiß ganz genau, dass die Freitage immer voller Überraschungen sind. Wir gingen zum Ausgang und schon waren wir inmitten des überdachten Bazars.

Das Interessante an diesem Bazar ist ein zumindest nach außen unbeschwertes Zusammenleben arabischer und jüdischer Geschäftsleute. Nicht selten konnte man bei einem jüdischen Ladenbesitzer ein Miniaturmodell von Felsendom kaufen, oder in einem arabischen Laden einen Schofar oder ein Trikot von Maccabi Israel. In den nächsten Tagen sahen wir sogar, wie sich die jüdischen und arabischen Ladenbesitzer ihre Läden gegenseitig anvertrauten und für einander einsprangen. Das ist Orient: Wo das Geschäft beginnt, hören alle anderen Interessen auf. Wir gingen durch die engen Gassen und schauten uns die Läden an. Man kann hier buchstäblich „alles" kaufen. Sahar fand sofort einen Laden mit wunderschönen Schmucksteinen und ging herein. Ich wartete am Eingang und beobachtete die Passanten, die in aller Gemütlichkeit ihre Einkäufe erledigten. Nach einer Weile kam sie raus, schaute nach rechts und links und flüsterte mir ins Ohr:

„Alles Halsabschneider. Ich dachte, mit den Arabern könnte man besser Geschäfte machen."

Die Erfahrung mit Tina in Tel Aviv hatte uns gelehrt, vorsichtiger zu sein, wenn wir über die Leute lästerten, schließlich kannst du dich heutzutage nirgendwo auf der großen Welt vor Iranern in Sicherheit wissen. So gingen wir durch den Bazar, schauten uns alle Läden an, machten uns Notizen mit einem kleinen Vermerk, welche Verkäufer eher den Eindruck erweckten, zugänglicher zu sein und amüsierten uns darüber. Plötzlich sagte Sahar völlig verzweifelt ganz laut auf Deutsch:

„Gottverfluchte Scheiße! Meine Speicherkarte ist voll! Ich muss bereits mehr als 1.000 Bilder geschossen haben! Was mache ich jetzt?“

„Das ist doch kein Problem, wir gehen zum Jaffa-Tor, dort habe ich einen Laden gesehen, der sowas verkauft.“

Also gingen wir zum Jaffa-Tor, fragten den Verkäufer und er bot uns mit einem breiten Lächeln eine Speicherkarte von 32 GB für umgerechnet 80 Euro an. Es gibt natürlich für eine passionierte Fotografin nichts Schlimmeres als eine volle Speicherkarte. Insbesondere wenn sie weiß, dass die Reise nicht einmal zu Hälfte vorbei ist. Wir waren kurz davor, dem dreckig lächelnden Ladenbesitzer die über 300 Schekel zu bezahlen, da sagte ich zu meiner Frau:

„Ich habe in meinem Handy eine Speicherkarte von 64 GB, die komplett leer ist.“

„Stimmt! Ich auch, meine ist auch komplett leer, aber das passt doch nicht in meine Kamera!“

„Mit einem Adapter schon!“

Ich fragte den Verkäufer, ob er auch einen Adapter zu verkaufen hätte. Ohne zu lächeln und mit verzogenen Minen verneinte er meine Frage, kehrte uns den Rücken zu und verschwand wieder in seinem Laden. Zwanzig Minuten später und in der Nähe unseres Hotels im arabischen Viertel waren wir in Besitz von einem 5 Schekel teuren Adapter und Sahar verfügte wieder über 128 GB Speicherkapazität. Interessehalber fragte ich den jungen arabischen Verkäufer, ob er auch Speicherkarten verkaufe. Er zeigte mir mehrere Karten, darunter eine mit 32 GB Kapazität für umgerechnet 20 Euro.

„Was hältst Du davon, wenn ich diese Karte kaufe, zu dem Verkäufer am Jaffa-Tor laufe und sie ihm für 100 Schekel verkaufe? Er würde doch das Geschäft seines Lebens machen!“ fragte ich Sahar, die gelassen und gut gelaunt die neu erworbene Karte in ihre Kamera einsetzte, während sie ein fröhliches iranisches Kinderlied trällerte.

„Weißt du was? Auch wenn ich weiß, dass du für dein Leben gerne herumblödelst und so etwas tatsächlich durchziehen würdest, und auch wenn ich es für die bescheuertste Idee aller Zeiten halte, in diesem speziellen Falle würde ich sogar liebend gerne mitmachen und das Ganze auch genüsslich und mit Vergnügen filmen, wenn mir die Füße nicht so weh täten."

Wir kauften an einem Supermarkt unweit des Hotels ein und machten uns auf den Weg zu unserem Zimmer. Dort angekommen worfen wir uns zuerst auf das Bett und lagen eine Weile nahezu reglos dort. Die Strapazen der letzten Tage schienen langsam tiefe Spuren zu hinterlassen. Hinzu kam, dass unser Hirn so viele Bilder und Eindrücke verarbeiten musste, dass es im Vergleich zu unserem Kölner Alltag sehr schnell ermüdete. Sahar stand zuerst auf. Sie machte Tee, packte Kekse aus und öffnete die Tür zum Balkon. Wir setzten uns hin, tranken Darjeeling-Tee mit frischer Minze zu den Keksen und schauten zu, wie die Sonne über die Stadt unterging. Es war wieder einer dieser magischen Momente, an denen man nur stillsitzen und sich dem Flair der Zeit und des Ortes hingeben möchte. Eine gerade noch fühlbare und angenehme Brise fuhr uns durch die Haare. Die letzten Sonnenstrahlen brachen über die alten steinernen Mauern ein und machten aus der schönen melancholischen Melodie, das der einsame Fiedler an unserem letzten Abend in Tel Aviv zum Besten gegeben hatte, ein imposantes, in allen Farben strahlendes Bild; Yerushalayim shel zahav, Jerusalem aus Gold ...

Mit dem Einbruch der Dunkelheit fing die Stadt erneut an zu singen, es war nicht mehr so heiß und man konnte die frische Luft genießen. Aus der Ferne ertönte plötzlich ein arabisches Lied von der berühmtesten arabischsprachigen Sängerin aller Zeiten 'Umm Kulṯūm, die bereits zu Lebzeiten eine Legende war.

„Ich kenne dieses Lied!" schrie ich wie ein kleines Kind auf, das ein längst verloren geglaubtes Spielzeug wiedergefunden hat.

„Das Lied? Woher denn?", fragte Sahar neugierig.

„Als ich nach Deutschland kam und meinen Asylantrag stellte, wurde ich in ein riesiges Heim gesteckt, in dem auch Flüchtlinge aus dem Libanon wohnten. Es waren mehrere große Familien, vom Säugling bis zu den Großeltern. Das war 1985 und im Libanon tobte der Bürgerkrieg. Sie hatten wohl buchstäblich alles verloren und sich mit dem letzten Geld, was sie zusammengekratzt hatten, nach Deutschland abgesetzt. Sie wohnten direkt unter mir und hörten den ganzen Tag über dieses Lied."

„Und wovon handelt es?"

Das Album heißt „Alif layla va layl" und bedeutet „Tausend und eine Nacht". Die Passage, die mich fasziniert hatte und mir heute noch unter die Haut geht, lautet folgendermaßen:

Lass uns leben in den Augen der Nacht,
und der Sonne befehlen, nicht eher aufzugehen,
bevor unsere Liebe ein Jahr gewährt hat.
Diese eine Nacht der Liebe,
die die Süße von 1001 Nächten in sich trägt,
beherbergt mehr Leben, als mein ganzes bisheriges.
Wie, wie, wie, oh mein Geliebter,
wie könnte ich Dir beschreiben, wie es mir erging,
bevor Deine Liebe mein Herz entflammte?
An gestern vermag ich mich nicht zu entsinnen,
und ein Morgen hätte es für mich nicht gegeben,
hätte Deine Liebe nicht in meinem Herzen gehaust.
Wie, wie, wie, oh mein Geliebter,
wie könnte ich Dir beschreiben, wie es mir erging,
bevor Deine Liebe mein Herz entflammte?[63]

63 freie Übersetzung vom Autor

Das Lied verstummte langsam und die Nacht brach über Jerusalem ein. Sahar und ich saßen auf dem Balkon und unterhielten uns darüber, was mit dieser Ecke der Welt los ist. Wie konnte es passieren, dass eine Region, die Menschen hervorzubringen, in der Lage war, die solche herzerwärmende Lyrik niederschreiben, komponieren und besingen konnten, jetzt nur noch die Sprache der Gewalt versteht? Warum ist die ganze traditionsreiche arabische Poesie auf nur zwei furchteinflößende Wörter - Allahu akbar - reduziert worden, und die fröhliche Musik mit erfrischenden Rhythmen dem Takt der Detonationen gewichen? Wann zog der Zeitgeist an uns vorbei und ließ uns mit all unseren zur Belastung gewordenen Reichtümern elendig am Rande dieser breiten Straße der Geschichte zurück?

„Hophop, Herr Banaie! Zeit ist Gold und die Nacht ist noch jung, lass uns eine Weile spazieren gehen."

Wir verließen das Hotel und ließen uns einfach durch die engen Straßen des arabischen Viertels treiben. Die Verkäufer auf dem Markt waren damit beschäftigt, ihre Stände abzubauen. Die Läden waren aber noch relativ voll. Der palästinensische Stadtteil von Jerusalem hat besonders in der Nähe der Altstadt das typische Flair der orientalischen Viertel. Dieses in Deutsch lediglich einen Stadtteil bezeichnende Wort hat in nahezu allen Sprachen des Vorderen Orients eine besondere Konnotation von nachbarschaftlichem Zusammenleben. Wenn ein Iraner, Iraker, Afghane oder Türke das Wort „Mahalla"[64] hört, denkt er in erster Linie nicht an bestimmte Straßen und Gassen mit einem von der Stadt vorgegebenen Namen, sondern an die Umgebung des Hauses, in dem er aufgewachsen ist, mit Nachbarkindern, mit denen man auf der Straße gespielt hat, mit Erwachsenen, die sich alle kannten und um einander kümmerten, an die erste Jugendliebe, daran, dass alle Nachbarn für einander da waren und einem das Gefühl gaben, in einer sehr großen Familie zu leben. Diesen Eindruck gewinnt man in Ostjerusalem, wo hauptsächlich Palästinenser leben. Der Spaziergang in diesen Gassen und engen Straßen war für uns

---

64 Kleines Stadtviertel bestehend aus einigen Gassen oder kleine Straßen.

also eine Reise in die Gefühlswelt unserer Kindheit. Ich sah Männer mittleren Alters, die in den Läden standen und sich unterhielten, bevor sie nach Hause gingen.

„Wie war es mit deinem Vater? Hat er sich auch mit seinen Freunden bei einem befreundeten Ladenbesitzer getroffen, bevor er nach Hause kam?“, fragte ich Sahar. Im Gegensatz zu meinem Vater, einem einfachen Angestellten, war ihr Vater ein Universitätsprofessor für persische Literatur.

„Nicht zu einem Laden, sie trafen sich in einem Café.“

„Wie nobel! Mein Vater ist immer zu einem Autoersatzteilverkäufer gegangen, wo sich seine Freunde am späten Nachmittag versammelten. Mich hat er auch ein paar Mal mitgenommen. Das interessante war, dass sie nicht nur da herumstanden und sich unterhielten, sondern auch die Kunden berieten. Nicht selten kam einer herein, um einen Kerzenschlüssel zu kaufen und verließ den Laden mit einem 5 Liter Motorölkanister, zwei Scheibenwischern und einem Sitzbezug, nachdem ihn mein Vater und seine Freunde bearbeitet hatten!“

Sehr oft unterhalten Sahar und ich uns darüber, wie viel man von seinem eigenen Ich in anderen Ländern und Kulturen wiederfindet. An sich könnte die Welt ein schöner Ort für alle Menschen sein, hätte man sich nicht in den Bann des Gier-Dämons[65] ziehen lassen. Zarathustra – der iranische Denker, der Nietzsche[66] sehr beeindruckt hatte – nannte einst die Gier als den Ursprung allen Übels auf der Welt.

So liefen wir bis Mitternacht in die Straßen Ostjerusalems herum und schauten uns die Stadt in der Nacht an. Einige Straßennamen kamen uns sehr bekannt vor. El-Mas'udi Straße erinnert an den großen in Bagdad geborenen und somit wahrscheinlich iranischen Historiografen des zehnten Jahrhunderts. Diese mündet in die Al-Isfahani Straße. Diese wiederum führt in die Salah e-Din Straße, die nach dem großen islamischen Eroberer

---

65 Âz ist in der altiranischen Mythologie ein Dämon, der alles, was ihm begegnet, frisst, ohne je satt zu werden. Menschen, die ihm verfallen, sind gierig, geizig und selbstsüchtig.

66 Friedrich Nitzsche schrieb zwischen 1883 und 1886 ein Buch mit dem Titel „Also sprach Zarathustra“

kurdischer Abstammung Ṣalāḥ ad-Dīn Yūsuf b. Aiyūb benannt ist, der den Kreuzfahrern schmerzliche Niederlagen beibrachte und im Jahr 1187 sogar Jerusalem zurückeroberte. Das Königreich Jerusalem musste seine Hauptstadt somit nach Akko verlegen. Eine Straße, die die beiden zuletzt genannten miteinander verbindet, ist aber eine eindeutige Querverbindung zum Iran; Ibn-Sina Straße, benannt nach einem der größten Ärzte aller Zeiten, dem iranischen Universalgelehrten Avicenna[67], der sich als Philosoph, Philologe, Mathematiker, Musikwissenschaftler, Alchemist und Politiker in der Welt des elften Jahrhunderts einen großen Namen gemacht hatte. Glaubt man den Ausführungen des Romans Medicus, durften die Juden damals im Iran und besonders bei Avicenna in Isfahan Medizin studieren, die Christen aber nicht. Deshalb beschneidet sich der Protagonist in der Wüste, bevor er Palästina verlässt.

Der Begriff „historisch" gewinnt hier eine völlig andere Bedeutung. Nicht nur, dass man in einer historischen Stadt ist, man begegnet in jeder Straße auch historischen Persönlichkeiten, die entweder Geschichte machten oder sie schrieben.

Dieser Stadtteil wurde von Israel im Jahre 1967 im Rahmen des sogenannten Sechstagekrieges erobert. Er war im ersten arabisch-israelischen Krieg 1948 zusammen mit dem Westjordanland von Transjordanien – die offizielle Bezeichnung Jordaniens bis 1950 – annektiert. Innerhalb von nur 6 Tagen hatten die israelischen Streitkräfte nicht nur das Westjordanland samt Ostjerusalem, sondern den Gazastreifen, die Sinai-Halbinsel und die Golanhöhen von ihren arabischen Nachbarn erobert und das Territorium ihres Staates auf das dreifache erweitert. Ich konnte mir vorstellen, wie die palästinensischen Einwohner mehr oder weniger unbeteiligt in diesen Gassen und Straßen die kriegerischen Handlungen der Kontrahenten verfolgten, in der Hoffnung bald wieder in einer ungeteilten Stadt leben zu können. Es kam aber anders und die arabischen Verbündeten

67 Der Bestseller Roman „The Physician" von Noah Gordon (in Deutschland mit dem Titel Der Medicus erschienen) handelt zum Teil von seinem Leben. Das Buch wurde 2012 verfilmt, wobei Ben Kingsley seine Rolle spielte.

mussten eine schmachvolle Niederlage hinnehmen. Und jetzt spazierten wir, zwei deutsche Staatsbürger iranischer Abstammung, friedlich durch dieses Viertel, deren Mauern stille Zeugen einer der größten Tragödien der jungen Weltgeschichte sind, die Palästinatragödie.

Wenn es nach Sahar gegangen wäre, wären wir bis zum Sonnenaufgang in diesem Viertel um die Häuser gezogen und hätten immer wieder neue Berühmtheiten kennengelernt. Ich, in meiner Stellung als Reiseführer, hatte aber dafür Sorge zu tragen, dass der Plan eingehalten wurde. So sagte ich ihr, was wir für den nächsten Tag vorhatten und sie lenkte murrend ein:

„Ja, zu Befehl, Friedrich-Wilhelm! Lass uns ins Hotel gehen!"

So verging unser erster Tag in Jerusalem. Als wir uns für den Schlaf fertigmachten, fragte mich Sahar:

„Kannst du es wirklich glauben, dass alles, was wir heute erlebt haben, nur an einem einzigen Tag passiert ist? Ich habe das Gefühl, bereits seit einer Woche in dieser Stadt zu sein!"

Es war auch wirklich ein ereignisvoller Tag. Ich fühlte eine unbeschreibliche Schwere in meinem Kopf und dachte mir, nicht nur das Materielle, sondern auch das Geistliche, etwa Eindrücke und Wahrnehmungen müssen eigentlich auch ein Gewicht haben, warum fühlte ich sonst so eine Last auf meinem Hirn? Wir legten uns ins Bett und schlossen die Augen. Plötzlich fing Sahar an, laut zu lachen und sagte:

„Was meinst du? Glaubst du, deine Rabbiner stehen immer noch da an der Klagemauer und diskutieren über Esra und darüber, ob er der Sohn Gottes war!?"

In dem besonderen Moment zwischen Schlafen und Wachsein ging mir aber nur die Begegnung mit dem älteren Mann am Eingang des Felsendoms durch den Kopf und ich merkte, dass mich mein Gewissen doch plagte. Auch wenn ich nicht gelogen hatte, hatte ich ihn schließlich im Glauben gelassen, ich sei ein frommer Muslim. Was hätte Zarathustra dazu gesagt? Hatte mich meine Gier, den Dom um jeden Preis zu besuchen, nicht dazu bewogen, die Wahrheit zu verschweigen? Meine Augen fielen mitten in einer Diskussion mit Zarathustra zusammen und ich schlief ein, während ich von ʿAbd al-Malik, Ṣalāḥ ad-Dīn, El-Masʿudi und Avicenna träumte.

Der lange, ruhige Schlaf in dem klimatisierten Zimmer sowie das üppige Frühstück sorgten für eine vollkommene Erholung. Den Tagesplan hatte ich extra so entworfen, dass wir relativ schnell fertig wurden, damit wir früh ins Bett gehen konnten, um am frühen Morgen nach Petra in Jordanien aufzubrechen. Also gingen wir zum Damaskus-Tor, diesmal aber außerhalb der Altstadt, entlang der Mauer gen Osten über die Sultan Suleiman Straße, bogen in die Derekh Yerikho Straße, bis wir weiter entlang der Mauer schreitend schließlich über die El-Manssuriya Straße an die Himmelfahrtkapelle gelangten. Ein relativ niedriges Minarett am Eingang sorgt zunächst für Verwirrung. In der Tat ist die ehemalige Kirche der Himmelfahrt auch irgendwann in eine Mosche umgewandelt worden, und zwar in einer Zeit, in der die Stadt in so kurzen Abständen abwechselnd von Muslimen und Christen erobert wurde, dass man nach über 1.000 Jahren den Ereignissen nicht mehr genau folgen kann. Auf dem Hofe dieser Moschee steht eine Kapelle, die relativ schlicht erbaut ist, wobei die Kuppel einem Sockel mit acht Säulen aufgesetzt ist.

„Sag mal! Habe ich gerade ein Déjàvu? Waren wir nicht gestern hier und haben uns darüber unterhalten, wann diese Kuppel gebaut wurde?", fragte Sahar in einem völlig verzweifelten Ton. Die Kapelle sah der al-Miʿrāğ Kuppel neben dem Felsendom tatsächlich zum Verwechseln ähnlich.

„Halte mich für verrückt, aber wenn du mich fragst, müssen diese beiden Kapellen oder meinetwegen Kuppeln in einer Epoche gebaut worden sein, in der eben jene Leute, die sich sonst mit vollem Elan und ohne Gnade die Köpfe einschlugen, den genauen Unterschied zwischen Jesus Christus und Muhammad nicht kannten. Es kann doch kein Zufall sein, dass für zwei ähnliche 600 Jahre auseinanderliegende Ereignisse für zwei völlig unterschiedlichen Persönlichkeiten zwei Denkmäler gebaut werden, die sich so sehr ähneln!"

Wenn die Überlieferungen stimmen, wurde diese Kapelle 1150 von den Kreuzfahrern an genau der Stelle errichtet, an der die Fußabdrücke Jesu

Christi zu sehen waren. Wenn man diese beiden Kapellen so kurz hinter einander besucht, kann man sich schwer des Verdachtes erwehren, dass hier eine Religion von der anderen abgeschaut hat. Wer von wem, lässt sich sehr schwer beantworten. Zum einen kann man den „Berichten" aus dieser Zeit kaum vertrauen, zum anderen sind diese Gebäude im Laufe der Zeit so oft zerstört und wiederhergerichtet worden, dass man nicht genau sagen kann, ob das, was wir heute sehen, vor 500, 700 oder 1.000 Jahren schon genau in dieser Form da stand.

Diese so ähnlichen Bauten zeigen mir, dass die Bauherren nicht wussten, was genau der Unterschied zwischen Jesus und Muhammad war. Viel wahrscheinlicher ist es aber, dass die frühen Muslime gar keine Muslime, sondern häretische Christen waren, genauso wie die frühen Christen häretische Juden waren.

Diese schockierende Ähnlichkeit beider Kapellen machte uns beide nachdenklich. Es war ein zusätzlicher Beweis für den Inhalt meines Buches. So schlugen wir zur Rückkehr einen anderen Weg ein und kamen bald zum Ölberg, von dem aus man eine herrliche, unbeschreibliche Aussicht über die Altstadt hat. An jeder Ecke kann man hier Kirchen, Kapellen und Klöster – nicht zu vergessen die Höhle der Propheten – besuchen, so dass man nach einigen Stunden völlig verwirrt ist und die Bilder in seinem Kopf nicht mehr richtig den besuchten Orten zuordnen kann. Vor der „Dominus Flevit"-Kirche saß eine ca. 20-köpfige Frauengruppe aus Südkorea, die mit lauter Stimme religiöse Lieder sang, während nach und nach mehr Pilger dazu stießen und an dem Gesang teilnahmen. Man konnte sehen, wie unbeschwert sich Menschen aus allen Herren Ländern zusammentaten, um einem besonderen Moment der Spiritualität beizuwohnen. Mitten auf dem Weg liegt auch der jüdische Friedhof. Dieser ist laut jüdischer Überlieferungstradition ein „Ort der ewigen Ruhe", an dem die toten Menschen beim Erscheinen des Messias auf dem Ölberg wieder auferstehen, um mit ihm durch das goldene Tor an der Westmauer in Jerusalem einzuziehen. Vielleicht war gerade diese Prophezeiung der Grund dafür, dass die sogenannte Bāb ar-Raḥma (das Tor der Barmherzigkeit) in der Omayyaden-

Zeit[68] zu einem Doppeltor ausgebaut wurde. Die Mameluken, die späteren Eroberer der Stadt, versiegelten es – wahrscheinlich vorsichtshalber und für den Fall, dass sich die Prophezeiung bewahrheiten sollte – während die nachrückenden Osmanen schließlich sogar so weit gingen, es unter Sultan Süleyman I. um 1540 vollständig zuzumauern

Aus der Ferne sieht der Friedhof aus wie eine verlassene Stadt, weil die Gräber zum Teil in Form von Häusern errichtet sind. Auf den waagerecht darauf liegenden Grabtafeln liegen überall mehrere Kieselsteine anstatt Blumen. Diese Tradition soll der Überlieferung nach, ein Überbleibsel aus jener Zeit sein, in der die in der Wüste herumirrenden Israeliten ihre Toten unter einem Steinhaufen begruben. Davon abgesehen erinnert diese Tradition mich allerdings an einen Brauch im Schiitentum, wonach beim Besuch eines Grabes mit einem kleinen Stein auf die Grabtafel geklopft wird, während man für die Seele des Verstorbenen betet. Angeblich wacht die Seele dabei auf und nimmt an dem Gebet teil.

Auf dem Weg zurück in die Altstadt liegt auch eine relativ kleine Kirche, in der sich die Krypta mit dem Leichnam der Heiligen Jungfrau Maria befindet. Von dort aus kommt man wieder über Derekh Yerikho Str. auf die Löwentor-Str., auf der die Verurteilungskapelle liegt. Hier soll Jesus von Pontius Pilatus zu Tode verurteilt worden sein. In der großen Halle erinnert eine große Wandmalerei an die Szene der Verurteilung. Auf dem Hof der Kirche befindet sich auch eine sogenannte Geißelungskapelle. Davor und direkt in der Nähe des Löwentores kann man das Geburtshaus von Maria besuchen, die auf dem Gemäuer einer älteren römischen Kirche errichtet worden ist. Direkt daneben sieht man den Bethesda-Teich, eine Zisterne, die aus der Zeit der Hasmonäer[69] stammt und der heilenden Kräfte zugesprochen werden.

---

68 Das ist ein weiteres Indiz dafür, dass die Herrscher dieser Dynastie wahrscheinlich keine Muslime, sondern gläubige Christen waren, die mit dem Bau des Felsendoms auf dem Tempelberg und dem Ausbau des Goldenen Tores die Rückkehr des Jesu Christi im Jahr 700 erwarteten.

69 Herrschergeschlecht in Judäa im ersten und zweiten Jhd. vor Chr.

Die Löwentor-Straße führt nach einigen hundert Metern in die Via Dolorosa, auf der die für Christen allerwichtigste religiöse Stätte Jerusalems steht, die Grabeskirche. Diese steht an dem Ort, an dem Jesus gekreuzigt worden sein soll. Die Kirche sei auf Golgatha gebaut worden und überwölbe sowohl die Stelle der Kreuzigung als auch die Krypta der Beisetzung. Auf dem Weg dahin mussten wir aber zur Seite gehen, damit eine Freitagsprozession vorbeiziehen konnte. Es waren 40 bis 50 Pilger aus Osteuropa, die ein großes Kreuz auf den Schultern trugen und religiöse Hymnen sangen. Diese von den Franziskanern geführte Prozession startet jeden Freitag an der zuvor genannten Verurteilungskapelle läuft alle 14 Stationen des Kreuzweges und endet traditionsgemäß an der Grabeskirche.

„Lass uns ihnen hinterherlaufen. Sie führen uns direkt zu der Grabeskirche. Zum einen brauchen wir dann Google Maps nicht und zum anderen kriegen wir so viel mehr mit“, sagte Sahar. So liefen wir dem Zug hinterher und ließen uns von ihm führen, wir standen, wenn er stand, und hasteten, wenn er sich aus welchem Grund auch immer beeilte. Ich schaute mir das große, braunfarbene, hölzerne Kreuz und die Menschen an, die ihn trugen und erinnerte mich plötzlich an die heißen Sommertage im Iran, an denen ich die Romane von Nikos Kazantzakis wie besessen verschlang. Besonders in „Der wiedergekreuzigte Christus“ beschrieb er solche Prozessionen im osmanisch besetzten Griechenland. Ich ließ mich von den Pilgern treiben und war mental mehrere tausend Kilometer und einige Jahrzehnte entfernt von diesem spirituellen Geschehen. Mir gingen die Worte des griechischen Schriftstellers aus dem Roman „Die letzte Versuchung Christi“ durch den Kopf und seine exzellente Beschreibung der letzten Momente des Lebens von ihm, wie er am Kreuz schrie:

"Eli eli lama sabachthani![70]"

Mir fiel eine Unterhaltung aus einem seiner Romane[71] ein, die für meine

70 „Mein Gott, mein Gott, warum hast Du mich verlassen?“ Das Vierte von sieben Kreuzworten

71 „der wiedergekreuzigte Christus“. Soweit ich weiß, ist dieses Werk noch nicht ins Deutsche übersetzt.

damalige religiöse Einstellung zwar blasphemisch, aber von einer logischen Warte aus sehr treffend war. Es ging um eine Unterhaltung zwischen einem griechischen Kapitän und einem osmanischen „Agha“[72], die langjährige Saufkumpanen waren.

Der Agha wischt mit der Hand über seinen Schnurrbart und sagte zum Kapitän: „Wenn unser Muhammed und euer Jesus zusammen einen guten Schnaps getrunken und wie wir es tun anständig angestoßen hätten, hätten sie sich genau wie wir angefreundet und hätten nicht versucht, sich gegenseitig die Augen auszukratzen. Aber jammerschade, dass sie beide nichts für Schnaps übrig hatten, deshalb haben sie unendlich viel Blut vergossen und die Welt in Schutt und Asche gelegt. Schau doch selbst, du verdammter Kapitän, wie wir zu Freunden geworden sind! Sind wir nicht glücklich? Haben wir in all diesen Jahren nicht das Leben genossen?“

Der Prozessionszug war an der Grabeskirche angekommen und wir waren an dem allerheiligsten Ort der Christenheit.

Direkt am Eingang liegt der Salbungsstein. Darauf soll Jesus' Leichnam gesalbt worden sein, nachdem es vom Kreuz heruntergenommen wurde. Rund herum saßen Pilger aus aller Welt in einer ehrfurchtvollen Position und wischten diverse Gegenstände über den Stein. Wir gingen näher. Manche hatten sogar eine Tüte voll von Schalen, Kleiderstücken, Rosenkränzen etc., die sie sorgfältig auf den Stein rieben.

„Weißt du, was sie da tun, Ayatollah?“, fragte mich Sahar, die in einer liberalen Familie aufgewachsen ist und als Kind viele religiöse Riten des Schiitentums nicht mitbekommen hat. Mit Ayatollah spielte sie auf meine erzreligiöse Familie an.

„Ich denke schon. Ich habe so etwas am Schrein des achten schiitischen Imams[73] in Maschad gesehen. Da haben die Pilger die Gegenstände genau

---

72 Von der osmanischen Besatzungsmacht eingesetzter Dorfvorsteher

73 Zwar ist der Iran das einzige schiitisch dominierte Land in der islamischen Welt, so befinden sich jedoch bis auf diesen Einen im Nordosten des Landes die Gräber aller anderen 11 in Irak bzw. Saudi-Arabien.

wie hier an den Schrein gerieben und ihren Freunden und Verwandten als gesegnetes Mitbringsel geschenkt. Ein sehr beliebter Gegenstand war da auch wie hier der Misbaha, sie haben aber auch Ringe und Halsketten gesegnet. Einmal habe ich sogar einen gesehen, der die Schuhe seines kranken Vaters an den Schrein rieb. Er wurde an den Kragen gepackt, geprügelt und achtkantig hinausgeworfen!"

„Gib es zu! Das hast du gerade erfunden!"

„Bei meinem eigenen Leben! Es hat sich genauso abgespielt. Ich glaube, sie hatten gedacht, er wolle den Schrein entweihen. Das stand sogar in der Zeitung, der arme Teufel wollte anscheinend nur die Schuhe seines querschnittgelähmten Vaters segnen, damit er wieder laufen konnte."

„Ich weiß es nicht, ich glaube, auch das hast du gerade erfunden!"

Rechts von diesem heiligen Stein geht eine steile Treppe auf den Golgotafelsen, wo man den Kreuzigungsort besichtigen kann, der unter einem tischförmigen Altar liegt. Wir standen da und schauten uns die Pilger an, die zum Teil mit Tränen in den Augen zu dem Altar krochen. Es war erstaunlich aus nächster Nähe zu beobachten, wie ähnlich sich die religiösen Riten und Bräuche und Gläubige überhaupt sind. Sahar konnte ihren Finger nicht vom Auslöser ihrer Kamera nehmen. Abgelenkt von all dem, hatten wir uns zu dem Ausgang bewegt und ihn ein wenig versperrt.

„Können Sie bitte zur Seite rücken, damit die Leute hier vorbeigehen können? Ist doch nicht zu viel verlangt!"

Das war ein ernst schauender Geistlicher, der uns mit einem starken bayerischen Dialekt zurechtwies. Obwohl er kurz davor war, mit uns zu schimpfen, vernahmen unsere Ohren freudevoll nur den vertrauten Klang der deutschen Sprache. Es war das erste Mal auf dieser Reise, dass jemand Deutsch mit uns sprach, ein Stück Heimat mitten in der Grabeskirche!

Vorbei an dem Salbungsstein geht man zum Heiligen Grab, das mitten in der Kirche und exakt unter der Kuppel aufgestellt ist. Bevor man aber in die riesige Halle geht, kommt man an einem großen Kerzenhalter mit Sand und mehreren brennenden Kerzen vorbei. Es hatte sich eine sehr lange Schlange vor, hinter und um das Grab gebildet. Wir standen einige Minuten an, dann sagte ich Sahar, dass ich ein paar Kerzen anzünden möchte.

Nicht nur Religionen haben ihre Riten und Traditionen. Auch die kleinsten Menschengruppen können im Laufe ihres Zusammenlabens so etwas entwickeln. Als meine Mutter uns 1990 besuchte, waren wir arme Studenten, die ihr nicht viel zu bieten hatten. Daher zeigten wir ihr anstatt eintrittpflichtiger Sehenswürdigkeiten die Kirchen in Mainz, Wiesbaden und Frankfurt am Main. Sie schaute sich die Gotteshäuser mit sehr viel Begeisterung an und war vor allem von der Art angetan, wie die Christen beteten. Bald fragte sie auch, ob es in Ordnung sei, als Muslima in einer Kirche Kerzen anzuzünden. Sie tat es und wir standen oft da und schauten den Tanz der Kerzenflamme zu den von der großen Orgel ertönenden Melodien an. Es waren magische Momente, die den Bann zwischen Mutter und Sohn unbeschreiblich stärkten.

6 Monate nach ihrer Rückkehr verstarb meine Mutter unerwartet. Ich ging oft in den Mainzer Dom, zündete eine Kerze an und schaute sie mir an, bis sie abgebrannt war. So konnte ich mir – damals noch auf der Schwelle zum Bruch mit meiner Religion – zu innerer Ruhe verhelfen und Trost finden. Seitdem suche ich in jeder neuen Stadt, die ich besuche, irgendwann die größte Kirche und zünde dort eine Kerze für meine Mutter. Als meine Kinder auch damit anfingen, war das für mich die praktische Antwort auf die Frage, wie die Traditionen im Laufe der Geschichte entstanden sein können. So ging ich zum Kerzenladen und kaufte ein Bündel großer Kerzen. Die sakrale Atmosphäre der wichtigsten Kirche der Welt übermannte mich dermaßen, dass ich mir dachte, hier sollte nicht nur meiner Mutter gedacht werden. Ich zündete für meinen Vater, meine Geschwister, meine engsten Freunde und für mein deutsches Patenkind jeweils eine Kerze, schaute mir ihre Flamme eine Weile an, und die Tränen, die die Kerze immer schneller und mehr vergoss, und stellte mich zu Sahar an die Schlange.

Die Schlange bewegte sich extrem langsam und es stießen immer mehr Menschen dazu. Nach 45 Minuten sagte ich zu Sahar:

„Es tut mir leid, aber ich glaube, mein Kreislauf versagt gleich. Ich hole mir etwas zum Trinken und setze mich am Hof eine Weile hin. Schau dir das bitte alleine an."

„Nein, ich gehe mit dir, ich fühl mich auch nicht ganz gut und wenn ich mir diese Schlange ansehe, denke ich, dass wir mindestens eine weitere Stunde hier stehen müssen".

Es empfiehlt sich, gerade diese Kirche erstens nicht an einem Freitag und zweitens nicht nach mehreren stressigen Tagen zu besuchen. Je nachdem wie viele Leute für den Besuch des Heiligen Grabes anstehen, kann dies den Kreislauf zum Versagen bringen.

Auf dem Weg zurück zur Klagemauer läuft man durch die engen Gänge des Bazars im arabischen Viertel und findet etwa auf dem halben Wege ein ziemlich verstecktes Restaurant mit dem für Israel sehr ungewöhnlichen Namen „Arafat Hummus" auf der Shuk Ha-Basamim Straße, das nur zu empfehlen ist. Zum einen ist die Essensqualität sehr hoch und zum anderen verkehren dort fast ausschließlich Einheimische. Nachdem uns nun der Hauptgrund unseres Schwächeanfalles in der Grabeskirche klar geworden war, hatten wir auch ordentlich Hunger. Das Personal überschlug sich mit Freundlichkeit und wollte kein Geld von uns annehmen, als es erfuhr, dass wir Iraner sind. Ein Gast, der zu uns gestoßen war, fragte mich sogar, halb in Englisch, halb in Arabisch:

„Was denkst du, Bruder? Wird Iran mit Gotteshilfe Israel bald angreifen?"

„Ist das dein Ernst, Bruder!? In schā' Allāh[74] nicht! Wollt ihr etwa noch einen Krieg? Wie viele der bisherigen habt ihr denn gewonnen!?", flüsterte ich ihm ins Ohr und verließ den Laden, während ich seinen vor Zorn glühenden Blick auf meinen Nacken spürte. Wir waren satt, getrunken hatten wir auch reichlich, aber etwas fehlte noch. Einige Läden weiter sahen wir einen Saftverkäufer, der verschiedene frisch gepresste Obstsäfte verkaufte.

„Wow! Granatapfelsaft! Das habe ich noch nie getrunken!", sagte Sahar und bestellte sofort zwei große Becher. Das Obst lag auf dem Eis und war vorgekühlt. Schon der erste Schluck zeigte uns, dass dieses Elixier genau

---

74 So Gott will!

das war, was uns vorhin so gefehlt hatte.

Mit Nahrung, Getränken und Energie vollgetankt machten wir einen langen Spaziergang durch die Altstadt und ließen unsere Seelen sich mit jener der Stadt anfreunden. Auch dies ist ein guter Weg, die Orte näher kennenzulernen. Man geht ziellos und frei von jedem Zeitzwang durch die Straßen und Gassen und versucht, eine Stadt mit allen fünf Sinnen wahrzunehmen.

Auf dem arabischen Bazar unweit des Jaffa-Tors hatte sich Sahar am Vortag einen Laden notiert, der für sie und ihre Schmuckkunst wie ein Paradies erschien.

„Ich bin nicht mehr aufnahmefähig. Lass uns bisschen bummeln."

Eine Art mentale Müdigkeit lastetet auf unseren Seelen, die es verhinderte, nach neuen Eindrücken zu suchen. Auch wenn wir uns körperlich ganz fit fühlten, die Speicherkapazität unserer Hirne war maßlos erschöpft. Unter diesen Umständen beschlossen wir, jetzt nur noch durch die Gassen der Altstadt zu spazieren und die Seelen baumeln zu lassen. Sahar fügte hinzu:

„Es wäre wirklich schade, zu den Sehenswürdigkeiten zu gehen, um sie lediglich gesehen zu haben. Wir sind in einer der ältesten Hauptstädte der Welt, mit unschätzbaren Reichtümern an Kultur und Geschichte. Ich mag es nicht, wenn die Leute solche Orte nicht wertschätzen können und sie besuchen, als müssten sie sich einer lästigen Aufgabe entledigen."

„Was genau meinst du?"

„Weißt du, als ich in Paris studierte, war ich immer sehr knapp bei Kasse. Als Musikstudentin war es für mich immer ein Traum, ein Konzert der klassischen Musik in einer Philharmonie zu hören. Selbstverständlich hörte ich in meinem Walkman jeden Tag unterwegs klassische, aber auch sonstige Musik. Aber ein Konzert ist etwas anderes, dass die Musiker live spielen, dass mehrere hundert Menschen genau wie du lange im Voraus diesen Abend geplant haben, dass du alle deine anderen Sinne nahezu ausschaltest und dich in ein großes Ohr verwandelst und jede einzelne Note herauszuhören versuchst, verleiht einem Konzertbesuch einen völlig anderen Charakter. Stell dir mal vor, du müsstest so ein Konzert nach 12 Stunden

Arbeit, völlig übermüdet und unkonzentriert besuchen, das wäre dieser Musik doch nicht würdig. Genauso verhält es sich mit dem Besuch vieler historischer, religiöser und kultureller Denkmäler. Wenn man mental und körperlich nicht in der entsprechenden Verfassung ist, sollte man es lassen, es käme für mich der Entweihung eines Heiligtums gleich!"

„Ich bin ganz deiner Meinung, mir ist es hundertmal lieber so einen Ort gar nicht zu besuchen, als ihn zu besuchen, ohne in seine Seele einzutauchen."

Indes hatten wir den von Sahar ins Visier genommenen Laden erreicht. Vor der Tür standen große Gefäße voller Schmucksteine. Sahar hatte den Laden am Vortag beäugt und sogar mitbekommen, dass der Verkäufer Französisch sprach. Auch die Gesichter der Kunden, die den Laden verließen, hatte sie beobachtet.

„Entweder sind seine Preise super oder er ist ein gottverfluchtes Schlitzohr! Anders kann ich mir diese zufriedenen Gesichter nicht erklären!"

„Dann tobe dich doch aus, wenn seine Preise gut sind. Aber mache ihn richtig fertig, wenn er wirklich ein Schlitzohr sein sollte! Vor allem zeige ihm aber, dass man eine Iranerin nicht über den Tisch ziehen kann, schließlich haben wir ja den Bazar erfunden! Ich bleibe draußen und halte hier die Stellung. So oder so – zeige keine Gnade und nimm auch keine Gefangenen!"

Wenn es ums Feilschen geht, verstecke ich mich hinter ihr, weil sie besonders im Orient keine Grenzen kennt. Selbst im Iran trieb sie die Verkäufer sogar auf dem Teheraner Bazar – also in der Weltzentrale aller Halsabschneider – in den Wahnsinn. Eines Tages, bei einer unserer ersten Reisen in den Iran, kauften wir in einem Souvenirladen einige Mitbringsel für unsere Freunde in Deutschland. Sie bearbeitete den armen Ladenbesitzer dermaßen, dass er am Ende nur sagte, dass wir ihn mit unserem Einkauf ruiniert hätten und dass seine Kinder heute Abend nicht zu essen hätten etc. Ein paar Tage später ging ich diesmal mit meinem Bruder in den Laden und fragte nach einem Backgammon-Set. Er erkannte mich wieder und bestellte sofort Tee und schaute nach draußen, um zu sehen, ob Sahar auch mitgekommen ist. Er brachte mir einige handgefertigte Backgammonbretter und ich suchte mir eins aus. Er nannte den Preis und das Feilschen ging los. Nachdem er nach einigen Minuten mit dem Preis nicht nach meinem Wunsch runterging, sagte ich zu ihm:

„Dann haben Sie es nicht anders gewollt, ich komme morgen mit meiner Frau wieder!"

„Nein, nein! Bitte nicht Ihre Frau! Noch einmal überstehe ich das nicht! Denken Sie doch an meine armen Kinder!"

Wir einigten uns und während er das Backgammon in Geschenkpapier verpackte, flüsterte mir mein Bruder leise ins Ohr:

„Jede Wette, er ist nicht einmal verheiratet!"

So laufen die Geschäfte im Orient. Jeder versucht, ein bisschen zu flunkern, man einigt sich aber meistens am Ende irgendwie und für gewöhnlich fühlen sich beide Seiten als Gewinner. Und so lief das auch an diesem schönen Oktobernachmittag auf der David Straße in der Altstadt von Jerusalem. Sahar verließ den Laden mit einer vollen Tüte und einem breiten Lächeln.

„Und? Hast du das Geschäft deines Lebens gemacht?"

„Ich kann mich nicht beschweren. Er hat einige Jahre in Paris studiert und unweit von meiner Wohnung in der Nähe vom Eiffelturm gewohnt. Im Vergleich zu allen anderen Läden, die ich seit Tel Aviv gesehen habe, sind seine Preise deutlich fairer und angemessener. Und darauf bekam ich noch einen ordentlichen Nachlass, weil ich ihm sagte, dass wir beide schließlich aus demselben Mahalla in Paris kommen!"

Wir machten uns auf den Weg ins Hotel, um früh ins Bett zu gehen. Die strapaziöse Reise nach Petra stand uns noch bevor. Unterwegs unterhielten wir uns über das Erlebnis in dem Laden und darüber, wie sich Menschen durch eine kleine unbedeutend erscheinende Gemeinsamkeit näher fühlen. Es ist erstaunlich, warum diese orientalische Verhandlungskunst nicht in diesem ewig währenden Zwist funktioniert. Warum können sich der Palästinenser und der Israeli nicht an einen Tisch setzen, Tee trinken, lachen und ein Geschäft abschließen, bei dem sich beide als Gewinner fühlen und mit dem sie diesem Elend ein Ende setzen? Es ist sinnlos, dabei „den einen" Schuldigen zu suchen, wie ich es vor meinem Sinneswandel stets getan hatte. Schuld und Unschuld?

Was für bedeutungslose Begriffe, wenn es um die Wahrung von Menschenleben geht.

Als Jassir Arafat, Jitzchak Rabin und Schimon Peres 1994 gemeinsam den Friedensnobelpreis erhielten, dachten wir alle, es ist endlich soweit: Wir werden bald Zeugen eines historischen Ereignisses sein und die Geburt eines neuen Mitgliedes der Weltgemeinschaft feiern: Die Republik Palästina. Es kam aber alles anders. Nach der Ermordung von Jitzchak Rabin, der im Frieden sogar mehr Mut bewies als im Krieg, stockten die Verhandlungen immer mehr und Arafat musste sich nach zwei überzeugten Friedensstiftern wie Rabin und Peres mit Ehud Barak zufriedengeben, der selbst von einem Friedensgegner namens Ariel Scharon abgelöst wurde. Damit rückte der Frieden in unabsehbare Ferne, um nicht zu sagen in den Bereich des Unmöglichen.

Der Nahe Osten ist der Friedhof vertaner Chancen und unerfüllter Hoffnungen, eine Region, in der die Zeigefinger immer auf andere gerichtet sind, wenn nach einem Schuldigen gesucht wird. Arafat verstarb am 11. November 2004 in Clamart und hinterließ ein stark umstrittenes Vermächtnis.

Wir sprachen von Jassir Arafat und ich erinnerte mich an jenen Tag nach der Revolution in Teheran, an dem die Ikone des palästinensischen Widerstandes den Iran besuchte. Er war der erste ausländische Gast des neugegründeten Regimes und flog 6 Tage nach dem Sieg der Islamisten im Februar 1979 in den Iran. Ich schwänzte sogar die Schule, um ihn am Flughafen willkommen zu heißen:

„Anta filvatan, akhi Abu-Ammar![75]“, skandierten wir auf der Straße, als sein Auto an uns vorbeifuhr. Er kam in den Iran, besuchte den Revolutionsführer Khomeini und kehrte mit einer kräftigen Finanzspritze für den Kampf gegen den zionistischen Feind zurück. Die Flitterwochen von PLO und dem islamischen Regime waren aber sehr kurz. Als Saddam Hussein am 22. September 1980 den Iran angriff, stellte sich Arafat demonstrativ auf seine Seite. Und damit nicht genug: Er entsandte mehrere Bataillone seiner PLO-Freischärler zur Unterstützung der irakischen Armee an die

75 Du bist hier Zuhause Bruder Abu-Ammar (Deckname von Arafat)

Front, wo sie gegen die Iraner kämpften. Sein Sympathiestern verglühte genauso schnell, wie er aufgegangen war. Als seine Bilder bei einem arabischen Bruderkuss mit Saddam Hussein, der unsere Soldaten an der Front regelrecht abschlachten ließ, in den iranischen Zeitungen erschienen, war nicht nur Abu-Ammar, sondern die ganze PLO für alle Iraner gestorben.

1990 beging er aber einen noch größeren Fehler und verbrüderte sich erneut mit Saddam Hussein während seiner Invasion in Kuweit und nahm es billigend in Kauf, dass kurze Zeit darauf knapp eine halbe Million seit Jahrzehnten in Kuweit lebenden Palästinenser des Landes verwiesen wurden. Mit diesem irrsinnigen und unüberlegten Schulterschluss gab er sich in der arabischen Welt den politischen Todesstoß und zeigte zum wiederholten Male klar und deutlich, dass der Stuhl, auf dem er saß, viel zu groß für ihn war. Die palästinensische Tragödie besteht nur noch aus vertanen Chancen und verkannten Gefahren und auch wenn Arafat zweifelsohne viel für die Rechte und vor allem die nationale Identität der Palästinenser tat, so war er ein Weltmeister, wenn es darum ging, die Gunst der Stunde zu verkennen. Er hätte trotz all seiner Fehler als einer der größten arabischen Persönlichkeiten und der Landesvater Palästinas in die Geschichte eingehen können, zog es aber lieber vor, als Freiheitskämpfer eines Märtyrertodes zu sterben. Dass er bis zuletzt seine Kampfuniform nicht ablegte, war eine Geste, die tausend Worte sprach.

Kamille für die Prinzessin

Zeit meines Lebens habe ich früh aufstehen müssen, weil ich bis vor 8 Jahren immer in einer anderen Stadt arbeitete als in der, in der ich wohnte. Deshalb hasse ich es, früh aufzustehen und würde den Tag am liebsten ganz gemütlich nach 9 Uhr anbrechen. Davon abgesehen bin ich seit meiner Kindheit immer eine richtige Nachteule gewesen und habe es geliebt, erst einzuschlafen, wenn die ersten Singvögel das Morgengrauen begrüßen.

Umso schwerer fiel es mir an jenem Samstag so früh aufzustehen. Wir waren mit dem Pickup-Service um 03:30 Uhr vor dem David Citadel Hotel verabredet, das ungefähr 2 kilometer von unserem Hotel entfernt war. Da die Reise nur einen Tag dauern sollte, nahmen wir auch nur das Allernötigste mit: Kamera, Sonnencreme, Powerbank und mehrere Flaschen Wasser. Ganz nach preußischer Tugend verließen wir das Hotel eine dreiviertel Stunde vorher, um keine Überraschungen zu erfahren. Auf dem Weg zu der Hauptstraße, wo wir das Taxi nehmen wollten, füllte sich Sahar die Lungen mit der abgekühlten frischen Oktoberluft und sagte:

„Es wäre wirklich schade, jetzt in ein Stück Eisen einzusteigen. Komm! Lass uns dorthin spazieren, wer weiß, ob wir je in unserem Leben noch einmal die Gelegenheit eines frühmorgendlichen Spaziergangs in Jerusalem finden".

„Dein Wunsch ist mir Befehl, meine Gebieterin!"

Und es war eine grandiose Idee. Die schlafende Altstadt mit ihren kräftigen, sehr schön beleuchteten Mauern und nahezu menschenleeren Straßen hatte einen völlig anderen Charme. Als ginge man verzaubert von der Anmut ihres schlafenden Gesichtes, an dem beleuchteten Bett von Dornröschen spazieren, ohne es zu wagen, sie zu wecken, damit der Zauber nicht verflog. Auch der Gesang der Stadt nimmt in den frühen Morgenstunden einen anderen Klang an. Wir spazierten nicht durch Jerusalem, wir atmeten es ein, schnupperten seine Düfte und horchten den Rhythmen seines Herzschlages.

Außer uns warteten ca. 25 Männer und Frauen verschiedener Nationalitäten am Treffpunkt und unterhielten sich. Nach 30 Minuten – ganz in orientalischer Manier – kam endlich der erste Sprinter an. Der Fahrer stieg schlecht gelaunt aus und fing an einige Namen laut aus einer Liste vorzulesen. Sahar sagte freudig:

„Gott sei Dank, wir fahren nicht mit ihm! Wenn seine Fahrkunst genauso ist wie seine Laune, dann muss ich mich von hier bis Petra nur noch übergeben."

„Freue dich nicht zu früh! Wer sagt, dass der nächste Fahrer besser gelaunt ist?"

Und er war kein bisschen besser gelaunt. Zum Glück las er unsere Namen aber auch nicht vor. Jetzt konnte es nur noch besser werden, und das wurde es auch. Der arabische Fahrer, Mitte dreißig, sprang fröhlich pfeifend runter und fing an die Fahrgäste aufzurufen und begleitete jeden mit einem Witz zu seinem Namen in den Wagen. Als wir an der Reihe waren, wiederholte er einige Male meinen Vornamen und fragte, wo ich herkomme. Ich antwortete ihm auf Arabisch, er hieß uns herzlich willkommen und machte unsere Verstimmung wegen der Verspätung wieder wett. Wir fuhren endlich mit einer dreiviertel Stunde Verspätung los und freuten uns auf Petra.

„Findest du nicht, dass wir zu sehr eingedeutscht sind?"

„Es wäre schlecht, wenn nicht. Schließlich haben wir beide die meiste Zeit unseres Lebens in Deutschland verbracht", sagte Sahar, während sie die Linse ihres Objektives putzte und fuhr fort:

„Selbstverständlich muss man auch mal Fünfe gerade sein lassen können, aber mich stört mittlerweile jede Unordnung und jede Unpünktlichkeit kolossal. Wenn wir uns die Mühe machen und deutlich früher zu einer Verabredung gehen, dann ist es nur eine Frage des Anstandes, dass die anderen auch zumindest pünktlich sind, oder sich wenigstens für ihre Verspätung entschuldigen. Das ist in der Tat ein wenig eingedeutscht, aber wen kümmert's, Deutsche oder Iraner, wir sind halt so wie wir eben sind. Man kann auch auf seine orientalischen Wurzeln zurückgreifen, um solche Situationen innerlich zu meistern. Aber was verstehst du schon davon, Friedrich-Wilhelm!"

Die Route nach Petra führt über Eilat, einen Hafen am südlichsten

Punkt Israels. Schaut man sich Google Maps an, fragt man sich ernsthaft, warum denn dieser Umweg? Man könnte viel leichter und praktischer durch das Westjordanland zum Grenzübergang Allenby (auch König Hussein-Brücke genannt) fahren, dort über die Brücke in Jordanien übersetzen und von dort aus Richtung Süden zum Wadi Musa nach Petra gelangen. Die Fahrt wäre über 2 Stunden kürzer. Aber aus einem sich mir nicht erschließenden Grund fährt man erst ungefähr vier Stunden gen Süden zum Grenzübergang bei Eilat, um von da aus fast parallel zu der in Israel zurückgelegten Strecke auf der anderen Seite der Grenze wieder zweieinhalb Stunden nach Norden zu fahren. Das ist aber der Nahe Osten, man muss hier nicht versuchen, alles zu verstehen. Also blies ich meine Nackenstütze auf und schlief ein.

In den kurzen Unterbrechungen durch die ruckartigen Bewegungen des Wagens konnte ich die unendlich scheinende Wüste von Negev sehen. Es ist eine karge Landschaft, in der weniger als 10 % der israelischen Gesamtbevölkerung lebt, obwohl sie ungefähr gute 50 % des gesamten Staatsgebietes ausmacht. Wenn es bei dem Aufteilungsplan von 1947 geblieben wäre und die Palästinenser keine Böden an die Juden verloren hätten, wäre Israel heute ein Wüstenstaat, weil er zu mehr als zweidrittel aus dieser damals unfruchtbaren Wüste bestand. Der Weg führt an Be'er Scheva vorbei, einer der größten Städte in Negev. Südlich davon liegt die Paran-Wüste, in der laut Thora[76] Hagar und ihr Sohn Jischma'el Zuflucht fanden, nachdem sie Abraham ausgesetzt hatte. Die Araber, die in der Spätantike auch Hagariten und Ismaeliten genannt wurden, sehen in Ismael ihren Stammesvater. Sein Halbbruder Isaak habe demnach die gleiche Stellung für die Juden, wodurch sich beide Völker in ihrer Genealogie beim gemeinsamen Vater Abraham treffen. Die islamischen Historiografen haben den Zufluchtsort von Hagar und ihren Sohn kurzerhand um 1.200 km nach Süden und in Mekka verlegt und irgendwann im Laufe der Jahrhunderte

76 Genesis, 21,8–21

die Berge um diese Stadt auch in Faran[77] umgetauft. Die arme islamische Hagar hatte es also sehr schwer, während ihr jüdisches Pendant nur ungefähr 40 km von Hebron[78] bis Paran zurückzulegen hatte, musste sie um die halbe Welt reisen, um an dem für sie vorgesehen Ort anzukommen, damit Jahrtausende später in dem Geschlechte ihres Sohnes ein Kind geboren wurde, das als Prophet Allahs und sein letzter Gesandter mit Islam und Koran das endgültige Heil über die Menschheit bringen konnte.

Die umsichtige und sehr angenehme Fahrweise des arabischen Fahrers sorgte dafür, dass ich ganz zum Ärgernis meiner Frau bis zum Grenzübergang schlief.

„Du bist der denkbar schlechteste Reiseführer, der mir je über den Weg gelaufen ist! Ich habe kein Auge zugemacht und mich die ganze Zeit gelangweilt!"

„Was kann ich denn dafür? Warum hast du keine Fotos geschossen?"

„Wie viele denn noch? Auf dieser ewig währenden Wüste sehen ja alle Bilder gleich aus!"

Wir – sie gähnend und ich frisch und munter – stiegen aus dem Wagen und gingen zur Passkontrolle. Am Grenzübergang Jitzchak Rabin läuft alles automatisch und beim Verlassen des Landes kommen einem keine Beamten in die Quere. Man sieht sie aber in ihren Büros und Wachposten, wobei sich die männlichen und weiblichen Beamten ungefähr anzahlmäßig die Waage halten.

Hinter den flachen Büros auf der jordanischen Seite standen bereits große Reisebusse, die uns zu Petra mitnehmen sollten. Ein jordanischer dreißig jähriger Mann kam zu uns und stellte sich in einem sauberen Englisch als unser Tourleader vor. Er bat uns in einem großen hallenförmigen Raum mit zu wenig Sitzgelegenheiten Platz zu nehmen. Anschließend sammelte er alle Pässe und ging zur Grenzkontrolle. Meine preußische Sorgfalt, die

---

77 Arabisch besitzt kein „P" und er wird entweder in „F" oder in „B" umgeschrieben.

78 Oder sogar nur 20 km, wenn Abraham mit seinen beiden Frauen in Gerar unweit von Be'er Scheva gelebt haben soll.

Visa im Vorfeld zu besorgen, machte sich bezahlt. Alle, die bereits ein gültiges Visum besaßen, wurden in einer gesonderten Gruppe aussortiert.

„Gib es zu! Es ist nicht immer von Nachteil, mit einem Friedrich-Wilhelm verheiratet zu sein."

Sahar schnitt eine Grimasse, legte ihren Kopf wieder auf ihren Kamerarucksack und schloss die Augen. Nach ungefähr dreißig Minuten bildeten wir eine Schlange vor der Passkontrolle, die aus mehreren nebeneinanderstehenden Büros bestand. Erstaunlich war aber die Arbeitsweise der Beamten. An dem ersten schalterförmigen Büro wurde man nur angeschaut, bevor der Beamte den Stempel mit Schwung auf den Pass haute und ihn durch ein kleines Fenster an seinen Kollegen im Nachbarschalter gab, der unsere Gesichter mehrmals mit den Passbildern verglich, uns letztendlich die Pässe in die Hand drückte, damit sie sein Kollege in dem nächsten Schalter ein paar Meter weiter wieder an sich nahm und auf Richtigkeit des Visums und des Stempels untersuchte, ohne uns dabei anzusehen. Ich hatte mich noch nicht von Staunen über diese Arbeitsweise erholt, als Sahar fragte:

„Was glaubst du, wie weit stehen diese beiden Grenzposten auseinander?"

„Keine Ahnung, 50 Meter vielleicht? Höchstens 70!"

„Ist dir nichts aufgefallen? Wir sind nur 50 Meter gegangen, und schon sind wir in einer völlig anderen Welt. Da drüben bestand die Hälfte der Besatzung aus Frauen. Hast du auf dieser Seite der Grenze eine, wirklich auch nur eine einzige Frau, in welcher Funktion auch immer gesehen?"

Sie hatte vollkommen recht, es waren weit und breit keine einheimischen Frauen zu sehen.

„Ja! Manchmal reichen eben 100 Schritte, damit man eine Welt verlässt und eine andere betritt. Aber dass sich die beiden so nah aneinander grenzenden Welten so gravierend unterscheiden, gibt einem schon zu denken", sagte ich nachdenklich und dachte dabei an Kairo unter Husni Mubarak. Wir verbrachten damals einen ganzen Tag dort und fingen nach kurzer Zeit an, alle Frauen ohne eine Kopfbedeckung zu zählen, um ein grobes Bild von der Frauensituation zu bekommen. An jenem Tag konnten wir in der Hauptstadt gerade mal eine Handvoll Frauen ohne Hijab zählen. Selbst unsere Reiseführerin, eine studierte Frau, die mehrere Fremdsprachen fließend sprach, trug hochschwanger bei Temperaturen von knapp 40° einen langen Mantel und ein Kopftuch. Sahar sagte:

„Das einzige arabische Land, in dem ich bisher eine vergleichbar hohe Beteiligung der Frauen am öffentlichen Leben gesehen habe, war Tunesien. Erinnerst du dich noch?"

„Ja, das war aber vor dem Umsturz, wer weiß, wie es den Frauen jetzt ergeht!"

Es dauerte nicht mehr lange, dann kam der lustige Tourleader, hieß alle erstmal in ungefähr 10 europäischen Sprachen von Englisch bis Rumänisch willkommen und stellte sich als „Abdu" vor. Dann fragte er auf Englisch, ob sich jemand nicht angesprochen gefühlt hatte. Ein koreanisches Paar hob die Hände und unter unseren erstaunten Blicken sagte er sofort einige Worte auf einer wie koreanisch klingenden Sprache. Das Paar erwiderte etwas und alle applaudierten. Dann erklärte er den Tagesplan und wir - ungefähr 40 Passagiere - fuhren los.

„Das ist jetzt nicht dein Ernst!", rief mir Sahar zu, als sie sah, dass mir die Augen wieder zufielen. Draußen war außer einer unendlich scheinenden öden Landschaft nichts zu sehen und die wiegenförmigen Bewegungen des klimatisierten Busses luden geradezu förmlich dazu ein, ein ordentliches Nickerchen zu machen.

Die Rechnung hatte ich aber ohne den netten jordanischen Tourleader gemacht. Nachdem er die Passagiere persönlich willkommen hieß und sie nach ihren Herkunftsländern fragte, blieb er mit vor Staunen aufgerissenen Augen und heruntergeklappter Kinnlade an unserem Sitz hängen. Er arbeitete ausschließlich mit den Israelis zusammen und hatte bis dahin keine iranischen Touristen aus Israel gesehen. Seine Fragen schienen kein Ende nehmen zu wollen. Er, der er ausnahmslos alle anderen Passagiere in ihrer Muttersprache begrüßt hatte, entschuldigte sich dafür, dass er mangels Kontakte kein Persisch konnte. Er sprach ein wenig Deutsch, Englisch und Französisch und erzählte uns über seine Arbeit und darüber, dass gerade diese Route über Israel für ihn sehr wichtig sei. Sein Reisebüro übernehme die Touristen an der Grenze von den israelischen Kollegen und führe sie nach Petra und auch Amman. Die beiden Firmen würden seinen Schilderungen zufolge auf den beiden Seiten der Grenze eng zusammenarbeiten und wie man es unschwer erkennen konnte, sehr koordiniert und effektiv. Das ist Orient, wenn es um Geschäfte geht, tritt alles andere in den Hintergrund.

Abdu erteilte uns eine genaue Instruktion für den Besuch von Petra. Vor allem gab er uns Hinweise für den Umgang mit den Einheimischen und einige Tipps dazu, wo man was kaufen könnte. Mittendrin fielen mir wieder die Augen zu und ich wachte erst auf, als alle Mitreisenden im Begriff waren, den Bus zu verlassen.

Die Nabatäer waren ein Wüstenvolk, das in der ersten Hälfte des ersten Jahrtausends v. Chr. das Kernland der arabischen Halbinsel verließ und zwischen dem Toten und Roten Meer sesshaft wurde. Sehr bald und in Verkehr mit den benachbarten Völkern entwickelten sich diese ehemaligen Nomaden zu begnadeten Karawanenhändlern und Städtebauern. Zudem entwickelten sie ein hochkompliziertes Bewässerungssystem. Ihr Einfluss nahm in kürzester Zeit dermaßen zu, dass sich der Perserkönig Kambyses II. vor dem Ägyptenfeldzug mit ihnen verbündete. Sie waren dazu noch hervorragende Diplomaten, sodass sie sich ihre Stellung trotz aller Turbulenzen in jener Zeit gegenüber den Großmächten der Antike behaupten konnten. So konnten sie als Dienstleister stets neue Bündnisse eingehen, ohne sich einem bestimmten Imperium zu verpflichten. Die Gipfel ihrer Zivilisation war um die Jahrtausendwende, als sie sogar dem Imperium Romanum mehrfach erfolgreich die Stirn boten. In dieser Zeit erstreckte sich ihr Reich von der Sinai-Halbinsel bis nach Damaskus. Anfang des zweiten Jahrhunderts verlor das Königreich der Nabatäer seine Souveränität und ging unter Trajan in das römische Reich über.

Nachdem uns Abdu nochmals alle Einzelheiten der Tour erklärt hatte, legten wir los. Direkt hinter dem großen Eingangsbereich fängt hier die Tour an. An jeder Ecke kann man ein Vermächtnis der nabatäischen

Steinhauer bewundern. Mit primitivem Werkzeug waren sie in der Lage riesige Felsen zurecht zu schleifen. Auf dem Weg zu der eigentlichen Stadt konnte man riesige würfelförmige Steine sehen, die stark an die Kaaba in Mekka erinnern, an das Gebäude, in dessen Richtung sich Muslime weltweit fünfmal täglich niederwerfen. Neben diesen sah man auch mehrere in den Felsen eingemeißelte Häuser mit Eingängen und Fenstern. Eine bescheidenere Ausgabe des „Khaznat al-Firaun", die wir später sehen sollten, stand ebenfalls da. Es handelt sich dabei um eine sogenannten „Khazna", einem direkt in einem Felsen eingearbeitetes Mausoleum, das je nach dem Rang des Verstorbenen größer erbaut und mit mehr Details verziert wird.

Nach 20 Minuten erreicht man den Eingang des sogenannten „Siq", eine Art Felsschlucht, die 70 Meter tief und ungefähr 1,5 km lang ist. Man geht durch diesen gigantischen, von der Natur erzeugten, nach oben verjüngenden Gang und kann die Spuren einer über 2000-jährigen Geschichte an den Wänden beobachten. Reste der oberirdischen Wasserleitungen zeugen von einem hoch entwickelten Verwaltungsapparat, der in der Lage war durch Anlegen und Warten der Aquädukte und Tonleitungen die Stadt mit Wasser aus den zum Teil 25 kilometer entfernten Quellen zu versorgen. Hin und wieder fährt eine Droschke an einem vorbei oder man wird durch die lauten Schreie der Kameltreiber oder Pferdebesitzer auf sie aufmerksam.

Wir gingen durch den an einigen Stellen gerade zwei Meter breiten Siq und versuchten nichts ungesehen zu lassen. Es waren viele Objekte in den Wänden eingelassen, von Gebetsaltären bis hin zu Statuen in Form von Reliefs. Ich schloss meine Augen und stellte mir die Kamele und Dromedare vor, die vor zweitausend Jahren vollbeladen mit allen möglichen Waren durch diesen Pass gingen, einige von ihnen trugen auf ihren Höckern große Säcke voll mit Kamille. Für die Prinzessin sollten die Apotheker und Heiler daraus Duftöle und Heilgetränke herstellen. Abdu erzählte die Geschichte der Nabatäer, wobei er es mit den historischen Fakten nicht so genau nahm. Als wir und einige anderen Touristen – erstaunlicherweise allesamt aus dem deutschsprachigen Raum – die eine oder andere Frage stellten, ging er in seinem Element auf und legte noch einen Zahn zu. Er sprach von den Zeiten, in denen die ersten Muslime mit diesen Ruinen Bekanntschaft machten und sie Hals über Kopf verließen, weil sie dachten, diese Stadt sei die Heimatstätte der gefürchteten im Koran erwähnten „Djinn“[79]. Darum seien diese nabatäischen Städte jahrhundertelang von den Menschen in der Umgebung, aber auch von den Karawanen gemieden worden, was die Schatzsucher geradezu eingeladen habe die Mausoleen zu plündern.

Schließlich zeigte sich uns das Herzstück von Petra mit all seiner Pracht; „Khaznat al-Firaun“, das Schatzhaus des Pharao. Hier soll der König Aretas IV. geruht haben, unter dem das Reich seine höchste Ausdehnung erreichte. Die Beduinen gaben dieser Grab- und Kultstätte den Namen Schatzhaus, weil sie in ihr unschätzbare Reichtümer vermuteten. Aretas hatte seine Machtposition zusätzlich durch die Verehelichung seiner Tochter mit dem Tetrarchen von Galiläa, Herodes Antipas befestigt. Als dieser sich von ihr scheiden lassen wollte, floh sie zu ihrem Vater nach Petra. Aretas nahm dies zum Anlass, um in Judäa einzufallen und erweiterte dadurch sein Herrschaftsgebiet erheblich.

Das Mausoleum ist in einem Stück und in einer akribischen Symmetrie aus dem Fels geschlagen. Man kann es nur von außen betrachten und die hohe Kunst der Handwerker bewundern, deren Knochen längst zu Staub geworden sind. Das Felsmassiv ist an der Front sehr akkurat geschliffen worden, indem man in ihm anscheinend mit sehr viel Feinarbeit gleichzeitig einen Rahmen mit sehr viel Details eingelassen hat. Rechts und links vom Eingang sind jeweils drei Säulen mit schlichten Kapitellen, die ein relativ schmales Gebälk tragen, auf dem ein Giebel liegt, der selbst Teil eines weiteren Gebälks ist, das wiederum den Sockel der nächsten Etage ausmacht. Auf diesem Sockel stehen drei säulenähnliche Gebilde, von denen die seitlichen eine viereckige und das Mittlere ein rundliches

79 Aus dem Koran selbst geht nicht genau hervor, wer oder was diese Djinn sind. In den Auslegungen der Koranexperten werden diese als unsichtbare Wesen, Geister, Dämonen etc. bezeichnet. In manchen Volkssaga des Vorderen Orients ist ein Djinn ein Wesen mit Ziegenhufen und orangenfarbenen Haaren, das in den Ruinen lebt und abhängig davon, ob es besonnen oder verärgert ist, einem Menschen das Leben zur Hölle machen, oder ihm zum unmessbaren Reichtum verhelfen kann.

Kapitell tragen. Auf diesen kann man die Reliefs von männlichen und weiblichen Personen erkennen. Auch wenn das Ganze sehr römisch anmutet, sind die Einflüsse der Nomadenkultur nicht zu übersehen.

Abdu nahm uns mit zu dem Stadtinneren und zeigte uns, wieso man ihr den Namen Petra[80] verliehen hatte. Es war nämlich alles aus Stein: Häuser, Treppen, Wasserkanäle, das römische Theater und alles andere. Wobei ich den nabatäischen Namen „Reqmu" – das Rote – viel passender fand, weil diese Farbe der vor Jahrtausenden verlassene Ruinenstadt etwas Lebendiges verleiht. Hier und da sah man Felsinschriften in nabatäische Sprache und Schrift. Abdu führte uns in eine in den Stein eingeschlagene Höhle hinter einem Gasthaus und zeigte uns, wie die Nabatäer vor 2.000 Jahren gelebt haben. Sie müssen winzige Menschen gewesen sein, wenn selbst das koreanische Paar sich leicht ducken musste, um in diesem Raum aufrecht stehen zu können.

Von nun an waren wir auf uns gestellt und Abdu bat alle darum, sich rechtzeitig wieder vor der Khazna einzufinden. Sahar und ich setzten uns als erste von der Truppe ab und gingen auf Erkundungstour. Der lange straßenähnliche Pfad führte an mehreren wichtigen Sehenswürdigkeiten vorbei. Auf der rechten Seite ist die gigantische Grabanlage von Unayshu. Danach kommt auf der linken Seite ein Theater in römischem Baustil. Anschließend geht man weiter und trifft auf eine Gabelung, wobei der rechte Weg zu einigen wichtigen Gräbern führt. Wir nahmen den linken Pfad und kamen zum großen Tempel und letztendlich zum Qasr Bint Firaun (der Palast der Pharaonentochter). Der Name ist irreführend, weil er von den Beduinen erfunden wurde. In Wirklichkeit handelt es sich dabei um eine den Gottheiten Duschara und Al-Uzza gewidmeten Kultstätte.

„Wenn wir rechtzeitig am Treffpunkt sein wollen, müssen wir jetzt kehrtmachen."

Sahar schaute mich mit einem Blick voller Enttäuschung an und sagte: „Schade! Es sind noch so viele Sachen, die wir nicht gesehen haben!

---

80 Altgriechisch: Felsmassiv

Vielleicht hätten wir wie die andere Gruppe hier übernachten sollen!"

Jetzt, nachdem wir die Sehenswürdigkeiten gesehen hatten, widmeten wir uns unserer Lieblingsbeschäftigung; Leute beobachten und sie einschätzen. Nach einigen hundert Metern sagte Sahar aber lachend:

„Guck mal! Hast du jemals in deinem Leben so viele Johnny Depps auf einem Haufen gesehen!?"

„Um Gottes Willen! Wo kommen die denn alle her? Ist hier eine Convention?"

Vor uns hatten sich mehrere Straßenverkäufer, Kutscher und Kamelbzw. Pferdebesitzer versammelt und unterhielten sich. Die meisten von ihnen sahen aus wie Captain Jack Sparrow aus „Fluch der Karibik". Sie waren alle schlank und drahtig und trugen einen schütteren, zum Teil geschmückten Bart, ein Piratenkopftuch, mehrere Ringe an den Fingern und hatten ihre Augen ausnahmslos mit Kajal geschminkt. Sahar schoss einige Bilder und wir gingen weiter.

Wir und die anderen deutschsprachigen aus der Gruppe waren die einzigen, die pünktlich am Treffpunkt waren und taten genau das, was ein richtiger Deutscher in diesen Situationen macht und zogen über die Anderen wegen ihrer schlechten Manieren her.

„Eins steht fest! Die Pünktlichkeit haben sie nicht erfunden!"

Das war der Österreicher, der sich schon ein wenig angesäuert anhörte und mit diesem Satz den Startschuss zum Lästern abgab. Die Stimmung stieg sofort und wir fingen an, uns gegenseitig witzige Erfahrungen aus unserer Reise zu erzählen. Es tat richtig gut, sich wieder in der Heimatsprache zu unterhalten und die Behauptung, lästern poliere die Seele, bewahrheitete sich vollends.

Auf dem Weg zurück erzählte uns Abdu, dass einige der jungen Johnny Depps neben ihrer regulären Tätigkeit den dort übernachtenden Touristinnen sexuelle Dienste anbieten. Die allgegenwärtige Armut soll in dieser Region Menschen dazu treiben, sich immer wieder neue Einnahmequellen einfallen zu lassen. So sei es nicht verwunderlich, dass einige von ihnen verheiratet sind und das alles mit dem Wissen ihrer Ehefrauen tun.

Auf dem Weg zurück zur Grenze unterhielten wir uns mit Abdu. Er erzählte von sehr schlechten wirtschaftlichen Verhältnissen in Jordanien, dass der Krieg in Syrien auch seinen langen Schatten auf seine Heimat geworfen habe und dass die Flüchtlinge, die ohnehin katastrophale Wirtschaft des Landes zusätzlich belasteten.

Es war bereits dunkel, als wir an der Grenze ankamen. Abdu schrieb sich einige Sätze auf Persisch auf, um die etwaigen künftigen Besucher aus dem Iran entsprechend. Wir gingen zur Passkontrolle, weil die Einreise nicht automatisiert war. Sahar ging vor, erhielt das Kärtchen mit der grünen Aufschrift und als ich dran war, ging das ganze Theater wie einst in Tel-Aviv wieder von vorne los. Mein Pass wurde mitgenommen, eine Beamtin kam raus und fing an, mich zu verhören:

„Wie spricht sich Ihr Nachname aus? Wie heißen Ihr Vater und Großvater? Wie ..."

Ich beantwortete ihre Fragen und auch die, die sie nicht gestellt hatte, damit der Prozess verkürzt wurde. Sie verschwand wieder ins Büro und ich sagte zu Sahar:

„Es war schön mit dir! Ich glaube, ich fahre zurück nach Petra und mach dort eine kleine Praxis auf!"

„Mach lieber ein Filmstudio auf, genügend Johnny Depps hättest du ja!"

Zum Glück waren meine Daten im Computer gespeichert, also dauerte das ganze nur ein paar Minuten. Die strapaziöse Reise hatte so stark an unseren Kräften gezehrt, dass selbst Sahar den ganzen Rückweg nach Jerusalem schlief.

Sehnsucht nach Petunien

Am nächsten Tag teilten wir uns auf. Sahar wollte eine Bilderserie von der Altstadt schießen und ich hätte ihr nur im Weg gestanden, wenn wir zusammen losgezogen wären. Sie sagte:

„Du quengelst ja mit Deiner Ungeduld eh nach einigen Minuten und vermasselst mir die Tour!"

„Apropos vermasseln, wusstest du, dass das Verb „vermasseln" auch aus dem Hebräischen kommt? Das ist verwandt mit dem Spruch „Masel tov"[81]. Das ist über das Jiddische ins Deutsche übernommen worden."

„Nein, mein neunmalkluger Ehemann, das wusste ich nicht! Ich weiß aber mit Sicherheit, dass du ein zusätzliches Zimmer für heute Nacht brauchen wirst, wenn du nicht sofort damit aufhörst, mich über Dinge zu belehren, die keine Sau interessieren! Lass uns jetzt frühstücken und aufbrechen, bevor dir irgendeine überflüssige linguistische Erklärung für die Wörter „Frühstück" oder „aufbrechen" einfällt."

„Eigentlich warst du eine süße, herzliche, überaus charmante, freundliche und vor allem hübsche Frau als ich dich heiratete. Jetzt bist du nur noch hübsch!"

„Du kannst richtig dummes Zeug reden, aber beherrschst auch die Kunst meisterhaft, in letzter Sekunde deinen Kopf gerade noch aus der Schlinge zu ziehen! Dafür liebe ich dich, zumindest manchmal!"

Ich entschied mich für einen Besuch des Israelmuseums und fuhr mit der Linie 66 direkt dahin.

Der Baukomplex ist architektonisch sehr kunst- und geschmackvoll. Man kommt durch den Eingang direkt an einen Kontrollposten und wird akribisch durchsucht. Eine junge bildhübsche Soldatin Anfang 20 fragte mich nach meinem Pass, kontrollierte mein Aufenthaltskärtchen und gab sie an der Rezeption ab. Die Leibesvisitation überließ sie ihren

---

81 Viel Glück!

männlichen Kollegen in blauer Uniform, die sie mehr als offensichtlich umgarnten. Ich nahm meine Dokumente und ließ meine Umhängetasche in einem Spind und verließ die heftig flirtende Gruppe in Richtung der Abteilung für antike Geschichte des Vorderen Orients. Nach einigen Gängen durch die alten Kulturen von Assyrien über Babylon und Elam bis zum ersten und zweiten Perserreich kann man hier Gegenstände bewundern, die die fähigen Hände der Künstler des Altertums erzeugt haben, damit ihre Kultur nicht in Vergessenheit gerät.

Ich sah mir jeden noch so kleinen Gegenstand sorgfältig an und fotografierte alles, was ich für interessant hielt, ich wusste aber in meinem innersten, dass ich hierhergekommen war, um die Spuren meiner alten Heimat zu suchen und sie mit den Augen eines Juden zusehen. Wie eine verlorene Seele geisterte ich durch die Gänge des Museums zwischen Assur und Babylon und an Susa vorbei voller Sehnsucht nach etwas, wonach sich mein Herz verzehrte.

Im dritten Gang fand ich es endlich. Ein Thronbein in typischer Form wie in den Reliefs in Persepolis, in denen der Großkönig Dareios abgebildet ist. Daneben stand der folgende Text in drei Sprachen:

539 v. Chr. fiel Babylonien an die persische Armee. Innerhalb kurzer Zeit gelang es Cyrus, König von Persien, das größte Reich zu errichten, das die antike Welt je gesehen hatte und das sich von Indien bis nach Nordafrika erstreckte. Das Land Israel blieb für die nächsten zwei Jahrhunderte unter persischer Herrschaft, bis zur Eroberung durch Alexander den Großen im Jahr 332 v. Chr.

Die Perser gewährten den von ihnen kontrollierten Ländern bedeutende religiöse Freiheit und politische Autonomie. In diesem Geiste erlaubten sie Exilanten aus Judäa, in ihr Heimatland zurückzukehren und den Tempel in Jerusalem wiederaufzubauen. Jerusalem wurde erneut zum unangefochtenen religiösen, politischen und sozialen Zentrum der Nation.

Es folgten Keilinschriften in Altpersisch und eine Menge Gegenstände aus der achämenidischen Epoche. Schritt für Schritt konnte man die Geschichte Irans von den Anfängen bis zur Neuzeit verfolgen.

Es ist unschwer zu erkennen, dass Spender – den Namen nach vorwiegend Juden – aus aller Welt alles darangesetzt haben, damit der neugegründete Staat über ein würdiges, anspruchsvolles Museum verfügt und sie scheinen dabei keine Kosten und Mühe gescheut zu haben.

Ich konnte die ganze 7.000 Jahre alte Geschichte meiner alten Heimat innerhalb von wenigen hundert Metern Revue passieren lassen, Sumerer, Chaldäer, Elamer, Mederreich, das erste Perserreich, die Sleukiden, Parthen, das zweite Perserreich und alle Geschlechter, die danach kamen, marschierten in einer akkuraten Ordnung vor meinen Augen. Besonders viel gab es aus der Zeit der Qadscharendynastie zu sehen, aus jener Zeit, in der allein in einer Stadt wie Hamadan im Westen Irans mehrere Zehntausend Juden lebten. Ausgestellt waren die traditionellen Trachten der Bukharischen Juden[82], die denen der Iraner des achtzehnten Jahrhunderts sehr ähnlich sahen.

In einer anderen Halle waren einige extrem seltene Illustrationen des iranischen Nationalepos „Schāhnāme“[83] zu sehen. Während ich vollends jenseits von Zeit und Raum die Vitrinen durchstöberte, stieß ich auf ein Buch in hebräischer Schrift mit dem Titel „Mūsā-nāme“[84], das genauso bebildert worden war, wie einige der Schāhnāme Exemplare. Ich setzte mich sofort auf einen Stuhl und ging online. Tatsächlich war dieses Buch von einem iranisch-jüdischen Dichter in Persisch und nach dem Vorbild des Buches der Könige im vierzehnten Jahrhundert gedichtet aber in hebräischen Buchstaben niedergeschrieben. Ich war so fasziniert, dass ich lange Zeit dort weilte und über das Buch und seinen Dichter „Molana

82 Zwar werden die Juden aus dem Nahen Ostens und dem Rest Asiens generell als Mizrachim bezeichnet, die im Zentralasien um Buchara – Uzbekistan lebenden Juden besitzen aber ihre eigene Bezeichnung.

83 „Buch der Könige“, das im elften Jahrhundert in Versmaß und mit einer über 60 Tausend Verse konstant gehaltenen Metrik niedergeschriebene Nationalepos der persischsprachigen Welt, das die ganze iranische Geschichte von Anbeginn der Zeit bis zum Ende des zweiten Perserreiches und den islamischen Einfall zusammenfasst.

84 Analog zum Schahname, der als Buch der Könige übersetzt wird, kann man Musaname auch Buch von Moses nennen. Das Buch wurde 1327 fertiggestellt.

Schāhin Schirāzi“ las. Schiraz ist noch heute die Stadt mit einer der größten jüdischen Gemeinden. Damals soll sie wie Isfahan sehr viele jüdische Einwohner gehabt haben. Molana Schahin umschrieb wie einst sein Vorbild Ferdowsi[85] die vier Bücher des Pentateuchs, nämlich Exodus, Levitikus, Numeri und Deuteronomium, also das ganze Leben von Moses in Versmaß und bediente sich dabei der traditionsreichen persischen Dichtkunst. Die Sprache, in der er sich mit diesem (und einigen anderen) Werken verewigte, nennt man im Linguistenjargon „Judenpersisch“, ein Dialekt des Persischen, der in hebräischen Buchstaben geschrieben wird.

Ich setzte meine Tour fort, aber diese neue Entdeckung ließ mir keine Ruhe und ich musste immer und wieder zu dem Raum zurückkehren, in dem das Mūsā-nāme ausgestellt war, um nach anderen Objekten zu suchen, die mit dem Iran in Verbindung standen. Keines der anderen Ausstellungsstücke konnte aber diese in einem Buch versteckte Verflechtung der iranischen und jüdischen Kultur so beeindruckend widerspiegeln. So kam es, dass ich von den anderen Sälen mit Gegenständen aus der römischen und griechischen Epoche nicht viel mitbekam. Ich warf noch einen letzten Blick auf das Mūsā-nāme und schloss damit meinen Besuch im Israelmuseum ab. Die bildhübsche Soldatin hatte anscheinend Dienstschluss, sie verließ das Museum Hand in Hand mit einem der Männer, die sie bei meiner Ankunft bezirzten.

Zurück ging ich zu Fuß, um mehr von Jerusalem zu sehen. Unterwegs pflanzte sich wieder Zarathustra in meinen Kopf ein und fing eine Grundsatzdiskussion über unseren Besuch im Felsendom an. Er urteilte nicht, er stichelte nur mit seinen Fragen:

„Wenn jeder damit anfinge, die Begriffe zu seinen Gunsten zu deuten, wie könnte die Menschheit denn überhaupt zusammenleben? Wo ziehst du die Grenze, was Gier ist und was Neugierde?“

Ich versuchte ihm zu kontern, indem ich ihm aus seinen Schriften vorlas.

---

85 Der größte und wichtigste iranische Dichter schlechthin, der sein ganzes Leben, sein ganzes Vermögen und seine Gesundheit seinem einzigen Werk „Schahname“ widmete.

Ich merkte aber sofort, dass es ein bereits verlorener Posten war, an dem ich noch festhielt. Also drehte ich den Spieß um und stellte ihn unangenehme Gegenfragen. Vielleicht wäre bei meiner zweiten Israelreise alles anders gekommen, wenn Zarathustra mich hätte überzeugen können. An jenem schönen Oktobertag vermochte er dies aber nicht und ich sah mich bestätigt, acht Monate später erneut den Felsendom zu besuchen.

* * * * * * *

In Israel feiert man am 28 Ijjar nach dem jüdischen Kalender den Jerusalemtag. Der Anlass ist die Eroberung von Ostjerusalem während des Sechstagekrieges 1967, was zur Wiedervereinigung der Stadt führte. Es finden Straßenfeste statt und große Gruppen hauptsächlich junger Männer marschieren durch die engen Gassen des arabischen Viertels der Altstadt, während sie stolz die israelische Flagge schwenken. In den anderen Stadtteilen konnte man auch tanzende Gruppen sehen, die ebenfalls mit der israelischen Flagge in der Hand die Herrschaft des jüdischen Staates über die ganze Hauptstadt demonstrierten. Hier und da traf man auch auf die Techno Rabbis – die sogenannten Na Nakhs, die für ein völlig skurriles Bild sorgten. Sie saßen in ihren mit dröhnenden Musikboxen bestückten Vans und beschallten die Straßen mit lauter Technomusik. Hin und wieder stiegen einige aus und tanzten mit der Menge mit.

Ich besuchte meinen an der Hebräischen Universität studierenden Sohn genau in dieser Zeit. Ausgerechnet an diesem Tag wollten wir – mein Sohn, sein deutscher Kommilitone, Freund und Mitbewohner Johannes und ich – den Tempelberg besuchen. Bereits auf dem Weg dorthin war es uns sauer aufgestoßen, dass die Israelis keine Hemmung zeigten, ihre Freude über die Demütigung der arabischen Bevölkerung zur Schau zu stellen. Ich hatte zuvor Johannes gesagt, dass wir die Wahrheit über ihn ein bisschen umschreiben müssten. So wurde sein Name Johannes in Arabisch übersetzt und er hieß fortan Yahya. Für alle Fälle wurde ihm auch von meinem Sohn und mir beigebracht, wie oft ein Muslim pro Tag zu beten hat und welche die Säulen des Glaubens sind. Er sollte, falls er gefragt wurde, dies alles nicht auf sich selbst, sondern auf die Muslime im Allgemeinen beziehen, schließlich wollten wir ja nicht lügen. Darüber hinaus und gemäß der universalen Lehre aller Religionen, wonach alle Menschen auf der Welt einem einzigen Paar entstammen und somit Geschwister sind, entschieden wir, dass seine Mutter meine Schwester sei. Somit hätte auch er die Möglichkeit bekommen, die heiligen Stätte der Muslime zu besuchen. Mein Sohn und ich waren nach islamischem Verständnis ohnehin geborene Muslime, weshalb es diesbezüglich auch keiner weiteren Umschreibungen bedurfte.

Nach fünfzehn Minuten gingen wir durch den Kontrollposten und betraten das Plateau. Wir gingen zunächst zur Al-Aqsa Moschee und mussten mit Staunen feststellen, dass die Türen durch eine dicke Kette verriegelt waren. Vor der Moschee befand sich allerdings eine große Menge Schuhe, ein Indiz dafür, dass sich in ihr viele Menschen aufhielten. Ich ging zu einem Mann, der, im Schatten eines Baumes und auf einem Stuhl sitzend, aus dem Koran las, und fragte ihn auf Arabisch, wann wir die Moschee betreten könnten. Er hob den Kopf, schaute mich an und sagte mit leiser Stimme: „In schā' Allāh in zwanzig Minuten". Bevor ich ihm weitere Fragen stellen konnte, verspürte ich einen dumpfen Schmerz zwischen meinen Schulterblättern und wurde heftig nach vorne geschleudert. Während ich mich drehte, um nachzuschauen, wer mich geschubst hatte, konnte ich aus meinem Augenwinkel meinen Sohn sehen, wie er sich aufbauend im Begriff war, auf den Angreifer loszugehen. Ich hielt ihn am Handgelenk fest und zeigte dem laut auf Hebräisch schreienden Polizisten, der seinen Finger auf dem Abzug seines Gewehres hielt, mit Gestik und Mimik, dass wir keinen Ärger suchten und weitergehen würden. Ich konnte nur kurz vernehmen, dass der auf dem Stuhl sitzenden Mann auch unsanft aufgefordert wurde, den Ort sofort zu verlassen. Das Staunen wich einem tiefen Entsetzen und völlig überwältigt setzten wir uns auf eine Bank unter den Bäumen. Nach einigen Minuten kam eine Gruppe von orthodoxen Juden mit ihren typischen Gewändern und

Frisuren samt Frauen und Kindern – einige sogar im Kinderwagen – auf das Plateau, sie schwenkten israelische Flaggen hin und her und sangen ganz laut Lieder auf Hebräisch, während sie eskortiert von schwer bewaffneten Polizisten an uns vorbeimarschierten. Auf den gegenüber von der Al-Aqsa Moschee gelegenen Treppen, die zu dem nächsten Plateau mit dem Felsendom darauf führen, hatten sich ca. fünfzig meist junge, nichtjüdische Frauen versammelt. Als die Gruppe der orthodoxen an ihnen vorbeizog, fingen sie an Allahu Akbar zu skandieren. Links zur Moschee, also gegenüber den Frauen, saßen etwa genauso viele Männer im Schatten der Bäume und beobachteten reglos die Geschehnisse. Hätten Demütigung und Verzweiflung einen Geruch, hätte man sie in diesem Augenblick förmlich daran ersticken können.

Der an Gebrüll mahnende, vor Überheblichkeit sprühende Gesang der orthodoxen Juden vermischte sich mit den verzweifelten, aber aggressiven Allahu Akbar-Schreien der palästinensischen Frauen und warf mich ca. 1.400 Jahre in die Geschichte zurück. In der Biographie des Propheten, nach Ibn Hischam, steht nämlich geschrieben, dass die Muslime in der Schlacht von „Uhud" von den Ungläubigen geschlagen wurden und sich auf den gleichnamigen Berg (Uhud) retten mussten. Die sogenannten Muschrikun[86] standen demnach am Fuße des Berges und skandierten „A'alu Hubal, A'alu Hubal!" (Hubal[87] ist der höchste). Der Prophet soll seinen Anhängern im Gegenzug befohlen haben, „Allahu a'ala wa ajal" (Allah ist höher und größer), zu erwidern. Ich sagte zu den beiden:

„Wenn ich das hier alles sehe, gewinne ich den Eindruck, dass sich manche Dinge im Laufe der Geschichte niemals ändern werden. Es gab vor ca. 1.400 Jahren eine ähnliche Szene. Ungeachtet dessen, wer bei dem, was sich vor unseren Augen abspielt, im Recht ist, muss ich mit großer Traurigkeit feststellen, dass die eine Seite mit der Zeit gegangen ist und sich in diesem Konflikt nicht nur der modernsten Waffen, sondern auch der

86 wörtlich „Beigeseller", nach islamischer Tradition aber Götzendiener

87 angeblich der wichtigste Götze nach islamischer Überlieferung

kompliziertesten psychologischen Methoden der Kriegsführung bedient, und die andere Seite es nicht einmal geschafft hat, seit 1.400 Jahren wenigstens eine neue Parole zu erfinden. Allahu Akbar scheint das Einzige zu sein, was sie ihren Feinden entgegenbringen können.

Ich richtete mich auf, schaute gen Osten und es schoss mir durch den Kopf „östlich der Klagemauer scheint die Zeit seit 1.000 Jahren stehen geblieben zu sein" sprach dies aber nicht laut aus. Wir saßen noch eine Weile still da, die deprimierten Gesichter der fastenden Palästinenser, die Machtlosigkeit, Resignation, Wut und viele andere negative Emotionen, hatten uns die Sprache verschlagen. Dann brachen wir auf, um unverrichteter Dinge wieder zurückzugehen. Vor allem tat mir mein neu gewonnener Neffe Yahya leid. Mein Sohn hatte ihm vor meiner Ankunft großspurig versprochen:

„Du kennst meinen Vater nicht, er wird uns überall reinbringen!"

Was wäre ich für ein miserabler Vater, wenn ich das Wort meines Filius gebrochen hätte? Also galt es nun einerseits die Banaie-Ehre zu retten und andererseits meinem Sohn als leuchtendes Beispiel vorauszugehen, was die Pflichten eines traditionsbewussten iranischen Vaters betrifft. Ich schaute mich um, es gab keine Möglichkeit zum Felsendom zu gelangen. Durch die Treppen ließen die Polizisten keinen durch und die Rückseite des Plateaus hielten die orthodoxen Juden im Schutze der Polizei besetzt. Ich wartete also, bis die Gruppe der Israelis in Richtung des Ausgangs zurückkehrte. Bevor sich die nächste Gruppe auf den Weg dorthin machte, bewegten wir uns mehr oder weniger unauffällig in die Richtung der Rückseite des Felsendoms, während wir so taten, als wollten wir nur ein paar Bilder schießen. Hinter der Mauerecke waren weit und breit keine Demonstranten und Polizisten zu sehen. Voller Sorge gleich aufgehalten oder sogar inhaftiert zu werden, gingen wir vorsichtigen Schrittes weiter und spazierten ganz ruhig die östliche Treppe hinauf, die zu dem Plateau führte. Völlig erstaunt mussten wir allerdings feststellen, dass sich dort eine Menge Touristen und Einheimische befanden, welchen die Geschehnisse auf dem anderen 30 m entfernt liegenden Plateau nicht das Geringste zu interessieren schien, die erste Hürde war somit überwunden. Die beiden Jungs schienen wieder Mut zu fassen und wurden gesprächiger.

„Das Hauptproblem liegt aber noch vor uns, wie wollen Sie einen Christen in den Felsendom reinschmuggeln?“ fragte Yahya in einem zweifelbehafteten Ton.

„Vertraue doch deinem Onkel! Habe ich in all diesen Jahren dich und meine Schwester je im Stich gelassen?“

Die Jungs lachten darüber und die Freude über den Besuch kehrte trotz aller unschönen Szenen der vergangenen Stunde langsam zurück. Unter dem pavillonartigen Kettendom[88] saßen mehrere Frauen und unterhielten sich gelangweilt. Rund um den Felsendom herum saßen Männer in kleinen Gruppen im Schatten und schienen nur die Zeit totzuschlagen. Ich entsann mich einer Zeit, in der ich selbst fastete. Die langen Sommertage erschienen damals unendlich und wenn man um halb vier in der Früh das letzte Mal etwas getrunken hatte, war man ab Mittag bei Temperaturen von über 35° regelrecht dehydriert. Man wollte nur noch, dass der Tag schnell vorbeigeht und der Muezzin zu rufen beginnt. „Allaaaaaaaaaaaahu akbar, allaaaaaaaaaaaahu akbar!“, hieß an diesen Tagen Erlösung: Man konnte sich endlich auf die eisgekühlte Wasserkanne stürzen und sie in einem Schluck leertrinken. Ich konnte also die Gemüter auf diesem Plateau durchaus nachvollziehen. In den letzten Jahren vor meiner Flucht nach Deutschland konnte ich mir diesen Luxus nicht leisten, herumzusitzen und die Zeit totzuschlagen. Ich hatte für meinen Lebensunterhalt schwer zu arbeiten. Zum Teil musste ich mehrere Stunden im Hochsommer fastend Schweißarbeiten erledigen und das draußen unter der brennenden Sonne. Dass der Volksmund sagt, der Glaube könne Berge versetzen, ist nicht weit hergeholt. Nicht einmal drei Jahre später und tausende Meilen entfernt, saß ich in Deutschland am Bonner Rheinufer, trank eine eiskalte Limonade und fragte mich, wie es mir damals gelang, vierzehn Stunden ohne Wasser auszukommen? Meinen

88 Ein kleineres Gebäude auf der Rückseite des Felsendoms, dessen Funktion nicht genau belegt ist.

eisernen Glauben schien ich irgendwo in dem Schnee auf den Bergen an der iranisch-türkischen Grenze verloren gehabt zu haben.

Wir gingen zum Eingang. Einige Männer saßen da und spielten an ihren Misbaha[89]. Ich beobachtete sie eine Weile, anders als bei meinem letzten Besuch schienen die sogenannten – diesmal fastenden – Wächter so entkräftet, dass die Wahrscheinlichkeit eines religiösen Verhörs extrem gering war.

„Assalamu alaykum ya Schubab!" (Friede sei mit Euch Jungs!) sagte ich zu ihnen und fing an meine Schuhe auszuziehen.

„Friede sei auch mit euch! Wo seid ihr her, Brüder?"

„Wir beide sind Iraner, aber kommen aktuell aus Deutschland. Yahya ist Deutscher, seine Mutter ist meine Schwester."

Diese Formulierung, die eher mit meinen mangelnden Arabischkenntnissen zu tun hatte, als dass mir in dem Moment das Wort „Neffe" nicht einfiel, lenkte das Gespräch in eine völlig andere Richtung. Anstatt uns nach unserer Religion zu fragen, schien er mir plötzlich lieber Arabisch beibringen zu wollen:

„Dann bist Du also sein „Onkel"!"

„In schā' Allāh!" (So Gott will!)

Diese Antwort war wiederum so deplatziert – um nicht zu sagen unsinnig –, dass er vollkommen verdutzt vor mir stand und uns anschaute. Was ich meinte, war natürlich „So Gott will, ein guter Onkel", aber auch dies kam mir in dem Moment nicht über die Lippen. Der junge Mann zeigte uns die Tür und wir betraten die drittwichtigste, aber mit Sicherheit prachtvollste heilige Stätte des Islam.

* * * * * * *

Für den Nachmittag stand Bummeln auf dem Plan. Zu wissen, dass uns nur noch ein einziger Abend in Jerusalem verblieb, stimmte uns gewissermaßen traurig. So verließen wir nach einem erfrischenden Nickerchen

---

89 Islamischer Gebetskranz

das Hotel in Richtung der Altstadt.

Unweit vom Jaffa-Tor liegt das Stadtviertel Mishkenot Sha'ananim[90], das 1860 von Sir Moses Montefiore als eine Art Armenhaus gegründet wurde und in kürzester Zeit zu der ersten jüdischen Siedlung außerhalb der Stadtmauer wuchs. Montefiore soll das Ganze mit den Spenden des Amerikaners Judah Touro finanziert haben. Angeblich mussten die armen Bewohner des Viertels täglich für ihren Gönner beten. Als Wahrzeichen der Siedlung ließ Montefiore eine Windmühle bauen, die man heute noch an der Sderot Blumfield besuchen kann. Das Viertel ist mittlerweile um einige Gärten und Grünanlagen ausgebaut und meines Erachtens ein Muss für jeden Jerusalembesuch.

Wir gingen wieder zur Altstadt, zum zentralen Platz zurück und genossen die sehr milde, lauwarme Brise. An der Bank, wo wir Tage zuvor gesessen hatten, saß ein Tar[91]-Spieler mit Kippa auf dem Scheitel und gab ein altes aserbaidschanisches Lied zum Besten. Ich setzte mich zu ihm und grüßte ihn auf Aserbaidschanisch, was er mit einem Lächeln und Kopfnicken erwiderte. Das Lied war sehr populär und ich hatte es seit meiner Kindheit nicht mehr gehört. Ein merkwürdiges Gefühl, eine Mischung aus Sehnsucht, Schwermut und Heimweh keimte in meinem Innersten und übermannte mich binnen weniger Augenblicke, indem sie sich zu einem gigantischen Kloß in meinem Hals bildete, der sich erst löste, als ich anfing, einige Tränen zu vergießen. Sahar merkte das sofort und setzte sich dicht zu mir und hielt meine bebende Schulter, während ich mein Gesicht in meine Hände drückte, um den Passanten nicht aufzufallen. War das die körperliche Erschöpfung? Oder dieses traurige Lied, das der aserbaidschanische Musiker so meisterhaft spielte? Sahar erkannte sofort, worum es ging und drückte mich fest an sich. Ich ließ den Kloß sich langsam lösen, ging zum B.B.Q und machte mich frisch, bevor ich zu dem Tar-Spieler zurückkehrte, um ihn zu fragen, wo er herkam. Der ungefähr

90 Friedliche Wohnstätte

91 Eine iranische Langhalslaute

30-jährige Musiker war aus einer kleinen Stadt in der Nähe von Baku und erst seit 3 Jahren in Israel. Er schien sehr froh darüber zu sein, sich mit jemandem auf Aserbaidschanisch unterhalten zu können. Anscheinend hatte er noch keinen richtigen Anschluss gefunden und bestritt seinen Lebensunterhalt hauptsächlich mit Straßenmusiker.

„Manchmal spiele ich mit dem Gedanken auszuwandern. Nach Europa kann ich nicht, zurück nach Aserbaidschan möchte ich nicht, es bleibt nur noch Amerika."

„Du kennst doch den Spruch, egal wo du hingehst, das Blau des Himmels ändert sich nicht! Außerdem, in welches Land du auch immer auswanderst, du wirst dich selbst mitnehmen müssen, also, derselbe Mensch unter demselben Himmel! Wenn du denkst, dass ein Neuanfang einen anderen Menschen aus dir macht, dann nur zu!"

„Danke! Nur so aus Interesse, arbeitest du nicht zufällig für die israelische Einwanderungsbehörde, in der Abteilung „Überzeugungsarbeit"!? "

„Erwischt! Wenn du bleibst, bekomme ich eine Provision von 50 Tausend Schekel! Ein Fünftel davon gehört dann dir, Deal?"

Der Musiker lachte laut und spielte zu unseren Ehren eine schnelle kaukasische Tanzmelodie, die meine Stimmung wieder erheiterte. Als ich Geld in seine Dose werfen wollte, lehnte er es ab, bedankte sich herzlich fürs Gespräch und wünschte uns einen guten Aufenthalt.

„Was war los mit dir?", fragte Sahar merklich besorgt und auch ein wenig traurig.

„Ach, ich weiß es nicht. Ich glaube, ich bin erschöpft, weiß aber nicht wodurch, habe Sehnsucht, weiß aber nicht wonach und bin auch ein wenig traurig, und weiß nicht wieso. Diese alte traurige Melodie, die meine Großmutter immer sang, gab mir den Rest."

Sahar nahm mich in die Arme und drückte meinen Kopf an ihren Hals.

„Mein armer, sensibler Mann!"

„Glaubst du eigentlich an sowas wie die Geister der Vergangenheit? Seit wir in diesem Land sind, fühle ich mich von ihnen verfolgt. Ich durchlebe Gefühle, die mir zum Teil so unbekannt sind, dass ich ihnen nicht einmal einen Namen geben kann. Irgendetwas in diesem Land erweckt die tief in meinem Unterbewusstsein schlummernden Gemüter zum Leben. Es ist gleichermaßen schön und anstrengend. So was wie eben zum Beispiel, ich kam mir vor wie ein kleines verlorenes Waisenkind!"

„Gut, dass du es sagst. Ich dachte ernsthaft, irgendetwas stimmt nicht mit mir. Ich habe aber eher den Eindruck, dass meine Sinne viel schärfer geworden sind und meine Wahrnehmung viel tiefer. Ich höre die Stille und sehe die Leere. Merkwürdig, nicht wahr?"

„Ich habe Angst vor dem Tag, an dem dieser Zauber meine gebändigten und tief in meiner Seele gefangenen Dämonen aus ihrem Kerker befreit!"

„Keine Sorge, mit meinem scharfen Gehör höre ich das Klirren ihrer Ketten und warne dich rechtzeitig, damit du auf der Flucht vor ihnen einen ordentlichen Vorsprung hast!"

Erleichtert unterhielten wir uns weiter über den aserbaidschanischen Musiker. Die Juden waren und sind im Vorderen Orient von jeher begnadete Musiker gewesen. Einer der größten von ihnen war Uzeyir Hajibeyov, der 1910 zum ersten Mal eine Geschichte aus dem vorher genannten iranischen Epos Schahname in einer Oper vertonte. Er lebte in dem Teil vom Kaukasus, der in den Iranisch-Russischen Kriegen Anfang des neunzehnten Jahrhunderts annektiert wurde, dessen Bevölkerung aber nach 100 Jahren noch sehr mit der iranischen Kultur und Geschichte verbunden war. Innerhalb weniger Stunden seit meinem Besuch im Museum fanden drei Begriffe wieder einen Zusammenhang; Iran, Juden, Schahname!

Im Iran des neunzehnten Jahrhunderts waren auch einige renommierte Musiker Juden. Einer von ihnen war Morteza NeyDavood, dessen berühmte Stück „Morgendämmerungsvogel" seit fast einem Jahrhundert und über mehrere Generationen hinweg in den Konzerthallen rund um den Globus von iranischen Konzertbesuchern mitgesungen wird. Das Lied komponierte der Tar-Meister zu Ehren der konstitutionellen Revolution. Juden mit großen Namen, die nahezu jeder Iraner kennt, findet man aber nicht nur in der Musikwelt. So schrieb zum Beispiel Solayman Haïm eines der ersten Englisch-Persischen Lexika. Er war darüber hinaus ein begnadeter Poet und schrieb drei Theaterstücke mit den Titeln „Joseph und Potifars Weib“, „Esther und Mordechai“ sowie „Ruth und Naomi“, die noch zu seinen Lebzeiten in Teheran über die Bühne gingen.

Dieser erlebnisreiche und wunderschöne Aufenthalt verdiente einen gebührenden Abschluss. Wir nahmen es uns vor, in ein schickes Restaurant in der Nähe unseres Hotels zu gehen, in dem abends Livemusik gespielt wurde. Davor wollten wir aber von der Stadt richtig Abschied nehmen. Also gingen wir schnell zum Restaurant, reservierten kurzerhand einen Tisch und kehrten wieder in die Altstadt zurück. Wir hatten riesengroßes Glück, eine vierköpfige Gruppe hatte kurzfristig abgesagt und wir hätten nur einen Tisch bekommen, wenn wir bereit gewesen wären, ihn mit einem anderen Paar zu teilen. Wie wir später erfuhren, trat an jenem Abend ein berühmtes jüdisch-marokkanisches Ensemble auf, das für seine Lieder in beiden Sprachen berühmt war, weshalb das Restaurant auch bis auf den letzten Platz ausverkauft war.

Das Restaurant war ein altes, gut erhaltenes und kunstvoll restauriertes Haus in einer engen Straße. Die kleinen Fenster zur Straße ließen keine ausreichende Einsicht, ging man aber durch die Tür, sah man den Innenraum mit einem sehr angenehmen orientalischen Ambiente, dessen dämmernde Beleuchtung sehr bedacht gestaltet war. Durch diesen großen Raum ging man zu einer großen Glastür, die sich zu einem großen Hintergarten mit einem als Bühne dienenden Podest öffnete. Der Garten war von steinernen Mauern im Stil der Altstadtmauer umschlossen, die im Lichte der Laternen noch stärker imponierten. Rundherum sah man Stehlaternen in verschiedenen Lichtstärken und in der Mitte des Hofes stand ein Springbrunnen aus grauem Marmor. Ein ellenbreiter Bach teilte den Hof in zwei Hälften und floss unter dem Podest und dem großen Springbrunnen bis zur gegenüberstehenden Mauer, bevor er in die Kanalisation verlief. Direkt vor der Bühne lief er in eine kleine kelchförmige künstliche Grube und drehte eine kleine Wassermühle aus Holz, wobei das Plätschern des Wassers in den Speichen des ca. ein Meter hohen Rads eine beruhigende Geräuschkulisse erzeugte. Als wir da ankamen, waren die Musiker gerade eingetroffen und richteten die Bühne ganz im Sinne von Vorstellungen aus Tausendundeiner Nacht ein. Ein angenehmer, sehr vertrauter Duft erinnerte mich plötzlich an meine Mutter. Ich sah mich um und entdeckte mit Tränen in den Augen die aneinander gereihten Blumentöpfe mit verschiedenfarbigen Petunien vor der Bühne. Abend für Abend kümmerte sich meine Mutter in unserem kleinen Hof in Teheran um ihre Petunien und wir zogen sie auf und fragten sie, wen sie mehr liebte: die Blumen oder uns Kinder?

Wir nahmen an unserem Tisch Platz, an dem das andere hebräisch sprechende Paar, er in meinem Alter und sie Ende vierzig, bereits saßen. Wir grüßten sie ganz kurz und warteten auf den Kellner. Der sehr höfliche junge Mann kam nach einigen Minuten und sprach uns auf Arabisch an. Die Frau gab in fließendem Arabisch die Bestellung auf. Als wir an der Reihe waren, sammelte ich das gesamte über die Jahre erlernte Arabisch und bestellte auf Hocharabisch.

„Du sollst ihm keine Koranverse vortragen, sondern das Essen bestellen! Es hörte sich gerade so an, als wolltest du das Freitagsgebet sprechen!", sagte Sahar merklich amüsiert. Die Frau an unserem Tisch lachte kurz und schaute uns lächelnd an. Ich dachte mir, meine Frau hätte sie mit ihrem Frohsinn angesteckt.

„Hast du gerade nicht mitgekriegt, wie perfekt die Frau Arabisch gesprochen hat? Es galt, die Ehre unserer Nation zu verteidigen! Es kann doch nicht angehen, dass eine Israeli besser Arabisch spricht als ein Iraner!", sagte ich siegessicher und lehnte mich zufrieden zurück. Bevor Sahar sich darauf einlassen konnte, drehte sich die Frau zu uns um und sagte in einem nahezu akzentfreien Persisch:

„Und was wäre so schlimm daran!?"

Uns beiden blieb die Luft weg. Wir hatten mit allem gerechnet, aber nicht damit, dass ausgerechnet an einem abgesagten Tisch, den wir nur zufällig und als Nachrücker bekommen hatten, eine Iranerin sitzt, die ebenfalls per Zufall dorthin gekommen war. Wie groß war die Wahrscheinlichkeit eigentlich? Während ich mich wie vom Blitz getroffen mit diesen Gedanken auseinandersetzte, hatte Sahar mit Zippora längst

Freundschaft geschlossen.

„Sie dürfen weiteratmen!“, sagte sie lachend und stellte sich und ihren Ehemann vor. Sie war keine Iranerin, sondern Universitätsprofessorin für Orientalistik und Islamwissenschaften und sprach fließend Persisch, Arabisch und Türkisch. Das Eis war auf eine sehr unkonventionelle Art und Weise gebrochen und wir verwickelten uns sehr schnell in eine sehr intensive Unterhaltung. Zippora, die unheimlich froh war, ihre Persischkenntnisse an zwei Muttersprachlern aufzufrischen, sprach hauptsächlich Persisch. Hemmo sprach mit Sahar auf Französisch und mit mir auf Englisch.

„Wir sind nur vier Personen, aber ich komme mir vor wie am Fuße des Turmes von Babylon, nur mit dem Unterschied, dass der Herr hier kläglich versagt hätte, weil wir uns dennoch verständigen können.“

Sahar schaute mich mit einem bösen Blick an, der so viel sagte wie etwa „trag nicht so dick auf!“. Es war aber zu spät. Zippora fragte mich mit großer Neugierde:

„Interessieren Sie sich fürs Judentum?“

„Ja, sehr sogar.“

Daraufhin erzählte ich ihr von meinem Buch und meiner Forschung über den Islam. Das hat die Islamwissenschaftlerin in ihr sofort geweckt und sie durchlöcherte mich mit Fragen. Reichlich Stoff für unsere Gespräche hatten wir also.

Indes war das Essen serviert worden. Kurz nachdem der Tisch abgeräumt war, traten die Musiker auf die Bühne. In dem siebenköpfigen Ensemble sang eine junge Frau mit einer verrauchten Stimme, die mit dem berühmten Lied von ʾUmm Kulṯūm „Enta Omri“[92] begann und dieses auch meisterhaft zum Besten gab.

Ich bestellte eine Flasche Wein und lud die beiden ein, mit uns anzustoßen. Sie nahmen dankend an und Zippora erzählte uns, dass die Gruppe aus jüdischen Einwanderern aus Marokko bestand und die arabische

92 Du bist mein Leben!

Sängerin zusammen mit einem der Darbukaspieler[93] – ebenfalls Araber – an dem Abend einen Gastauftritt hatte. Da fiel mir auch zum ersten Mal auf, dass die Ensemblemitglieder alle eine Kippa trugen, obwohl sie fast ausschließlich arabische Lieder spielten.

Die Sängerin sang sich durch ein Repertoire aus populärsten arabischen Liedern und Balladen und erntete nach jedem Lied einen langen Applaus gemischt mit begeisterten Zurufen. Fast alle Gäste sangen die Refrains laut mit. Ich fragte Zippora:

„Sind sie alle Araber hier?"

„Nein, zumindest wir vier nicht! Aber Spaß bei Seite, viele Israelis lieben arabische Musik und besonders einige Sängerinnen versuchen sich in ihr. Ein ganz berühmtes Beispiel ist Sarit Hadad."

Das war mir bis dahin nicht bekannt. Hemmo bestellte die zweite Flasche und wir tranken den herben, schweren Wein zu den melancholischen Liedern und unterhielten uns über Gott und die Welt. Es war ein sehr angenehmer, gleichermaßen aber auch merkwürdiger Zufall, dass wir den Tisch gerade mit diesen beiden Menschen teilen durften. Das Schicksal bescherte uns einen sehr schönen, gemütlichen und freudevollen letzten Abend in Jerusalem. Meine Tochter hätte mit Sicherheit gesagt:

„Nichts geschieht im Leben ohne Grund, kein Ereignis und keine Begegnung ist ein Zufall. Die Kunst ist aber, sich diesem Rhythmus anzupassen und das Schicksal zu mehr Geschenken zu animieren"

Mitten in unseren Gesprächen fragte Zippora unvermittelt:

„Darf ich Sie etwas fragen?"

„Nur zu! Alles, was Sie immer wollen!"

„Sind Sie ... wie soll ich das formulieren, dass es nicht falsch rüberkommt ... sind Sie auch nationalistisch veranlagt? Oder vielleicht patriotisch?"

Das war eine brisante Frage. Es macht sich für gewöhnlich nicht gut, in Israel über Nationalismus zu sprechen. Aber wenn sie das Wörtchen „auch" in ihre Frage eingebaut hatte, hatte sie vielleicht etwas anderes im

---

93 eine einfellige Bechertrommel

Sinn. Also ließen wir es darauf ankommen. Sahar antwortete:

„Es kommt darauf an, was Sie darunter verstehen. Wenn du dich in Deutschland als Nationalist oder Patriot bezeichnest, landet ein Stempel auf deiner Stirn, worauf das Wort „Rechtsradikal“ mit Druckbuchstaben steht! Sagst du dasselbe in Frankreich, applaudiert und jubelt man dir zu!“

Und ich setzte fort:

„Ich habe tiefe emotionale Bindungen zu den Menschen, mit denen ich dasselbe Schicksal teile, und das sind in aller Regel diejenigen, mit denen ich innerhalb derselben Grenzen lebe. Also ich liebe den Iran und Deutschland, das sind für mich mit großem Abstand die zwei wichtigsten Länder der Welt, in dem einen sind meine Frau und ich geboren worden, und in dem anderen unsere Kinder. Aber damit keine Missverständnisse aufkommen, benutze ich lieber den Begriff „heimatbewusst“! Wenn Sie aber „auch“ sagen, meinen Sie mit Sicherheit etwas völlig anderes.“

„Ja, in der Tat. Ich kenne israelische Bürger aus nahezu allen Ländern der Erde. Was mir bei Ihren Leuten immer wieder auffällt, ist ihre unbeschreiblich tiefe Verbundenheit mit ihrer alten Heimat. Ich habe schon gesehen, dass manche von ihnen sogar in der dritten Generation noch Persisch sprechen, iranische Musik hören, iranisch essen etc. Bei den Juden aus fast allen anderen Ländern siehst du sofort, dass sie ihre Vergangenheit hinter sich gelassen haben und froh sind, hier zu sein. Oft schert sich schon die zweite Generation nicht mehr um die Heimatsprache. Ich muss zugeben, dass die Iraner sogar überdurchschnittlich gut integriert sind, aber sie scheinen immer noch mit einem Auge auf ihre alte Heimat zu schielen!“

Sahar seufzte laut und antwortete mit einem tiefen Gram in ihrer Stimme:

„Das ist der Fluch des „Iranerseins“, und dass du ein Jude in Israel bist, rettet dich nicht davor! Wie ihr euch 2.000 Jahre lang nach dem Tempelberg und der Klagemauer gesehnt habt, so sehnen sich über 7 Millionen Iraner auf der Welt nach ihrem Heiligen Land.“

Wir beendeten das Gespräch rasch, um den schönen Abend nicht zu ruinieren. Zipporas Feststellung in Bezug auf die Heimatliebe der

Parsim[94] bestätigte Ezer, ein Reporter des größten israelischen Fernsehersenders, der mich ein Jahr später in Köln interviewte, als er eine Reportage über das Leben der Iraner in Deutschland drehte. Er war sogar darüber empört und echauffierte sich fast:

„Eines musst du mir verraten, Doktor! Warum fällt es Ddinen Leuten in Israel wie hier in Deutschland so schwer, sich von ihrer alten Heimat loszueisen? Verstehe mich nicht falsch, aber so toll kann sie ja gar nicht gewesen sein, wenn ihr vor ihr die Flucht ergriffen habt! Sehnt ihr euch denn so sehr nach Unterdrückung und Verfolgung?"

Ich schaute ihn eine Weile im Stillen an und erwiderte:

„In unserer Sprache haben Heimat und Mutter eine enge Bindung. Du kannst nie aufhören, deine Mutter zu lieben und dich nach ihrem Schoß zu sehnen, selbst wenn sie von einem tyrannischen Ehemann unterjocht wird!"

Von Lied zu Lied stieg die Stimmung wieder und von Glas zu Glas wurden die Gespräche persönlicher. Nach der zweiten Flasche gingen wir zum Du über. Zippora fing an, von ihrem Leben und ihren Kindern zu erzählen, dann fragte sie zum dritten Mal an dem Abend, ob wir Juden seien. Als wir verneinten, sagte sie merklich beschwipst:

„Ich weiß es doch! Ich wollte nur sichergehen! Wir machen hier in Israel gerne Witze über die aus dem Iran stammenden Juden! Alles Geizhälse!"

Ich erwähnte anfangs, dass nicht anders als in anderen Ländern auch im Iran die Juden den Ruf genossen, nicht besonders großzügig zu sein. Dass unter den Juden selbst auch eine Gruppe dafür berühmt ist, mit seinem Geiz aus der Masse herauszustechen, kam mir nie im Leben in den Sinn. So fragte ich sie über die unterschiedlichen Ethnien in Israel. Sie gab uns interessante und wertvolle Informationen über die Aschkenasim[95], Sephardim[96], Mizrachim[97]

94 Iranische Juden

95 Juden aus Nord-, Ost- und Mitteleuropa

96 Juden aus der Iberischen Halbinsel

97 Juden aus dem Nahen Osten und Asien

und Falasha[98] und fragte noch ein weiteres Mal, ob wir Juden seien. Als wir laut lachend erneut verneinten, nahm sie einen großen Schluck Wein zu sich und sagte mit einer leisen Stimme und leicht verwaschenen Sprache merklich süffisant:

„Geht nicht zu euren Leuten, wenn ihr etwas kaufen oder essen wollt. Etwas Geizigeres als diese Parsim[99] hat selbst der Gott nicht gesehen!"

* * * * * * *

Acht Monate später erinnerte ich mich gleich in zweierlei Hinsicht an ihre Worte, als ich mit meinem Sohn in Netanja Postkarten kaufen wollte. Wir fragten den Hotelangestellten an der Rezeption, ob er uns eine Adresse in der Nähe nennen könnte. Er zögerte zuerst und dann drückte er mühsam einige persische Sätze in einem uns unbekannten Dialekt durch seine Lippen:

„Zwei Straßen von hier entfernt gibt es ein Laden, er ist auch ein Perser."

Wir schauten ihn mit offenen Mündern an, als kame er vom Mars. Er sah überhaupt nicht wie ein Iraner aus. Bevor wir ihn mit unseren Fragen durchlöcherten, klärte er uns auf Englisch auf.

„Ich komme aus Dagestan und wir sprechen dort „Juvuri"[100], eine Art Persisch. Damit können wir uns mit den Juden in allen Ländern des Vorderen Orients verständigen. Das ist so eine Art internationale Sprache der Juden von Dagestan über Georgien und Aserbaidschan bis in den Iran."

Mein Sohn sagte sofort, dass Juvuri zum Persischen genau dasselbe Verhältnis haben soll, wie Jiddisch zum Deutschen. Beide seien eine Art Lingua franca der Juden.

---

98 Juden aus Eritrea

99 Iraner auf Hebräisch, zugleich aber auch die Bezeichnung für die aus dem Iran stammenden Juden.

100 Eine ostiranische Sprache mit sehr großer Verwandtschaft mit dem Neupersischen.

Vor dem Laden saß ein junger Mann, den wir auf Englisch fragten, ob wir bei ihm richtig seien. Er hatte uns bereits sprechen hören und lud uns in einem sauberen Persisch in den Laden ein. Kurz danach stießen seine Eltern - beide ungefähr in meinem Alter - zu uns und wir verwickelten uns bald in ein unterhaltsames Gespräch. Als Erstes fiel in dem Laden die große dreifarbige Nationalflagge Irans mit Löwen und Sonne auf, die sehr sorgfältig an der hinteren Wand von der Decke herunterhing. Damit bekennt sich mittlerweile jeder iranische Patriot im Ausland zu seiner Heimat und distanziert sich gleichzeitig von dem islamischen Regime. Es stellte sich heraus, dass Majid und ich in demselben Viertel in Teheran aufgewachsen waren und unsere Häuser nur eine Gasse, also weniger als 200 Meter voneinander entfernt waren. Das intensivierte die Gespräche und als wir dann unsere Postkarten und Souvenirs gekauft hatten, kamen wir zum schwierigsten Teil eines geschäftlichen Treffens von zwei Iranern: Ta'aruf[101] beim Bezahlen. Majid sagte:

„Das geht überhaupt nicht! Seid bitte unsere Gäste! Das geht alles aufs Haus!"

„Nein, nein! Dann legen wir alles wieder zurück und kaufen woanders ein! Auch wenn wir im Iran Nachbarn waren!"

Nahid, Majids Frau sagte:

„Dann weißt du doch bestens, dass wir Juden die besten Geschäftsleute auf der ganzen Welt sind, und wir Iraner die besten unter den Juden. Deshalb genießen wir hier in Israel den Ruf, sehr geizig zu sein. Aber das ist der pure Neid, die anderen gönnen uns unseren Erfolg einfach nicht!"

Ich dachte an Zipporas Worte und ihre von Rotwein verwaschene Sprache und lächelte unwillkürlich. Das entging Nahid nicht und sie setzte nach:

„Ich wette, du hast es irgendwo aufgeschnappt! Das verrät dein hämisches Lächeln! Aber wie gesagt, wir iranischen Juden sind die geschäftstüchtigsten Menschen auf der ganzen Welt und mit solchen Vorurteilen

101 Das Wort wird in deutschsprachigem Raum als „zeremonielle Unaufrichtigkeit" umgedeutet. Das ist aber eher eine gesellschaftliche Konvention, womit man dem anderen seine Höflichkeit und Respekt demonstriert.

können wir leben! Sollen die Leute doch erzählen, was sie wollen, solange der Rubel rollt, und zwar direkt in Majids und meine Taschen!"

Wir lachten laut und ich rang innerlich mit mir, ob ich sie enttäuschen sollte oder nicht. Der Drang, die aserbaidschanische Kaufmannsehre zu verteidigen nahm letztlich überhand und ich erwiderte:

„Na ja!"

„Was meinst du mit „na ja!"? Zweifelst du etwa daran, dass wir die cleversten Geschäftsleute auf der ganzen Welt sind?"

Sie schaute mich eine Weile skeptisch an, runzelte die Stirn, kam sogar einen Schritt auf mich zu und sagte mit einem kaum erkennbaren Lächeln:

„Erzähle mir jetzt nicht, du bist ein Azeri! Das halte ich im Kopf nicht aus!"

Und brach in ein langes Gelächter aus.

„Richtig erraten, Hut ab! Ihr wäret mit Sicherheit die besten auf der Welt, wenn es uns Azeris[102] nicht gäbe! Hast du dich jemals gefragt, warum die Juden im Iran nie in der Provinz Aserbaidschan Fuß fassen konnten? Ich erzähle dir eine Geschichte, die mir mein Vater – Gott habe ihn selig – einst erzählte."

Das erweckte die Neugierde der beiden Jungs, die sich mittlerweile von uns abgesetzt hatten und sich über wichtigere Dinge des Lebens unterhielten. Die beiden kamen zu uns und stellten sich intuitiv zu ihren jeweiligen Vätern.

„Eines Tages ging ein jüdischer Kaufmann nach Aserbaidschan, um dort in der Provinzhauptstadt Täbris einen Laden zu öffnen. Er ritt auf einem Esel und hatte auch einen Hahn mit. Gegen Mittag kam er an einer Farm vorbei und hielt dem Bauer eine Silbermünze hin und fragte ihn nach Brot. Der Bauer schaute ihn an und fragte, ob er dort fremd sei. Als er bejahte, sagte der Bauer, er solle anstatt des Brotes eine Wassermelone kaufen. Denn mit dem Brot werde nur er satt. Er könne die Melone aber selbst essen, mit der Schale seinen Esel füttern und die Körner seinem Hahn geben. Somit würden sie alle drei satt. Der Kaufmann tat dies und kehrte auf direktem

102 Kürzel für Aserbaidschaner

Wege wieder zurück. Denn wenn der Bauer in einer Stadt so wirtschaftlich denken konnte, wie schlau waren dann die Geschäftsleute!?"

Die Jungs lachten darüber und fingen an, über die Protagonisten meiner Geschichte Witze zu reißen. Aus Höflichkeit gaben sich Nahid und Majid geschlagen und luden uns zu sich nach Hause ein. Besonders Majid, der direkt nach der Revolution das Land verlassen hatte, war sehr neugierig, was aus unserem Viertel geworden war.

* * * * * * *

Zippora und Hemmo waren sehr angenehme und interessante Menschen. Egal, welches Thema wir anschnitten, das Gespräch war gleichermaßen tiefsinnig und erheiternd. Wir waren so in unsere Gesprächen vertieft, dass wir nicht vernahmen, wann die Musiker die Bühne verließen und es um uns herum immer leerer und leiser wurde. Es war bereits nach Mitternacht, als wir aufstanden, um nach Hause zu gehen. Zum Glück waren wir nur einige hundert Meter von unserem Hotel entfernt und der kurze Spaziergang war genau das, was zu diesem Abend passte. Während ich Seite an Seite von Sahar leicht torkelnd langsam in Richtung des Hotels schritt, pflanzte sich ein neuer Ohrwurm in meinem Kopf ein. Die rauchige Stimme der Sängerin, die ein sehr populäres marokkanisches Lied sang, hallte in meinem von Wein betörten Kopf:

Warum meine Gazelle, sage mit warum?
Warum gehst Du fort von mir?
Lasse mich in den Ozean Deines Blickes eintauchen,
und jene prächtige Perle heraufholen,
die der Poet Wehmut nennt!
Warum erschuf Gott Deine Augen so schwarz,
dass sie mich stets an meine einsamen Nächte erinnern?
Warum erschuf er Deinen Mund so knospenähnlich,
dass ich in der Sehnsucht ihn zu küssen,
ein ganzes Leben in all den Blumengärten dieser Erde herumirren muss?
Warum meine Gazelle, sage mit warum?
Warum gehst Du fort von mir?

Narzisse der Wüste

Ich hatte eine Ferienwohnung in einer kleinen Siedlung namens „Neve Zohar" südlich von En Bokek gemietet. Der Vermieter hatte uns vorher schon geschrieben, in Jerusalem einzukaufen, weil En Bokek erstens sehr teuer sei, und zweitens nur eingeschränkte Einkaufsmöglichkeiten habe. Nach einem abenteuerlichen Hin- und Herrücken der Autos fuhren wir endlich raus aus dem Parkhof des Hotels. Im israelischen Stadtteil fragte ich eine Passantin nach dem Weg zu einem Supermarkt. Als ich ihr von der Empfehlung unseres Vermieters erzählte, fragte sie ganz beiläufig, warum wir nicht in der Nähe unseres Hotels und im arabischen Viertel eingekauft haben. Schließlich sei dort alles um einiges günstiger. Sie wünschte uns viel Spaß am Toten Meer und gab uns einige wertvolle Tipps für den Aufenthalt dort.

„Halte mich für einen Zionisten, aber wenn jemand demnächst behaupten sollte, die Israelis seien unfreundlich, dann springe ich ihm beidfüßig mit Wanderstiefeln ins Gesicht!"

„Hoppla! Ich muss aber jetzt keine Angst haben, wenn ich etwas israelkritisches sage, oder!? Ich glaube, die Beamten an der Grenze hatten recht und dein Nachname kommt doch nicht von Ungefähr! Eines von dem, was Zippora gestern Abend über die Parsim erzählt hat, wird mit Sicherheit stimmen. Kaum hat dir diese Tante einen Tipp gegeben, wie du Geld sparen kannst, schon hast du dich Hals über Kopf in sie verliebt. Zipporas Vorurteile über die Iraner scheinen zumindest dich betreffend nicht weit hergeholt zu sein!", sagte Sahar halb ernst, halb neckend. Wir kehrten zum Hotel zurück. Der Verkäufer gab uns ebenfalls gute Tipps, als er erfuhr, wir seien Iraner. Er gab uns einige gefrorene Wasserflaschen und einen Preisnachlass, so eine Art Iraner-Bonus, bevor er sagte:

„So werden Sie auch bei dieser Hitze unterwegs kaltes Wasser haben. Hat mich sehr gefreut, zwei Iraner kennengelernt zu haben. Allahs Hand sei mit euch!"

Als ich anschließend die Adresse eingab, zeigte uns Google Maps den Weg über die Route 90 durch die besetzten Gebiete an. Aus Sorge, dort nicht versichert zu sein, entschieden wir uns für den ein bisschen längeren Weg über die Autobahn 1 und 6, beide im israelischen Kernland. Mit genug Wasser und Lebensmittel für mehrere Tage ausgerüstet, fuhren wir noch einmal an den Mauern der Altstadt vorbei und verließen Jerusalem schweren Herzens.

Im Nachhinein fanden wir es sehr schön, diese und nicht die andere kürzere Route genommen zu haben. Schon ab Be'er Scheva verlässt man über die Landstraße 31 das flache Wüstenebene und steigt langsam in die Berge auf. Sahar und ich unterhielten uns über all die Erlebnisse der vergangenen Tage und wunderten uns darüber, wie groß die Aufnahmekapazität des menschlichen Hirns ist:

„Ich glaube, wenn man alle Bilder, Eindrücke, Emotionen, Gedanken und besonders die unbewussten Impressionen der letzten neun Tage digitalisieren könnte, wäre eine Festplatte fünfmal so groß wie dieses Auto vonnöten, und das pro Person! Jetzt stelle dir mal vor, diese Festplatte wäre voll und du müsstest am Jaffa-Tor und bei dem Typen, der dir die Speicherkarte für teures Geld andrehen wollte, eine neue kaufen! Was glaubst du, was du dann dafür hättest lockermachen müssen!?"

„Hör bloß auf mit dem! Lass uns stattdessen lieber eine Pause einlegen!"

Direkt hinter einer Abfahrt in Richtung Dimona fand ich eine Haltebucht und hielt an. Wir stiegen aus, ich vertrat mir die Beine und Sahar zündete sich eine Zigarette an. Die Straße war kaum befahren. Wir standen eine Weile da und tranken kaltes Wasser. Auf einem der Hügel, ungefähr 500 Meter von uns entfernt, stand ein einsames Dromedar und schaute sich um. Bei der Hitze schien selbst dieses robuste Tier, das der Araber das „Wüstenschiff" nennt, keine Lust zu haben, sich vom Fleck zu rühren.

„Hörst du das?", fragte mich Sahar mit fast runden Augen. Immer wenn sie etwas fasziniert, verwundert oder überrascht, reißt sie unwillkürlich ihre schönen, großen, dunkelbraunen Augen so weit auf, dass sie nicht mehr mandelförmig, sondern fast rund sind.

„Was soll ich hören, Liebling? Ich höre nur dich, nicht einmal der Wind weht mehr!"

„Eben! Lass uns eine Weile schweigen, und dann sage mir, ob du in deinem ganzen Leben jemals so eine absolute Stille erlebt hast!“

Die Stille war so beeindruckend, dass man sogar seinen eigenen Herzschlag hören konnte. Wir setzten uns auf einen Stein und Sahar legte ihren Kopf auf meine Schulter, seufzte tief und sagte mir flüsternd ins Ohr:

„Ich bin in so einer merkwürdigen, unbeschreiblichen und mir bisher unbekannten Stimmung, dass ich den Rest des Tages hier sitzen und dieser herrlichen Stille zuhören könnte.“

Es war eine Art mentale Schwerelosigkeit und alles um uns herum schien stillzustehen. Ich fühlte mit jeder einzelnen Faser meines Körpers, wie ein Meer aus Besinnung und Friede meine Adern durchfloss und meine Seele schweben ließ. Mit geschlossenen Augen konnte ich Sahar neben mir sehen, unsere Kinder, meine Geschwister, meine verstorbenen Eltern, meine Freunde, mein Patenkind und alle anderen Menschen, die mich in meinem bisherigen Weg ein Stück begleitet hatten. Es war eine vollständige geistige Abkopplung von Raum und Zeit.

Wir saßen lange Zeit dort, bis uns der kreischende Motor eines vorbeifahrenden Lkws aus diesem angenehmen tranceähnlichen Gemütszustand herausriss. Ihre Sanftmut war im Nu einer mit Verzweiflung behafteten Verärgerung gewichen:

„Wie kann es denn sein, dass man so viel Ruhe und Friede gerade an einem Ort erfährt, in dem seit Jahrzehnten Mord und Totschlag herrschen? Diese gottverfluchten Streithähne sollten ihre Ärsche hierher bewegen und einmal gemeinsam diese galaktische Stille miterleben, anstatt immer wieder nach Waffen zu greifen, die mehr und noch mehr Krach machen! Ist doch wahr!“

„Ja, das stelle ich mir bildlich vor, wie Netanjahu und Ismail Haniyya[103] hier auf diesem Stein sitzen, sich umarmen und in Zweisamkeit die Stille genießen, während sie sich gegenseitig die Dromedare zeigen! Ich weiß, dass du am liebsten alle Menschen dieser Erde auf einmal umarmen und sie aneinander drücken würdest, aber du weißt selbst, dass dieser Konflikt so lange bestehen

103 Mitglied der Hamas-Führung

wird, wie gewisse Menschen daran verdienen, die einen Geld, die anderen Ruhm, und wieder andere Macht. Für die, die du Streithähne nennst, geht es nicht darum, die Welt zu verstehen, sie wollen sie beherrschen."

„Ja, aber ihre Welt ist so klein, dass sie es nicht wert ist, dafür so viel Blut zu vergießen. Sie kotzen mich an!"

Selbst die Erinnerung an diesen ewig zu währen scheinenden und allgegenwärtigen Konflikt konnte uns den Zauber des Momentes nicht berauben. Für einige Minuten stand für uns die ganze Welt still; sie rührte sich nicht und sie war nicht zu hören. Wir fuhren los und Sahar sagte:

„Weißt du was? Selbst wenn unsere Reise nur aus diesem einen Moment bestanden hätte, hätte sie sich gelohnt."

Jetzt waren wir schon in den Bergen und das Tote Meer wartete auf uns. Mittlerweile hatte Sahar den Dreh raus, wie sie ihr Handy mit der Musikanlage des Autos per Bluetooth verbinden konnte, sodass wir nicht mehr auf das Radio angewiesen waren und unsere eigene Musik hören konnten. So schufen wir in dem Auto eine deutsch-iranische musikalische Atmosphäre und fuhren fröhlich nach Neve Zohar.

Gegen Mittag erreichten wir die Siedlung. Der Vermieter zeigte uns die Wohnung, die eher einem größeren Apartment glich. Er übergab uns den Schlüssel, erklärte die Hausregeln, ließ eine Schale mit frischem Obst und eine Flasche Rotwein da und wünschte uns einen schönen Aufenthalt. Anschließend schaltete er die Klimaanlage ein und empfahl sich. Wir, vollkommen erschöpft von Jerusalem, legten uns ins Bett und schliefen mehrere Stunden.

Nach einem frisch zubereiteten Essen, etwas zwischen Mittagessen und Abendbrot nahmen wir die Handtücher und gingen zum Strand. Der Vermieter hatte einen Deal mit dem nächstliegendem Hotel, sodass seine Gäste die vor dem Hotel liegenden Strandanlage mit Dusche, Schwimmbad und die Bar mitbenutzen durften. Ein ca. 20-minütiger Fußweg führte dorthin. Wir kauften an einem kleinen Laden zwei Packungen Schlamm und setzten uns zu den meist osteuropäischen Gästen. Das Wasser ist hier so salzig, dass man es schwer hat, sich darin hinzusetzen, weil man sofort an die

Oberfläche getrieben wird. Der Salzgehalt beträgt ungefähr 30%, im Vergleich hat das Mittelmeer einen Salzgehalt von ca. 4%. Nicht ohne Grund heißt das Gewässer auf Hebräisch Jam haMelach (Salzmeer). Wir trugen den Schlamm auf unseren ganzen Körper auf und legten uns für mehrere Minuten hin. Nachdem wir ihn dann in dem salzigen Wasser abgewaschen hatten, fühlte sich unsere Haut wie neu an. Als hätte dieser Schlamm alle Verunreinigungen an sich genommen und dem Meereswasser übergeben.

Es wurde langsam dunkel. Wir gingen an die Hotelbar und bestellten zwei kalte Getränke. Als wir wieder an den Strand zurückkehrten, waren die Hotelgäste zum Tisch gegangen und wir waren die einzigen dort. Der volle Mond ging langsam und majestätisch auf. Wir zogen zwei Strandliegen dicht aneinander und legten uns auf sie. Vor uns waren zwei Palmen, von denen man in der Dunkelheit und vor dem sich langsam ausbreitenden Mondschein nur die Silhouette sah. Wir unterhielten uns über diese herrliche Kulisse, die mit der sanften Melodie der plätschernden Wellen umrahmt worden war. Der große, hellgelbe Vollmond ging zwischen den Palmen langsam auf und warf seine fast grellen Strahlen wie Goldmünzen über den Strand und das ruhige Meer. Das ganze Universum schien sich in einer absoluten Harmonie zu befinden.

„Kein Wunder, dass dieses Land so viele Propheten hervorgebracht hat. Ich glaube selbst einer Agnostikerin wie mir würde es schwerfallen, dieser galaktischen Atmosphäre beizuwohnen und sich der göttlichen Eingebung erwehren zu können!“, sagte Sahar und setzte ihre Kopfhörer auf, nachdem sie ihren Kopf zu mir drehte und mich fragte, ob es mir etwas ausmache, wenn sie Musik höre. Wir machten es uns nebeneinander auf den Liegen bequem, hielten uns an der Hand und begaben uns mit Leib und Seele unter dem nun voll entwickelten Mondschein dem Fluss der Zeit. Sahar stellte an ihrem Handy einiges um und bewegte ihren Kopf ganz zart zu der Musik.

Sie hatte recht, die Tatsache, dass wir so viele israelitische Propheten kennen, hat ihre berechtigten Gründe. Jede Ecke dieses Landes ist so intensiv mit Spiritualität beladen, dass es jedermann gerade dazu einlädt, einen Bund mit Gott einzugehen. Ich hatte eine ähnliche Eingebung im Iran in Persepolis und an den Ruinen des Feuertempels „Adur Gushnasp"[104]. Da sagte ich zu Sahar:

„Es wundert mich nicht, dass unsere Vorfahren so viel Wert auf Epik legten. Gib mir eine Nacht an diesem See und ich dichte dir ein ganzes Buch aus epischen Versen über unsere Liebe!"

Eine Übernachtung an dem See verwehrte man uns damals, so schrieb ich auch kein Buch. Aber hier am Toten Meer fühlte man eine andere Art Eingebung, als wollte die ganze Welt mit einem reden. Moses hat in der islamischen Welt den Beinamen „Kalim uAllah" - der, mit dem Gott sprach -, auch wenn diese Unterhaltung auf dem Berg Sinai stattgefunden haben soll, ließ sich sein Volk im Eretz Jisra'el nieder und blieb seiner Tradition treu, ständig mit dem Gott Kontakt zu pflegen. Diese Nähe zu dem Schöpfer der Welt ging letztendlich so weit, dass eine Jungfrau seinen Geist empfing, von ihm schwanger wurde und den Sohn Gottes gebar. Ich fragte mich in dem Moment, hätte die Vorstellung von Gottessohn außerhalb dieser Region je entstehen können? Wohl kaum!

Sahar lag dicht an meinem Körper, schien aber meilenweit von Ort und Zeit entfernt zu sein. Ich sah sie an, wie sie auf diesem Stuhl neben mir lag und den Himmel beobachtete. Der Teint ihrer Gesichtshaut hatte sich unter dem hellen Mondlicht eher in Goldfarbe umgewandelt, als hätte sie ihr Gesicht mit Goldstaub benetzt. Ihre Haare lagen wild um ihren Kopf herum, während sich die eine oder die andere Strähne dem milden Wüstenwind anvertraute und für einige Augenblicke mit ihm tanzte. Sie schien ganz in ihrer Welt versunken zu sein, dies erkannte ich an ihren langsamen Lidschlägen und ihrer extrem flachen Atmung. Ich ließ die dreißig Jahre unseres gemeinsamen Lebens vor meinen inneren Augen Revue passieren, als mir durch den Kopf schoss:

---

104 Die Ruinen des höchsten Feuertempels im vorislamischen zoroastrischen Glauben liegt heute im Nordwesten Irans an einem kleinen See. Die königliche Feuerstätte der Sassaniden wurde im Jahr 623/624 von den byzantinischen Soldaten unter Herakleios geplündert und verwüstet.

„Wenn du bloß die Stimme meiner Gedanken hören könntest Liebste! Ich bin zwar noch in der Blüte meines Lebens, denke aber in letzter Zeit oft über den Tod nach, der mich jederzeit einholen könnte. Aber wenn ich dein Antlitz in diesem prachtvollen Mondschein und vor diesem faszinierenden Meer bewundere, dann denke ich mir, das Leben an deiner Seite hat mich in diesen 30 Jahren mit so viel Liebe und Glückseligkeit erfüllt, wie es für mehrere Leben ausreichen würde, sodass ich nichts bereuen oder vermissen würde, wenn ich hier und jetzt meinen letzten Atemzug vollzöge."

Ich konnte diese Worte aber nicht aussprechen. Wir waren in diesem Augenblick so glücklich und mit dem Universum vereint, dass der Gedanke an Tod den Zauber des Momentes nur zerstört hätte. Sahar wandte ihr Gesicht zu mir und lächelte mich an und ich merkte zum tausendsten Mal in all diesen Jahren, wie ich mich erneut in sie verliebte, wie mein Herz schneller schlug, wie meine Kehle trocken wurde und wie mich ihre Anmut meines Atems beraubte.

Den Weg zu der Siedlung mussten wir in Dunkelheit zurücklegen. Nachdem wir uns einige hundert Meter von der Hotelanlage entfernt hatten, waren wir nur noch von dem Mondschein umgeben. Sahar war auffällig still und sprach kaum ein Wort. Ich genoss die Aussicht des ruhigen Meers, das den prachtvollen Mond spiegelte und alles gab, ihm in seiner Schönheit in nichts nachzustehen. Ich schaute sie von der Seite in dem intensiven Mondlicht und ließ meine Gedanken um die Begriffe „Liebe" und „Verliebtheit" kreisen. Jede große Liebe beginnt mit dem Augenblick, in dem man, wie es der Iraner zu sagen pflegt „sein Herz an jemanden verliert". Auch wenn man diesen einen Augenblick nicht immer genau ausmachen kann, gibt es ihn für jede große Liebe. Es handelt sich dabei um den Moment, in dem die- oder derjenige für uns aus der Masse heraussticht. Das persische Wort dafür entstammt der gemeinsamen Wurzel mit „wollen" oder „suchen". Also ist das sogenannte verlorene Herz gar nicht verloren, das ist nur die Vorhut in einem neuen, unbekannten Land, das kennenzulernen und auszukundschaften gilt. Somit ist die Liebe die Erlaubnis, über die Grenzen anderer zu schreiten und in der tiefsten

Tiefe des Anderen zu hausen. Sie ist eine endlose Suche in jeder Ecke jenes neuen Landes, in dem sich das Herz einst verirrt hat. Nur in der Liebe können zwei Individuen gleichzeitig die Grenzen des Leibes und der Seele überschreiten und ineinander hineinströmen.

Die ganze Siedlung duftete nach nasser Erde und Narzissen und erzeugte an dieser von Spiritualität übersättigten Nacht eine merkwürdige Duftkulisse. Wir kamen bald in der Wohnung an. Der Mondschein hatte das ganze Zimmer erhellt und es mit all der Verliebtheit der vergangenen Stunden erfüllt. Dieses Fluidum wurde zu einem Fluss aus grenzenlosem Verlangen und Begehren und durchströmte jede einzelne Ader und flutete jede einzelne Zelle unseres Körpers, bis es zu einem Orkan der Glückseligkeit wurde und unsere schwerelosen Seelen schließlich an das Ufer von einem Ozean des Einklanges spülte.

Am nächsten Morgen fanden wir auf einem Hocker vor der Tür eine Schale voll frischen Obstes. Wir wuschen es, deckten den Tisch und frühstückten draußen. Sahar sagte voller Stolz, während sie Kaffee einschenkte:

„Ich habe ein neues Stück für meine Theatergruppe! Ich glaube, das wird etwas richtig Tolles. Ich habe sogar einen Namen dafür: „Klang der Farben“[105]!“

„Wie kommst du auf diesen merkwürdigen Namen?“

„Ich habe dir doch erzählt, was mit meinen Sinnen passiert ist, seit wir in Israel sind! Ich höre die Farben und sehe die Melodien! Ich hörte gestern Abend am Meer Musik und sah in der Dunkelheit die Farben, die um mich herumtanzten. Also: Klang der Farben! Wie findest du ihn?“

„Ich bin sprachlos, als du gestern still und wortlos neben mir hergingst, dachte ich mir schon so etwas. Aber ich dachte eher, dass der Heilige Geist über dich gekommen ist und deine Gedanken mit einer neuen Idee geschwängert hat!“

„Ha ha! Mach du dich nur lustig!“

Ich schaute sie im grellen Sonnenlicht an, wie sie die Hand vor die

---

105 Das Stück wurde am 28.06.2019 im Theater im Bauturm in Köln von der Theatergruppe Ostbrise uraufgeführt.

Stirn hielt, um ihre Augen zu schützen. Sie war noch hübscher als gestern Nacht. Also erwiderte ich:

„Während du Besuch von da oben empfangen hast, habe ich mir viele tiefsinnige Gedanken über die irdische Liebe gemacht!“

Und zwinkerte ihr zu. Sie kam zu mir, küsste mich auf den Kopf, tätschelte mir zart auf das Hinterhaupt und sagte laut lachend und leicht verlegen:

„Ist mir nicht entgangen, Junge! Jetzt gib nicht so an und hilf mir mit dem Geschirr!“

Der kleine aber sehr gemütliche Vorhof mit einem rustikalen Esstisch lud einen trotz der Temperaturen von über 40° im Schatten ein, den klimatisierten Raum zu verlassen und dort zu speisen. Rundherum standen Bäume, die mit der in Israel entwickelten Tröpfchenbewässerung versehen waren. Was 1930 im Kibbuz Chazerim mit einer einfachen und zufälligen Beobachtung begann, entwickelte Simcha Blass[106] 1950 zu einem raffinierten Bewässerungssystem. Dank Blass existieren in Israel sehr viele Oasen mitten in der kargen und trockenen Wüste, wie hier in Neve Zohar. Wir genossen die frische Luft draußen und taten uns schwer, etwas zu unternehmen. Während wir an unseren Teetassen nippten, hörten wir auf einmal ein leises Summen von dem Nachbarhof. Sahar stand zuerst auf und schaute über den Zaun. Kurz darauf rief sie mich mit hastigen Handbewegungen zu sich und zeigte mir den gewiss weit über 80-jährigen Rabbiner in der traditionellen Tracht der orthodoxen Juden und mit einem sehr langen weißen Bart, der am Esstisch saß und betete. Nach einer Weile kam seine deutlich jüngere Frau mit einem Tablett in der Hand aus der Wohnung und servierte ihm Humus und Brot. Er vernahm sie kaum und betete weiter. Nach einer Weile wurde uns das langweilig, wir gingen wieder ins Haus und versuchten den Tag zu planen. Ich fragte Sahar:

„Was hältst Du davon, wenn wir heute eine Pause einlegen und gar nichts tun?“

„Kommt mir ganz gelegen, ich kann weiter an dem Stück arbeiten und

106 Israelischer Ingenieur polnischer Abstammung, der als der Erfinder dieser Technik gilt.

versuchen, meine Idee zu konkretisieren."

„Und ich hege weiterhin Gedanken um die Liebe und ihre Gesichter!"

Diesmal zwinkerte sie mir zu, warf mir ein Kuss zu und sagte kokettierend:

„Du kannst dich von mir aus gerne den ganzen langen Tag mit solchen Gedanken beschäftigen!"

Obwohl es noch reichlich früh war, machte ich die Weinflasche auf, die uns der Vermieter am Vortag geschenkt hatte, und dachte mir, wozu macht man denn Urlaub, wenn man sich selbst hier an irgendwelche gesellschaftlichen Konventionen halten muss? Nach einer Weile und zwei Gläsern Wein fühlte ich eine unbeschreibliche Leichtigkeit in meinem Kopf und ließ meinen Gedanken freien Lauf.

Das deutsche Wort „Liebe" gewann seine heutige Bedeutung erst im 15. oder 16. Jahrhundert und bedeutete ursprünglich entlehnt von dem Althochdeutschen „Liobi" und „Lioba" lediglich „Wohlgefallen", „Gunst" oder „Freundlichkeit". Also, etwas ganz Unspektakuläres und Alltägliches, was mit dem heutigen Verständnis von diesem Begriff nicht im Entferntesten etwas zu tun hatte. Davor benutzte man das Wort „Minne", was selbst entlehnt von dem Verb „meinen" nichts anders bedeutete als „es gut mit jemandem meinen"! Was also meint der Deutsche, wenn er heute von der komplexesten menschlichen Interaktion spricht? Wenn die Sprache tatsächlich die Seele einer Kultur darstellen soll, dann gibt mir diese Wortwahl eine Menge Fragen auf, was die deutsche Wahrnehmung von der Liebe betrifft. Kann man tatsächlich von der Sprachanwendung Schlüsse über die kollektive Wahrnehmung ziehen? Und noch wichtiger, können sich zwei Menschen, die aus zwei völlig unterschiedlichen Kulturkreisen kommen und vollkommen unterschiedlichen sprachlichen Bezug zu dem Begriff der Liebe haben, ineinander verlieben?

„Hey du Liebesflüsterer! Wenn du damit fertig bist, lass uns einen Spaziergang in En Bokek machen und später zum Strand gehen. Mir ist es doch langweilig!"

Nach 20 Minuten waren wir schon in En Bokek, einer kleinen Stadt mit Einkaufsmöglichkeiten und Hotels. Den angebrochenen Tag konnten wir gut dem Kauf von Souvenirs widmen, ohne ein schlechtes Gefühl zu bekommen, kostbare Zeit vergeudet zu haben. En Bokek ist der größte Badeort am Toten Meer auf dem israelischen Boden und liegt relativ abgelegen, sodass man dorthin nur geht, wenn man im Salzwasser baden möchte. Dies taten wir dann auch, nachdem der Stadtrundgang und die Einkäufe schnell erledigt waren. Wir vollzogen die rituelle Waschung, wie Sahar das Einreiben mit dem Schlamm nannte, und legten uns wieder hin und warteten sehnsüchtig darauf, dass die Gäste zu Tisch eilten und wir den ganzen Strand für uns allein hatten.

„Guck mal, wer da ist!"

Ich drehte mich um, und sah den Rabbiner aus dem Nachbarhaus. Der einzige Unterschied zu vorhin war, dass er jetzt vor seinem Hut eine Art netzförmigen Sonnenschutz trug und die Hosenbeine bis zu den Knien hochgekrempelt hatte. Er saß auf einem Stuhl im Wasser und hielt sein Buch vors Gesicht und wippte mit dem Oberkörper vor und zurück. Ich sagte voller Überraschung:

„Gott behüte! Ich lerne jeden Tag etwas Neues über die Charedim[107], aber das hier schlägt dem Fass den Boden aus! Wo bleibt denn seine Frau?"

„Wenn sie genauso religiös sind wie die orthodoxen Muslime, dann darf sie fremden Männern nicht einmal ihre Haare zeigen, geschweige denn im Badeanzug hier herumstolzieren", sagte Sahar und war wahrscheinlich im Recht. Die säkulare Lebensweise der Israelis täuscht leicht darüber hinweg, dass ca. 15 % der Bevölkerung aus ultraorthodoxen Juden besteht, die außer Thora und Talmud keinen anderen Lebensstil anerkennen. Wir schauten halb überrascht und halb amüsiert dem Rabbiner zu und unterhielten uns darüber, wie ein säkularer Staat mit einer relativ großen ultrareligiösen Minderheit umzugehen hat.

* * * * * * *

---

107 Orthodoxe sehr fromme Juden mit der wohl konservativsten sozialen Einstellung innerhalb des Judentums

Acht Monate später und bei meiner zweiten Reise nach Israel machte ich eine einschneidende Erfahrung mit den Charedim, die mir bis heute noch auf der Seele sitzt. Nachdem ich die Formalitäten an der Passkontrolle erledigt hatte, ging ich zur Autovermietung, um meinen Wagen abzuholen.

Entgegen meiner ausdrücklichen Bestellung hatte man mir einen mit Gangschaltung zur Verfügung gestellt. Ich stieg ein, startete den Motor und setzte den Rückwärtsgang ein und schon würgte der Wagen ab. Beim dritten Versuch fiel mir auf, dass die Kupplung nicht richtig eingestellt war und man richtig Gas geben musste, bevor man die Kupplung langsam loslassen konnte. Eigentlich hätte ich unter anderen Umständen kehrtgemacht, wäre zu der Autovermietungsfirma gegangen und hätte ein anderes Auto verlangt. Das Problem war aber, dass ich meinen Sohn nicht kontaktieren konnte und wir ohnehin wenig Zeit hatte, Israel als Vater und Sohn zu entdecken. Jetzt, nachdem ich den Fehler und die Lösung gefunden hatte, beschloss ich, mich mit dem Fahrzeug zufriedenzugeben und fuhr los. Da ich noch keine SIM-Karte hatte und diese erst zusammen mit meinem ortskundigen Sohn in Jerusalem besorgen wollte, hatte ich in preußischer Manier vorgesorgt und die Route über Google Maps heruntergeladen, damit ich auch offline navigiert werden konnte. Die Straße war erwartungsgemäß an diesem Samstag leer. Nach ca. 40 Minuten war ich auch bereits in den Vororten der Stadt. Nach meiner Berechnung hätte ich spätestens nach 10 Minuten in meinem Hotel sein müssen. Kaum war ich von der Autobahn herunter auf eine Schnellstraße gefahren, bewahrheitete sich die Befürchtung meiner Frau in Bezug auf die Navigation:

„Anscheinend muss ich dir noch ein zweites Gerät kaufen, das dir die Ansagen des ersten Gerätes erklärt, oder zumindest wiederholt!“

Es passierte, was nicht hätte passieren dürfen. Ich war tief in Gedanken versunken und überhörte einmal die Ansage:

„An der nächsten Kreuzung links abbiegen!“

Brav fuhr ich aber weiter und als ich auf dem Handydisplay sah, dass ich mich verfahren hatte, war es zu spät. Ich dachte, ich könnte an der nächsten Kreuzung die Parallelstraße nehmen und wieder auf meine

Route zurückkehren. Es stellte sich schnell heraus, dass diese nicht die beste Idee meines Lebens war, und zwar so, dass ich mir wünschte, nach Tel Aviv zurück gefahren zu sein und die Route wieder von Anfang an eingeschlagen zu haben, diesmal aber ohne Umwege.

Ich bog also auf die Parallelstraße ab und dachte mir, die erste Seitenstraße, die nach links abbog, würde mich wieder auf die ursprüngliche Route führen. Es gab zu meinem vollen Entsetzen aber keine Seitenstraße nach links. Es befand sich zudem keine Menschenseele auf dieser relativ verdreckten Straße, die an diesem sonnigen Junitag stark an Szenen aus dem Film „High Noon" erinnerte, in denen alle Läden geschlossen sind und die Menschen sich in ihre Häuser zurückgezogen haben, weil sie einem epischen Duell entgegensehen. Die mit dem Wind hin und her fliegenden Plastiksäcke erinnerten dabei an die für Westernfilme typische, klischeehafte herumrollenden trockenen Stachelbüsche. Was noch fehlte, war die unheimliche, mit einer Mundharmonika gespielte Melodie von „Spiel mir das Lied vom Tod".

Ich fuhr einfach vor mich hin, in der Erwartung bald jemanden zu treffen, der mir den Weg zeigen konnte. Nach fünf Minuten ging mein Wunsch auch in Erfüllung, aber in einer Art und Weise, die sich für immer in meinem Hirn einprägen sollte; ich traf nicht einen, sondern mehrere hundert Menschen, die einen leicht bergab verlaufenden Boulevard runterspazierten. Alte, Junge, Männer, Frauen, Greise, Säuglinge, alle in den für orthodoxe Juden typischen Trachten, die sich auch nicht um die Verkehrsregeln scherten und anstatt der Bürgersteige die Fahrbahn benutzten. Es war ein Boulevard und ich konnte nicht umdrehen, also fuhr ich vorsichtig weiter. Als mich die Ersten bemerkten, drehten sie sich um und machten zögerlich und sehr entsetzt mit zornigen Mienen Platz. Plötzlich befand ich mich mitten in einer Menschenmenge von mehreren hundert Charedim, die anscheinend vom Gottesdienst oder irgendeiner anderen religiösen Zeremonie nach Hause zurück gingen. Im Nu war ich mit meinem im Schritttempo fahrenden Auto von diesen merklich erzürnten Männern umschlossen, die keine Anstalten machten, mich durchzulassen. Als die ersten anfingen, das Auto zu bespucken, schlug mein Herz bis unters Kinn. Ich hielt den Wagen an und machte einige demütige Gesten der Entschuldigung, woraufhin einige langsam zur Seite gingen und den anderen, die vor ihnen liefen sagten, dass sie den Weg freimachen. Der kurze Moment der Erleichterung wich sofort einem nahezu paralysierenden Angstgefühl, als ich den Gang wiedereinsetzte und losfahren wollte. Der verdammte Wagen rührte sich nicht vom Fleck und drohte wieder auszugehen. Um das zu verhindern, gab ich so viel Gas, wie der kleine Wagen eben zuließ. Das laute Geräusch des Motors erschreckte selbst mich. Es drehten sich sofort einige der Männer um und ich, der ich die Brisanz des Augenblickes blitzschnell begriffen hatte, ging sofort mit meinem Fuß von dem Gaspedal runter und versuchte ihnen wieder mit Gestik und Mimik zu vermitteln, dass das Auto defekt ist. Die bösen Blicke bohrten sich durch die heiße Luft und drangen von allen Seiten in meine zu Tode verängstigte Seele ein. Ein südländisch aussehender Fahrer mitten in einer Menschenmenge von orthodoxen Juden, der versucht, mit Vollgas anzufahren, ist alles andere als ein einfacher Tourist. Wohl wissend, dass die Israelis kein Spaß verstehen, wenn es um ihre Sicherheit geht und sehr schnell zur Waffe greifen, hielt ich voller Verzweiflung die Hände so, dass sie sie sehen konnten, schloss die Augen und wartete darauf, dass einer von ihnen ein Maschinengewehr hervorbrachte und mich über den Haufen schoss. Nicht einmal ich selbst hätte es ihm verdenken können, scheint doch das „In-die-Menge-fahrende Auto" die wohl modischste Terror-Methode der letzten Jahre geworden zu sein. Weit und breit waren keine Polizisten zu sehen und wenn sie mich niedergestreckt hätten, hätte man es ihnen aufs Wort geglaubt, dass ich sie alle überfahren wollte. Ich saß mit eiskalten Händen und Füßen reglos da, wartete auf den Knall und stellte mir die Schlagzeile von "Jedi'ot Acharonot"[108] vor:

Aus dem Iran stammender deutscher Terrorist wurde erschossen, bevor er mit seinem Auto in die Menschenmenge fahren konnte.

---

108 Die zweitwichtigste israelische Tageszeitung

Es geschah aber nichts, die wütenden Männer spuckten und schimpften weiter und setzten ihren Weg fort. Als ich sah, dass die Gefahr erschossen zu werden, nicht ganz akut war, fühlte ich wieder den Blutstrom in mein Hirn. Die laute Stimme, die mir einst in dem Saal neben der Klagemauer gute Ratschläge gegeben hatte, fing wieder an, mich zu beruhigen:

Denk nach! Es gibt keinen Weg zurück! Hier stehen bleiben kannst du auch nicht! Du musst vorankommen, also lass dir etwas einfallen!

Ich musste irgendeinen Ausweg aus dieser fürchterlichen Drangsal finden, einen zweiten Anlauf wollte ich aber nicht unternehmen, wer konnte es garantieren, dass sie beim zweiten Mal genauso ruhig blieben? Also drehte ich den Schlüssel und ließ den Motor absichtlich einige Male abwürgen. Die bösen Blicke wandten sich in herablassende um, als hätten sie sich gedacht: „Was für ein Vollidiot, nicht mal richtig anfahren kann er!" Dann stieg ich aus und fragte einen Jugendlichen in Charedim-Anzug und mit Schläfenlocken auf Englisch nach dem Weg in die Altstadt. Er fragte mich in einem sehr schlechten Englisch zurück, ob ich ein Jude sei. Als ich es verneinte, drehte er sich zu den anderen und warf ihnen fast erfreut einige Sätze zu, von denen ich wieder lediglich das Wort „Goj" aufschnappte und mir dachte:

Super hingekriegt! Wenn sie jetzt wissen, dass du ein Ungläubiger bist, dann bist du erst recht des Todes.

Plötzlich liefen mehrere Jugendliche auf mich zu, schmissen all ihre Englischkenntnisse zusammen und schilderten mir den Weg. Dann gingen einige von ihnen zum Heck des Autos und schrien etwas auf Hebräisch, während sie anfingen das Auto zu schieben. Ich war jetzt völlig konfus und konnte mir die Situation nicht erklären. Also machte ich gute Miene zum bösen Spiel und ließ sie das Auto schieben, bis ich ohne Vollgas losfahren konnte. Diesmal machte die Menge sofort den Weg frei und einige winkten mir sogar zu.

Nach einigen weiteren Irrfahrten durch menschenleere Straßen war ich wieder auf der alten Route und konnte mich von Google Maps lotsen lassen. Die Angst steckte mir aber immer noch in den Gliedern. Vor allem war ich verwirrt, weil ich den Grund des plötzlichen Sinneswandels der Charedim nicht verstand. Ich wohnte 150 Meter von dem Hotel meiner letzten Reise entfernt und kannte diesmal den Weg sehr gut. In der Hotellobby konnte ich meinen Sohn nach drei Monaten wieder in die Arme schließen.

„Gut siehst du aus!"

„Und du erst, Sohnemann! Jerusalem scheint dir gut zu bekommen."

„Was ist los gewesen? Warum hat es so lange gedauert? Ich habe dich vor ca. einer Stunde erwartet."

„Frage nicht Sohn, frage nicht! Würdest du es mir glauben, wenn ich dir sage, dass ich, seit ich Iran verlassen habe, zum ersten Mal Todesangst hatte?

„Was!? Wieso das denn!?"

Und ich erzählte ihm die ganze Geschichte. Nachdem ich fertig war, stand er auf, setzte sich neben mich und legte seinen Arm um meine Schulter und sagte:

„Du bist in einem orthodox-jüdischen Viertel gewesen und sie haben dich für einen Juden gehalten, der das Schabbat-Gesetz bricht und an dem Tag des Herrn Auto fährt. Also du bist ein Jude gewesen, der die Gesetze YAHWEs missachtet hat. Als du mit ihnen versucht hast, Englisch zu reden, haben sie festgestellt, dass du kein Israeli bist, und mit der Verneinung der Frage nach Deiner Religion hast du ihnen zu verstehen gegeben, dass diese Gesetze gar nicht für dich gelten. Deshalb waren sie auch im Anschluss so freundlich und haben versucht, dir zu helfen."

Es hörte sich alles schlüssig an, auch wenn die dahinter verborgene Logik sehr befremdlich war. Aber es ergab in irgendeiner verqueren Art und Weise Sinn. Dass ein „Goj" zu sein in dem jüdischen Staat von Vorteil sein könnte, wäre mir nicht einmal im Traum eingefallen.

„Und überhaupt, es wäre dir nichts passiert und sie hätten dich auch nicht erschossen. Es ist verboten, am Schabbat Feuer anzuzünden und das Abfeuern eines Gewehres läuft auf dasselbe hinaus. Du hättest das alles längst gewusst und dir ein paar graue Haare erspart, hättest du dich öfters mit deinem schlauen Sohn unterhalten!"

„Mit dem schlauen Sohn hast du vollkommen recht, wo soll ich ihn aber herholen? Du bist mein einziger Sohn!"

Coussar klopfte mir auf die Schulter und lachte laut und beherzt. „Das hat mir die ganze Zeit hier gefehlt. Du hast mir gefehlt!"

Die Stimmung war wieder erheitert und der zweiten persischen Eroberung Jerusalems stand nichts im Wege.

****

Sahar und ich unterhielten uns über Religion und Fanatismus und darüber, wie viel Leid und Elend diese beiden über die Menschheit gebracht hatten. Bis die Sonne wieder zum Untergang ansetzte, waren wir mehrfach ins Wasser gegangen, während der Rabbiner immer noch dasaß und betete. Wir ließen den Tag langsam vor der schönen Kulisse ausklingen und warteten sehnsüchtig darauf, den Strand wieder für uns allein zu haben.

Die Gäste verließen irgendwann den Strand in Richtung des Hotels. Der Rabbiner hatte sich schon vorher abgeseilt und seinen Stuhl einfach im Wasser zurückgelassen. Der Mond fing langsam an aufzugehen. Schnell brach die Dunkelheit über den Strand herunter und ließ sich auf einen erbitterten Kampf mit dem Mondlicht ein, als wollte sie dem Gegner nicht ohne Widerstand das Feld überlassen. Es gelang aber genauso wie in der Nacht zuvor keiner Seite, die andere zu vertreiben. Eine Mischung aus schwärzester Dunkelheit und grellem Mondschein umgab uns und ließ uns stille Zuschauer eines faszinierenden Naturschauspiels werden.

Wir zogen wieder zwei Liegen aneinander und legten uns hin und versuchten still das Ambiente zu genießen. Es war aber alles anders, es war eine andere Arte der Nähe, die wir in diesem Moment spürten. Sahar sprach es zuerst an:

„Was ist heute anders? Gestern wollte ich nur hier liegen und wortlos der Welt zuhorchen. Heute möchte ich aber reden, erzählen und dir zuhören. Wir sind dieselben Menschen, der Ort ist derselbe, nur das Datum ist ein anderes!"

„Du sagst es, vielleicht hatte Omar Chayyām[109] auch einige Nächte mit seiner Liebsten hier verbracht, als er schrieb:

Diese Lebenskarawane ist ein seltsamer Zug,
Drum hasche die flüchtige Freude im Flug!
Mach' Dir um künftigen Gram keine Sorgen,
Fülle das Glas, bald naht wieder der Morgen!"

Wir dachten eine Weile über diese aus der Tiefe der Geschichte unseres Volkes stammende Weisheit nach und dann fuhr ich fort:

„Vielleicht wollte er der Nachwelt oder sogar lediglich uns beiden mitteilen, dass in diesem Leben nichts vergänglicher ist als Beständigkeit. Lebe für den Moment! Genieße ihn in vollen Zügen, als gäbe es keinen Morgen mehr! Das wollte er uns mit diesem Vierzeiler sagen! Verstehst du mich jetzt, wenn ich von den Geistern der Vergangenheit rede, die uns hierher nach En Bokek verfolgt haben! Kannst du dich überhaupt daran erinnern, wann wir in Deutschland das letzte Mal an Omar Chayyām gedacht haben?"

Wir machten uns wieder auf den Weg und spazierten entlang der Küste nach Neve Zohar und kamen erneut erfrischt von so vielen Gedanken über unser heutiges und gestriges Leben in der Wohnung an. Nicht ein einziges Wort verloren wir über die Zukunft, Chayyām hatte schließlich gesagt, schätze den Moment und sorge dich nicht um den Morgen, der noch nicht da ist. Und wir gehorchten. Auch wenn alles an dem Abend anders war, mutete unser vom Vollmond durchflutetes Zimmer wie ein Reich der Sinne an. Der Zauber der letzten Nacht währte noch fort, schwebte in der vorgekühlten Luft des Raumes und lud uns beflügelt mit der magischen 1.000 Jahre alten Poesie Chayyāms geradezu ein, die Gunst des Augenblickes zu genießen. Wie zwei Schwingen aus Sehnsucht und Verlangen

---

109 Iranische Mathematiker, Astronom, Astrologe, Philosoph und Kalenderreformer (1048–1131), der für seine Vierzeiler Weltberühmtheit erlangte. Seine in Versmaß verfassten kurzen philosophischen Anmerkungen und Ansichten wurden 1859 erstmalig vom Edward Fitzgeralds (1808–1883) in eine europäische Sprache übersetzt. 1878 übersetzte Adolf Friedrich, Graf von Schack seine Gedichte ins Deutsche.

brachte die Magie unsere Seelen dazu sich unseren Körpern zu entreißen, wie eine Lavafontäne gen Himmel emporzustoßen und dann im Sturzflug, um unsere nahezu reglosen Leiber herumzutanzen.

Berauscht von diesem betörenden Flug sah ich Chayyām in einem persischen Garten neben einem Bach im Schatte einer Zypresse, wie er seinen Kopf in den Schoß seiner Liebsten gelegt hatte, mit einer Hand einen bis zum Rand mit Rotwein gefüllten Krug hielt und dichtete:

Wenn Du, vom roten Wein berauscht,
Der Liebsten Zärtlichkeiten lauschst,
Genieß' es jetzt in dieser Zeit,
Das große Nichts liegt gar nicht weit.

Hyazinthen des Königs

Als sich Herodes im Jahr 15 v. Chr. eine Palastfestung erbauen ließ, konnte er nicht ahnen, dass dieser auf einem Gipfelplateau stehende Bau eines Tages das Herzstück eines großen jüdischen Aufstandes gegen die Römer sein würde. Nachdem das römische Heer Jerusalem eingenommen und die Insurgenten mit aller Härte bestraft hatte, rettete sich eine Gruppe der Aufständischen mit dem furchteinflößenden Namen „Sikarier" – Messerschwinger – in die Gemächer von Herodes. Sie wurden so genannt, weil sie ihre Feinde am liebsten mit einem Dolch, dem sogenannten „Sica" überwältigten. Die fest entschlossene kleine Gruppe unter der Führung von „Eleasar ben Ja'ir" verschanzte sich in der einst von dem jüdischen Vasallenkönig erbauten Festung und schwor sich bis zum letzten Bluttropfen, dem römischen Heer zu trotzen. Im Herbst 72 n. Chr. schlug der römische Feldherr Lucius Flavius mit seiner Legion sein Lager am Fuße des Berges auf und baute Belagerungsanlagen um die uneinnehmbar erscheinende Festung. Im April des Jahres 73 fiel die Festung, nachdem die Römer im Schutze ihrer Artillerie den Bau einer gigantischen Rampe fertiggestellt hatten, durch die sie in die Festung eindrangen. Man berichtet, die Soldaten hätten nur noch leblose Körper der Verteidiger und ihre Familien vorgefunden. Auf Geheiß von Eleasar begingen die Zeloten Selbstmord. Eine Gruppe von ihnen – zehn Männer an der Zahl – soll ausgelost worden sein, um diesen tragischen Plan umzusetzen. Der Legende nach legten sich die Männer zu ihren Familien und hielten den Auserwählten ihre Kehlen hin. Als die Arbeit getan war und alle bis auf die Zehn niedergestreckt waren, losten die Zehn einen unter sich aus, der ihnen einem nach dem anderen das Leben nahm. Der einsame Letzte, auf dessen Schulter diese unselige Bürde lastete, sammelte alle wertvollen Gegenstände, Nahrungsmittel, Schmuck und Ähnliches an einer Stelle, legte überall in der Festung Feuer und stieß sich mit jenem Dolch, mit dem er etliche Römer in Jenseits befördert hatte, mitten ins Herz, um mit diesem letzten Schwung seiner Waffe dem Namen seiner Männer alle Ehren zu machen.

Nach der endgültigen Niederschlagung des jüdischen Aufstandes kam es zur Vertreibung und Flucht großer Teile der Bevölkerung von Judäa in das Land, das sich mit dem römischen Reich im Krieg befand, nämlich in den Iran unter den Arsakiden. Seit einer vernichtenden Niederlage des römischen Heeres in der Schlacht bei Carrhae[110] im Jahre 53 v. Chr., bei dem neben dem Feldherren Crassus sowie seinem Sohn und Nachfolger, auch über 20.000 Soldaten ihr Leben ließen und weitere 10.000 in iranischer Gefangenschaft gerieten, hatten die Römer schmerzhaft begreifen müssen, dass sie es hierbei nicht mit irgendwelchen Barbaren, sondern mit einem mindestens ebenbürtigen Reich zu tun hatten, das seine eigene Vorstellung hatte, was die Weltherrschaft betraf. Die Machtpositionen unter den konkurrierenden Imperien war den Juden selbstverständlich nicht entgangen und so ließen sich viele von ihnen in Mesopotamien in der Nähe der iranischen Hauptstadt nieder, zumal der iranische König Vologaeses I. im Jahre 63 n. Chr., also 3 Jahre vor dem Beginn der jüdischen Aufstände, den römischen Streitkräften eine schmerzliche Niederlage in Armenien beigebracht hatte. Diese Wanderung nach Babylon war aber im Gegensatz zu der ersten unter Nebukadnezar keine Deportation, auch wenn sie ebenso wenig freiwillig war, wie ca. 600 Jahre zuvor. Diesmal suchten die Juden im Iran Asyl, was ihnen von Vologaeses gewährt wurde. In der wichtigsten der so entstandenen jüdischen Siedlungen wurde später eben jener babylonische Talmud verfasst. Vielleicht las der Rabbiner in unserer Nachbarschaft sogar aus diesem Buch, nicht ahnend, wie eng unsere Geschichten mit einander verflochten waren.

****

Auch wenn es uns reichlich schwerfiel, standen wir relativ früh auf und gingen auf den Hof. Vor dem Frühstück schauten wir zuerst über den Zaun, um nachzusehen, ob der alte Rabbiner schon da war. Das war er, und dem

110 Heute „Harran“ eine Stadt an der türkisch-syrischen Grenze.

Geschirr nach zu urteilen, schon eine ganze Weile. Sahar sagte empört:

„Was macht er denn? Wann steht der Kerl überhaupt auf? Macht er sonst irgendetwas anderes als beten? Gestern Abend saß er auch im Wasser und betete. Wenn er irgendwelche dringende Fragen zu seinem Glauben hat, muss er nur einige Tage abwarten, dann kann er diese in Kürze an den Herrn selbst stellen! Auf die paar Tage kommt es nun wirklich nicht mehr an! Findest du nicht!?"

„Ey! Sag mal! Seit wann bist du so sarkastisch? Nein! Das ist nicht das richtige Wort! Was ich meine, ist zynisch!"

„Fängst du langsam an, zum Judentum zu konvertieren? Hast du nicht gesehen wie wacklig er gestern auf den Beinen war? Seine arme Frau musste ihn bei jedem Schritt stützen! Und überhaupt, seit wann bist du unter die Versteher der Geistlichen gegangen!?"

„Pass mal auf, wenn du so weiterredest, wird er uns noch bis nach Masada verfolgen! Womöglich wird er mit seinem Buch und seinem Stuhl sogar schon vor uns auf dem Bergplateau sitzen und auf uns warten!"

„Und wehe, wenn ich etwas Derartiges sage!"

Schnell rüsteten wir uns mit gefrorenen Wasserflaschen auf und fuhren über die Küstenstraße 90 in den Norden. Bereits nach 20 Minuten bogen wir in eine Seitenstraße, die nach Masada führte. Man fährt einige Kilometer auf der flachen Küstenebene gen Westen und schon ist man am Fuße der Berge. Aus der Ferne sah die Anlage nicht so gewaltig aus. Wahrscheinlich hatten sich das die Römer auch gedacht, als sie mit ihrer schweren Rüstung unter der brennenden Sonne in Richtung der Festung marschierten und hofften, ein kurzes Gastspiel vor sich zu haben.

Man kann den Berg mit einer Seilbahn mit riesigen Wagen oder zu Fuß besteigen. Der Schlangenweg war an dem Tag aber bei Temperaturen von knapp unter 40° gesperrt. Der Wagen – die sogenannte Masadabahn – bietet Platz für 80 Personen und fährt die 900 m lange Strecke innerhalb weniger Minuten. Der Höhenunterschied der Tal- und Zielstation beträgt 290 m und lässt einem sich trotz relativ schneller Fahrt unterwegs einen guten Überblick über die Umgebung des Tafelberges verschaffen. Bald waren wir auf dem Plateau und die Tour konnte beginnen. Dank guter Prospekte kann man sich seine Tour nach eigenem Geschmack gestalten und wenn man das Internet auch noch zur Hilfe nimmt, kann wirklich nichts schiefgehen.

Rund um das mehr oder weniger ovale Plateau stehen noch die Reste eines Verteidigungswalls. Man kann hier verschieden Ruinen besichtigen, links von dem Eingang am Osttor sind zum Beispiel mehrere Gemäuer der Zelotenquartiere zu sehen. Zisternen, Schwimmbad, Ritualbecken, kleine Paläste etc. sind in den östlichen und südöstlichen Teilen des Plateaus zu sehen. Geht man dagegen Richtung Norden und Nordwesten, sieht man komplexere Bauten wie den Westpalast mit Überresten von Vorratsräumen, Verwaltungstrakt, Gerberei und Kolumbarium. Zwischen diesem und dem wichtigeren Nordpalast liegen die Ruinen einiger Villen sowie einer Synagoge und einer Byzantinische Kirche. Der nächste Gebäudekomplex liegt vor dem Zugang zum Nordpalast. Der für mich interessanteste Teil war hier die relativ gut erhaltene große Therme mit zum Teil noch erkennbaren Wandmalereien. In diesem Bereich und auf dem Weg zum Nordpalast ist ein Miniaturmodell der antiken Wassergewinnungsanlage aus Metall ausgestellt, mit oberirdischen Kanälen und Zisternen, die das Regenwasser in die entsprechenden Speicher leiten. Man kann hier mit einem Becher Wasser über den künstlichen Berg gießen und sehen, wie es sich an dem dafür bestimmten Ort sammelt. Diese Anlage muss extrem effektiv gewesen sein, sodass Herodes genug Wasser für seine Schwimmbecken und Thermen hatte. Über eine lange Treppe kommt man endlich zum Herzstück des Plateaus: dem Nordpalast. Es handelt sich um drei große Terrassen an einer natürlichen Verjüngung des Berges, wobei die obere von ihnen ein Teil des zuvor genannten Gebäudes ausmacht. Von hier aus hat man einen herrlichen Blick auf die unendlich erscheinende Wüste und das Tote Meer. Sahar schaute über die Geländer in Richtung des unter dem grellen Sonnenlicht glänzenden Meeres und sagte:

„Dieser Herr Herodes hat mit Sicherheit gewusst, wie man das Leben genießt. Stell dir mal vor, hier auf dieser Terrasse unter einem Mondschein wie vorgestern zu sitzen. Überall Kerzen anzuzünden, den bezaubernden

Duft der voll aufgegangenen Hyazinthenblüten einzuatmen, den Barden eine melancholische Melodie spielen zu lassen, die Weinkrüge zu leeren und wieder zu füllen und diesen majestätischen Ausblick zu genießen! Selbst wenn du der kleinste Wicht auf der Welt wärest, würdest du dich als der König der Könige fühlen!"

Wir standen eine Weile dort, wo Herodes einst geruht hatte, und genossen den Schatten der hohen aus dem Stein geschlagenen Mauer, während wir uns über die Zeloten und ihr tragisches Ende unterhielten. Von dem Palast aus konnte man die Überreste der gigantischen Rampe sehen, die die Römer in mühsamer Arbeit errichtet hatten, um ihre Infanterie und ihre schweren Geräte wie Rammböcke, Mauerbohrer, Katapulte und Sturmleitern hinaufzubringen. Außerdem konnte man die Grundmauer der quadratisch angelegten Quartiere der römischen Legionen auf der Ost-, Nord- und Westseite des Berges erkennen.

Nachdem wir uns nun alles angeschaut hatten, kehrten wir über die lange Treppe – diesmal hinauf – unter dem direkten Sonnenstrahl zurück auf das Plateau. Auf dem halben Weg sagte Sahar, die schon seit einer Stunde eine leichte Schwäche spürte:

„Es geht mir nicht gut, ich bin so schwach in den Beinen und habe Schwindel."

„Oh Gott! Du hast einen Sonnenstich! Schaffst du es bis da oben?"

„Ich denke schon, das heißt, ich muss!"

Ich hielt meine Umhängetasche so, dass ihr Kopf nicht mehr unter dem direkten Sonnenstrahl war, stützte sie und gab ihr die Flasche in die Hand und ließ sie sie austrinken. Schnell waren wir wieder auf dem Plateau und gingen zu einem Wasserschlauch, nach einigen einfachen Maßnahmen ging es ihr wesentlich besser und wir bewegten uns in Richtung der Masadabahn um den Rückweg einzuschlagen. Schnell kamen wir in der klimatisierten Speisehalle an und nahmen als erstes zwei riesige Frappés. Sahar war wieder putzmunter und zu Scherzen aufgelegt:

„Gut, dass ich dich habe auf die Doktorschule gehen lassen! In weiser Voraussicht dachte ich an diesen Tag!"

Nach einer kurzen Rast besuchten wir das Museum. Die absichtlich dunkel beleuchteten Räume geben im Zusammenspiel mit dem Audioguide wertvolle Informationen über die Lebensweise der Zeloten, aber auch darüber, wie es sich zu den Zeiten von Herodes in Masada leben ließ. Einige lebensgroße und bedacht platzierte Statuen der Sikerier ermöglichen dem Besucher eine genaue Vorstellung von dieser Gruppe. Daneben kann man Instrumente, Haushaltsgeräte, Gefäße und Besteck aus Ton besichtigen. Angeblich habe man hier sogar 9 Tonstücke gefunden, auf denen die Namen der 10 Unglückseligen – bis auf den zehnten – geschrieben stand, die ausgelost wurden, ihren Freunden den Freitod zu schenken. Was mir aber sofort auffiel, waren die Münzfunde. Also sagte ich zu Sahar:

„Schau mal! Die jüdischen Kriege haben genau genommen lediglich 4 Jahre angedauert und wenn wir großzügig sind und Masada auch dazu zählen, dann meinetwegen 7 Jahre. In diesen 7 Jahren habe sie Münzen geprägt, um ihre Souveränität zu bekunden. Merkwürdig, dass die muslimischen Araber Mitte des siebenten Jahrhunderts angeblich große Teile Irans und des byzantinischen Reiches unter ihre Herrschaft gebracht haben wollen, aber mit eigenständiger Münzprägung etwa 50 Jahre lang gewartet haben! Ich glaube, die muslimischen Geschichtsschreiber haben die Nachwelt nach Strich und Faden verarscht!“

„Fängst du schon wieder mit dem ollen Balāḏurī an!? Jedes Mal, wenn du so von ihm redest, macht der arme einen Salto rückwärts im Grab!“

Mit der erheiternden Vorstellung von dem Historiografen, wie er im Grabe Akrobatik betrieb, verließen wir lachend das Museum.

Nach zwei weiteren kühlen Getränken und der Fahrt in dem klimatisierten Auto verschwanden die Folgen des Sonnenstiches vollends. Wir fuhren zurück und machten einen Umweg über En Gedi, um zwei Fliegen mit einer Klappe zu schlagen. Zum einen hätten wir die Möglichkeit gehabt, einen Kibbuz zu besichtigen, und zum anderen die Oasen mit Wasserfällen zu besuchen.

Der Wachmann fragte uns in einem skeptischen und unfreundlichen Ton, was wir da suchten und als er erfuhr, dass wir Touristen auf Durchreise waren, verlangte er nicht nur nach unseren Aufenthaltskärtchen, sondern auch nach den Autopapieren. Er verschwand in seinem Büro und telefonierte einige Minuten, kam genauso grimmig raus, wie er hereingegangen war. Er gab uns die Papiere wieder zurück, öffnete die Schranke und winkte uns ohne ein Wort oder eine Geste des Willkommens herein. Wir hatten eine völlig andere Vorstellung von einem Kibbuz. Ich persönlich hatte das Wort zum ersten Mal im Iran und als Kind gehört. An einem kalten Herbstabend kam mein Vater später als sonst nach Hause, zeigte die Zeitung vor und sagte zu meiner Mutter:

„Es kann sein, dass alles teuer wird. Es gibt Krieg!"

Er hatte an jenem Abend eine lange Unterhaltung mit seinen Freunden in dem Autoersatzteilladen gehabt, und sie hatten gemeinschaftlich beschlossen, dass der neue arabisch-israelische Krieg seine Schatten auch auf den Iran werfen würde und man schnellstmöglich die Speicher mit Lebensmitteln füllen sollte. Es war das Jahr 1973 und die Generation meines Vaters konnte sich sehr gut an die Besetzung Irans im Jahre 1941 und ihre Folgen für das Volk erinnern. Die Angst saß nach drei Jahrzehnten immer noch tief. Ab jenem Abend kam er immer mit der Zeitung unter dem Arm nach Hause, trank erst mal seinen Tee und las bis zum Abendessen daraus. Nach dem Essen erzählte er über den Krieg und betete Abend für Abend dafür, dass unsere Regierung weiterhin die Situation unter Kontrolle hielte. Mit gerade ein mal sieben Jahren wurde ich plötzlich mit einer Flut von neuen Informationen konfrontiert. Zwar wusste ich, dass unser Prophet und unsere Imame alle Araber waren, aber was Araber heißt, wusste ich noch nicht. Jetzt musste ich mich auf einmal fragen, wer die Israelis sind, warum sie sich bekriegen und vor allem, was das alles mit dem Iran zu tun hatte.

„Vater! Wer führt den Krieg?"

„Die Araber und die Israelis, mein Sohn!"

„Und wer sind die Bösen unter ihnen?"

„Die Israelis selbstverständlich! Die kämpfen gegen unsere muslimischen Brüder!"

„Und was sind die Israelis? Sind sie Christen?"

„Nein! Das sind Juden!"

„Ist Herr Ariye auch Böse? Er ist doch auch Jude! Warum arbeitest du für ihn, wenn er böse ist?"

„Nein, nein! Nicht die Juden sind die Bösen, sondern die Israelis!"

„Aber du hast doch selbst gesagt, dass die Israelis Juden sind! Ist Herr Ariye kein Jude?"

„Doch doch! Er ist Jude und wie viele Juden auch ein guter Mensch, ich meine auch, dass die Israelis ... das heißt in diesem Krieg ... weil die Araber ... hast du eigentlich keine Hausaufgaben auf!?"

Rückblickend denke ich, dass meine Fragen ihn mehr verwirrten als seine Antworten mich. Ich hatte jetzt gelernt, dass es irgendwo auf der Welt einen Krieg gab, in dem sich die Bösen auf einer und die Guten auf der anderen Seite befanden. Mein Vater las in den nächsten Tagen immer interessierter aus der Zeitung, wobei hin und wieder das Wort Kibbuz auch fiel. Ich fragte ihn ein paar Mal, was das sei, aber das wusste er selber nicht. So musste ich fünf Jahre warten, bis ein Jahr vor der islamischen Revolution ein Buch über die Karame-Schlacht[111] erschien, in dem der sogenannte Sieg der palästinensischen Freischärler über die israelischen Invasoren am Fatah-Lager „Karame" gefeiert wurde. In dem Buch wurden die Kibbuzim als ein Teil des zionistischen Plans zur Enteignung der Palästinenser geschildert. Später in Deutschland las ich auch darüber, dass viele europäische Kommunisten, die in dem ersten sozialistischen Land der Geschichte und an der Führung Stalins eine herbe Enttäuschung erfahren hatten, gerade diese in Palästina gegründeten Kommunen als das Vorbild ihrer utopischen Gesellschaft der Zukunft empfanden und dorthin auswanderten.

Mitten in so einer Utopie hatten wir uns jetzt verirrt. Aber damit nicht genug, Google Maps zeigte dazu noch permanent Fehlermeldungen. So fuhren wir ziellos herum. Nach einigen Straßen trafen wir auf ein älteres

---

111 Am 21. März 1968 startete die israelische Armee eine Offensive gegen die Fatahbasis und Flüchtlingslager Karame auf dem jordanischen Boden. Obwohl das Lager komplett zerstört wurde, feierte die arabische Welt die Schlacht als Sieg, weil 300 palästinensische Freischärler das 15.000 Mann starke israelische Kommando zurückgeschlagen hatte.

Paar, das anscheinend vom Einkaufen zurückkam. Ich grüßte sie freundlich und fragte nach dem Zentrum des Ortes. Die sehr harsche Antwort schlug mir wie eine Faust ins Gesicht. So viel geballte Unfreundlichkeit stand im klaren Gegensatz zu dem, was wir bis dato erlebt hatten. Sahar sagte merklich enttäuscht:

„Sind sie wirklich so unfreundlich, oder sind wir in den Tagen, seit wir hier sind, einfach zu sehr verwöhnt worden?"

Und wir irrten weiter herum. Die nächste Passantin warf uns einen bösen Blick zu, als hätte sie zwei Taschendiebe beim Klauen erwischt. Wir fuhren weiter herum und als ich im Rückspiegel einen Uniformierten hinter uns herfahren sah, sagte ich zu Sahar:

„Ich kann es mir zwar nicht erklären, aber irgendein dummes Gefühl sagt mir, dass wir hier nicht willkommen sind. Lass uns schnell das Weite suchen, bevor wir in eine Sache geraten, aus der wir nicht mehr rauskommen. Bis zum Abflug haben wir ja nur 48 Stunden, und ich möchte diese Zeit ungern mit einem unnötigen Verhör vergeuden."

Sahar sah das schweren Herzens ein und als uns der Wagen bis zur Ausfahrt begleitete, wussten wir beide, dass wir die richtige Entscheidung getroffen hatten, auch wenn sie uns den Besuch der Wasserfälle kostete. Stattdessen fuhren wir in dem klimatisierten Auto und unter der brennenden Sonne entlang der Küste gen Süden und genossen die herrliche Aussicht. Dabei fielen uns die quer ins Wasser ziehende Sandstreifen, die zum Teil fast bis zum gegenüberliegenden Ufer reichten und das Meer somit quer teilten. Je weiter wir in Richtung Süden kamen, desto kleiner wurden die Abstände zwischen den Streifen, bis das Meer dann kurz vor Neot HaKikar aufhörte. Die Siedlung ist ein Moschaw, also ein weniger kommunistischer Kibbuz, in dem zwar genossenschaftlich Agrarwirtschaft betrieben wird, die Mitglieder aber Eigentümer ihres Gutes sind. Dank Google erfuhren wir das rechtzeitig und verzichteten nach der Erfahrung in dem Kibbuz En Gedi auf einen Besuch des Moschaws.

„Ich glaube zwei Gruppen können uns beide am aller wenigsten leiden, die Islamisten und die Kommunisten! Fragt sich nur warum!", sagte Sahar zur Erheiterung und fügte noch hinzu:

„Ich meine natürlich das kommunistische Gedankengut im Allgemeinen und nicht den Kommunismus per se!"

So kehrten wir nach der zweiten Enttäuschung des Tages wieder zurück und aßen in dem Restaurant des Hotels in En Bokek. Wir hatten das Hotel bis dahin nur durch den hinteren, strandseitigen Bereich betreten. Jetzt hatten wir das Auto aber auf der Vorderseite geparkt und fanden den Haupteingang der riesigen Hotelanlage nicht. Ich ging zu zwei jungen Männer, die eine Hoteluniform trugen und mit Kehre und Schippe dastanden und mit einem tiefen, nahezu verzweifelten Neid die gleichaltrigen Gäste anschauten, die sorglos durch die Halle stolzierten, lachten und sich amüsierten. Ich hörte, wie sie sich in Arabisch unterhielten, grüßte sie und fragte auf Arabisch nach dem Ausgang. Die sehr eingeschüchterten Männer von Anfang zwanzig antworteten in einem Dialekt, der für mich schwer verständlich war. Ich konnte es mir nicht erklären, aber irgendetwas in ihren Blicken stimmte mich sehr traurig. Sie schienen palästinensische Arbeiter zu sein. Ich versuchte es auf Englisch, dann versuchte es Sahar in Französisch, wir hatten leider keinen Erfolg, um mit ihnen ins Gespräch zu kommen. Das machte mich noch trauriger, also verabschiedeten wir uns von den beiden, während sich die verzweifelten Blicke der beiden in mein Gedächtnis einprägten. Wir fuhren nach Hause und legten uns in der Erwartung des Abends am Meer eine Weile hin. Wir waren nach dieser Begegnung sehr still geworden. Ich lag im Bett und versuchte mich für einen Moment in die Lage der beiden zu versetzen. Eigentlich war diese Begegnung nichts Besonderes, aber ich denke, wir hatte bis dahin kaum etwas von der Lage der in Israel lebenden Araber wahrgenommen. Vielleicht hatten diese verzweifelten Blicke unser Unterbewusstsein wachgerüttelt.

Als wir am Abend wieder am Strand lagen und die grellen Strahlen des Mondscheines auf uns regnen ließen, hielt es Sahar als Erste nicht mehr aus und sagte:

„Ich kam in der Hoffnung hierher, um mir über diesen Zwist ein bisschen

Klarheit zu verschaffen, die Blicke der beiden Jungs lassen mich nicht in Ruhe. Ich glaube, darin versteckt sich die ganze palästinensische Tragödie. Ein Volk ohne Heimat, stets ein Spielball der Politik seiner angeblichen Beschützer und unterdrückt in seinem eigenen Land. Das enttäuscht mich wirklich. Ich wusste, dass wir hier die Wahrheit über diesen Konflikt – falls es sie überhaupt gibt – nicht erfahren werden, aber ich hoffte leise, dass wir die ungefilterte Wirklichkeit zu Gesicht bekommen."

Der traurige Ton in ihrer Stimme spiegelte sich auf meine Stimmung. Ich sagte:

„Witklichkeit? Ich vertrete heute mehr denn je die Auffassung, dass die „Wirklichkeit" lediglich eine Illusion ist, über die es eine konventionelle Einigkeit gibt."

Wir schwiegen weiter, ohne die herrliche Kulisse wie die letzten Abende richtig genießen zu können. In diesem Moment beschäftigte uns das Leid der Palästinenser mehr als alles andere. Ich fragte:

„Glaubst du wirklich, dass dieser ewige Krieg irgendwann ein Ende finden wird?"

Sie setzte sich aufrecht auf die Liege, schaute mich im hellen Mondschein an und antwortete lachend:

„Ja! Tatsächlich! An dem Tag, an dem deine Rita Jahanforouz in dem großen Stadion von Teheran ein Open-Air-Konzert gibt, werden Iraner, Israelis und Palästinenser alle glücklich sein! An dem Tag werden alle Völker dieser Region in Glückseligkeit und Frieden leben!"

„Warum ist sie auf einmal „meine" Rita Jahanforouz?"

„Ja so wie du mit ihr vor diesem Paar in Tel Aviv angegeben hast, könnte man meinen ...!"

Als ich acht Monate später zum zweiten Mal in Israel war, musste ich mich an diese Unterhaltung mit Sahar erinnern.

* * * * * * *

Es war an jenen 28 Ijjar, an dem ich mit meinem Sohn und Johannes den

Felsendom besucht hatte. Als wir den Tempelberg durch den Westausgang verlassen wollten, begegneten wir einer Gruppe nahezu ausschließlich israelischer Männer im Alter von zwischen 20 und 30 Jahren mit israelischen Flaggen, die rauf- und runtersprangen, laut brüllend irgendwelche Lieder sangen und dabei in Richtung der auf dem Hof stehenden Palästinenser demütigend gestikulierten. Diese standen vollkommen entrüstet und resigniert herum und machten keine Anstalten, die Parolen der anderen zu erwidern.

Das Verhalten der Gruppe war mehr als beschämend und sie machten keinen Hehl daraus, nur auf Demütigung der Araber aus zu sein. Erst als wir durch den Kontrollposten auf den Bazar gingen, konnten wir das Ausmaß dieses provokativen Verhaltens richtig einschätzen; überall im arabischen Viertel waren junge Männer mit Kippa auf dem Kopf, israelischer Flagge in der Hand und einer Pistole im Halfter an ihrem Gürtel grölend unterwegs und zogen von Laden zu Laden und reizten die nahezu reglos herumstehenden Araber bis zur Weißglut.

Die durch das Erfolgserlebnis am Felsendom aufgekommene freudige Stimmung wich sofort einem tiefen Gefühl aus Fremdscham, Mitleid und Entsetzen. Da es unmöglich schien, diesem Mob zu entkommen, verließen wir schnell über das Herodes-Tor die Altstadt und setzten uns erstmal schweigend auf die davor befindlichen Treppen. Es ist eine unumstrittene Tatsache, dass diese Stadt für die nationale Identität der Israelis eine sehr wichtige Rolle spielt. Es macht es einem in den USA, in Deutschland, Russland, Iran oder sonst wo in der Welt lebenden Juden um einiges einfacher, sich zu einer Alija[112] zu entscheiden, wen das Ziel „Jerusalem" heißt und nicht so etwas Alltägliches wie zum Beispiel En Gedi. Ich bin mir nicht einmal sicher, ob der Staat Israel jetzt existieren würde, wenn die Araber die Teilung Palästinas akzeptiert hätten und der jüdische Staat fern ab von Jerusalem geblieben wäre, wie es in der UN-Resolution 181 vorgesehen war. Jerusalem wäre demnach im Herzen des arabischen Teiles Palästinas, zwar

112 Aus dem Hebräischen, Rückkehr der Juden nach Eretz Jisra'el

unter internationaler Kontrolle, aber wenn überhaupt mit einer kleinen jüdischen Minderheit. Es kam aber alles anders. Die arabischen Nachbarn erklärten 1948 dem gerade erst gegründeten Staat Israel den Krieg und verloren diesen. Den Preis mussten die Palästinenser unter anderem mit dem Westteil der Stadt bezahlen. Neun Jahre später zettelten die selbsternannten Beschützer der Palästinenser einen neuen Krieg in der Hoffnung an, die Juden ins Meer zu treiben. Das klägliche Versagen der arabischen Front kostete die Palästinenser dieses Mal unter anderem den Rest Jerusalems. Wenn man die Landkarte anschaut, kann man es sehr gut nachempfinden, wie viel es den Israelis daran gelegen haben muss, Jerusalem um jeden Preis zu erobern. Die Verbindung der Stadt mit dem restlichen Boden des israelischen Kernlandes ähnelt einem Korridor, durch den die israelischen Streitkräfte in aller Eile in jenem Juli des Jahres 1967 in die Stadt gelangt sein müssen.

Diesen besonderen Tag feierten sie nun. Das, was wir vorhergesehen hatten, nahm uns die Lust, den Feierlichkeiten beizuwohnen. Wir überlegten uns noch, was wir stattdessen unternehmen konnten, da lief eine ca. 10-köpfige Gruppe junger Männer und Frauen, die alle weiße Hemden anhatten und in den Händen Blumensträuße hielten. Sie sprachen Hebräisch und waren sehr fröhlich gestimmt. Sie kamen auf uns zu, hielten uns jeweils eine Blume hin und gratulierten uns in Arabisch zum bevorstehenden Zuckerfest. Wir bedankten uns und gaben ihnen zu verstehen, dass wir weder Araber noch Muslime sind. Sie wünschten uns dennoch einen schönen Tag und gingen durch das Tor in das arabische Viertel. Ich sagte zu den Jungs:

„Jetzt wird es interessant! Ich wüsste zu gerne, was sie vorhaben!"

Die beiden sprangen voller Neugierde auf und wir liefen der Gruppe hinterher. Sie gingen von Laden zu Laden und gratulierten den arabischen Ladenbesitzern und schenkten ihnen Blumen. Man konnte auf den bedrückten Gesichtern der fastenden Muslime sowas wie ein flüchtiges Lächeln erkennen. Die Gruppe ging weiter und als ich das Gebrüll der feiernden Israelis hörte, sagte ich den Jungs, sich an einer sicheren Stelle mit guter Aussicht zu stellen und zu warten, bis die beiden Gruppen aufeinandertreffen.

Das geschah schneller, als wir dachten, die Ladenbesitzer gingen in ihre Läden und schauten die Geschehnisse unbeteiligt an. Die friedliche Gruppe blieb stehen, ging zur Seite und machte den brüllenden Männern Platz. Diese schrien lauter und rempelten die friedlich an den Wänden stehenden jungen Frauen und Männer an und beschimpften sie. Sie hielten ihre Blumen hoch und sagten kein Wort. Als einige anfingen, sie zu bespucken, versuchten sie, sich in eine Seitengasse zurückzuziehen. Wir mussten jetzt unsere sicheren Zuschauertribünen verlassen, um alles besser sehen zu können. Während einige mit der kleinen friedfertigen Gruppe beschäftigt waren, widmete sich das Gros der Truppe wieder dem, weshalb es auf die Straße gekommen war. Sie schwenkten die israelische Flagge vor die Nasen der Ladenbesitzer und grölten provokante Parolen. Die Araber standen wie paralysiert vor dem, was sich gerade vor ihren Augen abspielte, und schauten nur ungeduldig auf ihre Uhren. Es schoss mir durch den Kopf:

„So muss sich eine Vergewaltigung seelisch anfühlen. Die Armen beten in diesem Moment wahrscheinlich nur dafür, dass es so schnell wie möglich vorbei ist."

Wir gingen zum Damaskus-Tor. Überall waren die Reiterstaffeln der Polizei mit riesigen Pferden unterwegs. Das Viertel, in dem Sahar und ich Monate zuvor unbeschwert spazieren waren, hatte sich in eine komplette Sperrzone verwandelt. Am Damaskus-Tor hatten sich mehrere Israelis versammelt, die im Schutze der Polizei zur lauten, betörenden Musik, die aus den riesigen Boxen ertönte, tanzten und sangen. An einer der Sperren standen Beamte und kontrollierten die Personalien. Wir verzichteten nicht zuletzt wegen der aggressiven Stimmung am Tor durch den Kontrollposten zu gehen und standen eine Weile dahinter. Dann kam ein älterer Palästinenser und wollte zum Tor und in das arabische Viertel. Die Beamten ließen ihn nicht durch und er stand schweigend neben uns. Sein Gesicht war kreideweiß und man konnte von seinem nach unten gerichtetem Blick die Geschichte einer 70 Jahre währenden Demütigung und Erniedrigung ablesen. Ihm, dessen Vorfahren seit Generationen in diesen Gassen lebten, wurde vor unseren Augen der Zugang zu seinem Viertel in seiner Stadt verwehrt. Wenn es möglich wäre, den Worten einen Leib zu verleihen, war dieser alte Mann in diesem Augenblick die absolute Verkörperung des Wortes Tragödie.

Als wir dann alles nicht mehr aushielten und ins Hotel gehen wollten, kamen wir wieder an einer Absperrung an dem geschlossenen Bazar vorbei, hinter dem sich viele Araber versammelt hatten und protestierten, während sie von der berittenen Polizei mit ihren angsteinflößenden Pferden in Schach gehalten wurden. Wir zeigten unsere Pässe und durften die Sperre unschwer passieren. Es war ein äußerst unangenehmes Gefühl festzustellen, dass wir als Touristen in Jerusalem mehr Rechte besaßen als die Einheimischen.

Die verzweifelten Blicke der Ladenbesitzer, die bedrückende Stimmung derer, die an die Niederlage erinnert wurden, der alte Mann, der die ganze palästinensische Tragödie in einem einzigen Blick reflektierte, all das nahm mir die Freude an dem Besuch der Stadt. Ich ließ die Jungs weiterziehen, ging ins Hotel, bestellte einen doppelten Whisky, zündete nach über einem Jahr wieder eine Zigarre an und ließ meine schmerzende Seele von dem feurigen schottischen Wasser betäuben. Ich legte mich dann früh ins Bett und dachte an Sahar und unsere Unterhaltung am Toten Meer über das Leid der Palästinenser.

* * * * * * *

Wir lagen unter dem Mondschein und ich erzählte Sahar von dem Buch, das ich als Kind gelesen hatte. Von Nabil und Rachel, von der Sinai-Wüste und davon, dass die Menschen manchmal am schlimmsten Orte der Welt das beste Geschenk des Lebens finden, und sich auf dem Schlachtfeld ineinander verlieben können. Dann fragte sie:

„Und was glaubst du? Werden sie je zu Frieden finden? Kannst du dir vorstellen, dass unsere Enkelkinder eines Tages hierherkommen und das Land genießen, ohne solche Gespräche führen zu müssen?"

„Ich weiß es nicht! Du weißt doch selbst, dass ich ein optimistischer

Mensch bin. Aber ich denke, der Zug ist längst abgefahren. So sehr ich auch in das Gute in Menschen glaube, den Frieden sehe ich unerreichbarer denn je. Die einen können nicht, selbst wenn sie es wollten, und die anderen wollen es nicht, selbst wenn sie es könnten. Vielleicht sollte man Rachel und Nabil zum Leben erwecken und ihre Geschichte neu schreiben."

„Dann leg los! Wie würdest du sie heute erzählen?"

„Ich kann mich nur noch ganz dunkel an das Ende der Geschichte erinnern. Ich glaube, sie wurden von den israelischen Suchtrupps gefunden, Nabil wurde gefangen genommen und zusammen mit den anderen ägyptischen Kriegsgefangenen gegen israelische Soldaten ausgetauscht."

„Wie schrecklich! Ich hätte erwartet, dass die Geschichte anders ausgeht! Der Autor wird ein Sadist gewesen sein!",

sagte Sahar voller Empörung. In der Tat konnte ich mich nicht richtig an das Ende erinnern. Vielleicht spielte mir mein Unterbewusstsein in dem Gemütszustand, in dem ich mich befand, seit ich die beiden palästinensischen Jungs gesehen hatte, einen dicken Streich und wollte nicht, dass die Geschichte zugunsten der Israelis ausging, in dem Nabil dafür geehrt wurde, dass er sich um Rachel gekümmert hatte. Vielleicht war das aber auch genau das, was in dem Buch stand. Es spielte in diesem Augenblich keine Rolle. Israel gewann zwar diesen und weitere Kriege gegen seine Nachbarn, den Krieg für den Frieden verloren aber alle Menschen in dieser Region, und mit den Folgen musste ausgerechnet das Volk leben, das am wenigsten für die Entstehung dieser Kriege verantwortlich war. Noch heute wird in seinem Namen Krieg geführt und noch heute muss es die Konsequenzen der Handlungen anderer tragen. Ich fuhr fort:

„Ich hätte die Geschichte anders geschrieben. Wenn ich der Autor wäre, hätte ich sie so erzählt:

Die Suchtrupps fanden die beiden an einem kalten Morgen hinter einer Düne, wie sie sich völlig entkräftet und halb verdurstet fest umarmt hatten, damit sie noch eine Nacht überleben konnten. Die Sanitäter, die die vom Sand und getrockneten Schlamm überdeckte Uniform von Nabil zunächst nicht erkannt hatten, hielten ihn für einen von ihnen. Bei Rachel war es völlig klar, dass sie eine Israeli war, arabische Frauen hatten schon damals keinen Platz in den Reihen des Militärs. Sie entkleideten die beiden, wickelten sie in Wärmedecken und brachten sie in das Feldlazarett. Erst als sie zu sich kamen und Nabil anfing zu reden, kam schnell heraus, dass er ein feindlicher Soldat und kein eigener Kamerad war. Er wurde sofort mit Hand- und Fußfesseln in einen Mannschaftstransportwagen gesteckt.

In den kalten Nächten der Sinai-Wüste hatten sich die Verliebten geschworen, einander nicht zu vergessen und über ihre Verwandte in Europa mit einander Kontakt aufzunehmen. Nachdem Rachel ihre Vorgesetzten überzeugt hatte, dass sie ihr Leben nur dem Ägypter zu verdanken hatte, wurde Nabil unauffällig zu den anderen ägyptischen Gefangenen in das Feldlager gesteckt, damit er später keine Probleme bekam. Er wurde als einer der ersten gegen die israelischen Soldaten ausgetauscht.

Als Anwar as-Sadat 10 Jahre später seine historische Rede vor der israelischen Knesset hielt, entflammte die alte Liebe in den Herzen von beiden, die dieser Liebe zu Ehren noch ledig geblieben waren. Sie hingen an Sadats Lippen und hofften, sich bald in Israel oder Ägypten treffen zu können. Sie lasen in den darauffolgenden Tagen immer wieder die Briefe, die sie sich über ihre Verwandten in Europa geschickt hatten, ohne dass die beiden Geheimdienste davon erfuhren. Die Ernüchterung ließ aber nicht lange auf sich warten. Ägypten fand in Israel einen zuverlässigen Friedenspartner und bekam die Sinai-Halbinsel zurück, wurde dafür aber aus der Arabischen Liga ausgeschlossen und für diesen Alleingang verachtete.

Am 13. September 1993 gaben sich Rabin und Arafat die Hand. Die Verliebten waren der Trennung trotz aller Sehnsucht überdrüssig und längst verheiratet. Sie schauten sich die Bilder im fernen Washington im Fernseher an, tranken Wein und vergossen heimlich Tränen der Wehmut über die verlorene Liebe.

Als Nabil ein Jahr später vor dem Fernseher saß und die Rückkehr von Arafat nach Palästina verfolgte, zog ein tiefes brennendes Gefühl in seinem Herzen seine Gedanken nach Sinai. Er kaufte direkt am nächsten Tag ein Flugticket nach Tel Aviv, fuhr von dort aus, direkt nach Netanya um

Rachel zu besuchen. Als er an der Passkontrolle angab, weshalb er nach Israel gekommen war, wurde er von einer Schar von Journalisten dorthin begleitet. In der alle Grenzen überschreitende Friedenseuphorie war die Geschichte der beiden Kriegsveteranen eine Sensation, von der man in der ganzen Welt sprach.

Und dann kam der Moment. Rachel und Nabil standen sich gegenüber. Sie hatten sich in all den Jahren nur Briefe geschrieben und keiner wusste, wie der Andere aussah. Sie gingen auf einander zu und gaben sich unter dem Blitzlichtgewitter der Reporter die Hand. Rachel schaute Nabil tief in die Augen und sagte mit einem sanften Lächeln auf den Lippen:

„Wo hast du deine schwarzen Haare gelassen, Soldat?“

Nabil lächelte schmerzlich und sagte leise, so dass ihn nur Rachel hören konnte: „Meinst du meine grauen Haare? Das ist die Asche einer ausgebrannten Liebe, die auf meinem Haupt sitzt!“

Rachel erwiderte genauso leise: „Es gibt nichts Seligeres auf der Welt als dieser Frieden, aber verflucht sei er, dass er 20 Jahre zu spät kommt!“

Der Frieden kam und blieb, und an dem Tag, an dem der palästinensische Staat gegründet wurde, baute man an der Grenze zwischen Israel und Ägypten überdimensionale Statuen, von einer Soldatin auf der israelischen und einem Soldaten auf der ägyptischen Seite, wie sie sich die Hände entgegenstreckten, ohne sich berühren zu können.“

Ich hielt inne. Sahar schaute mich an und seufzte laut. Der Mond stand jetzt über uns und flutete das Meer mit seinem hellen Licht. Die beiden Palästinenser hatten in unseren Gedanken eine Lawine aus Mitleid losgetreten und uns zum Nachdenken bewegt. So lagen wir nun da, zwei deutsche Staatsbürger iranischer Abstammung, deren Herzen an dem vorletzten Abend ihrer Reise mit Empathie für ein Volk gefüllt war, dem das Schicksal von allen Seiten übel zugespielt hatte.

Es war langsam Zeit, wieder nach Hause zu gehen.

Duft der Lotusblume

Am nächsten Morgen standen wir mit demselben sinnlichen Rausch der letzten Nächte auf und gingen voller Neugierde auf den Hof, um nachzusehen, ob der Rabbiner wieder da war.

„Das kann doch nicht sein Ernst sein! Will er uns eigentlich verarschen? Schau mal! Er sitzt wieder da und betet!", sagte Sahar entsetzt und schaute mich fast verzweifelt an.

„Lass ihn doch! Wenn er damit glücklich ist, dann sei es ihm gegönnt!"

Das war meine Antwort, mit der ich Sahar ein bisschen von dem Thema ablenken wollte. Sie zeigte aber keinen Kompromiss.

„Ja, die Leute, die sich einen Schuss Heroin durch die Gefäße jagen, sind auch in dem Moment glücklich, das ist aber längst kein Grund, so etwas gutzuheißen! Wer hatte einst die Religion mit Opium verglichen? Ich glaube, das war auch ein Jude! Nicht wahr?"

Ich war gegenüber meiner klugen Frau völlig entrüstet. Deshalb schwieg ich. Aber sie hatte erst richtig Fahrt aufgenommen:

„Schau mal! Die Israelis haben in mühsamer Arbeit und mit viel Blut und Fleiß sogar die unfruchtbare Wüste bestellt und etwas daraus gemacht. Und er und seinesgleichen haben in all diesen Jahren nur gebetet! Das ist doch bescheuert!"

„Wie sacht man op Kölsch? Jede Jeck is anders! Wenn die Bürger dieses Landes damit leben können, wer sind wir, dass wir uns anmaßen könnten, darüber zu urteilen?"

Ein Jahr später teilte Ezer, der Reporter, gänzlich die Meinung meiner Frau und erzählte mir nach dem Interview, als wir in einem iranischen Café in Köln saßen und Tee tranken:

„Weißt du, Doktor? Was mich beunruhigt, ist weder der Iran, noch Hisbollah, noch Hamas. Ich sehe die Zukunft meiner Heimat in Gefahr, weil diese Orthodoxen immer mehr an Einfluss gewinnen, zumal ihre Geburtenrate auch deutlich über dem israelischen Durchschnitt liegt.

Irgendwann werden wir ein jüdischer Staat sein; und zwar nicht in ethnischem, sondern in religiösem Sinne! Davor habe ich wirklich Angst!"

Und Ezer übertrieb kein bisschen. Es gibt jetzt schon Ortschaften, in denen eine absolute Geschlechtertrennung im öffentlichen Leben, ja sogar in den öffentlichen Verkehrsmitteln, herrscht. Zwischen 1990 und 2011 gab es in Israel die Mehadrin-Linien, in denen die Frauen in den hinteren Reihen und die Männer in den vorderen Reihen saßen und den Bus auch durch separate Türen bestiegen. Ich konnte die Sorgen des Reporters sehr gut nachvollziehen, weil diese Praxis im Iran seit mehreren Jahrzehnten per Gesetz vorgeschrieben ist. Die iranischen Frauen dürfen in dem hinteren kleineren Teil des Busses sitzen, oder besser gesagt stehen, auch wenn der vordere Bereich völlig leer ist.

Aaron besuchte uns mit einem Korb voller frisch gepflückten Obstes und einer Flasche Rotwein und fragte, ob wir etwas brauchten.

„Nein, es ist alles wundervoll und wir fühlen uns sehr gut hier. Mein Kompliment, Sie sind ein hervorragender Gastgeber und ich werde es in meiner Beurteilung auf der Buchungsseite extra betonen."

Aaron bedankte sich herzlich und stellte uns die Fragen über den Iran, die wir mittlerweile beantworten konnten, bevor sie gestellt wurden. Er trank einen Kaffee mit uns, rauchte eine Zigarette und auf die Frage hin, ob er den alten Rabbiner kannte, erzählte er uns, er sei sein Onkel, der in den Neunzigern aus Weißrussland eingewandert sei und seitdem auch nichts gemacht habe, außer aus dem Talmud zu lesen, zu beten und einige religiösen Studenten auszubilden.

„Ich habe aber nicht viel mit ihm zu tun. Schließlich ist er ja mein Onkel. Während sich meine Eltern krumm gearbeitet haben, um hier Fuß zu fassen, hat er nur dagesessen und gebetet. Er hält uns aber für nicht fromm genug und reduziert den Kontakt auf das Nötigste. Wir sind gerade gut genug, mit unseren Steuern für seinen Lebensunterhalt aufzukommen! Das geht mir nicht in den Kopf!"

Sahar und ich sahen uns in unserem Urteil bestätigt. Wenn selbst die Israelis kein gutes Haar an diesen Charedim ließen, könnte unser Eindruck nicht allzu falsch sein. Acht Monate später wurde ich von meinem Sohn aber eines Besseren belehrt, als wir zu einem Strandurlaub nach Netanya fuhren.

* * * * * * *

Ich hatte Netanya extra deshalb ausgesucht, damit wir sowohl den Strand genießen konnten als auch nah genug an den wichtigsten Küstenstädten Israels waren. Die Stadt Netanya liegt 30 km nördlich von Tel Aviv und 60 km südlich von Haifa. Weitere sehenswerte Städte in der Nähesind Cäsarea, Akko, Nazareth und Tiberias. Außerdem hatte ich mir bereits in meiner vorherigen Reise sagen lassen, dass der Strand von Netanya der schönste in Israel, wenn nicht sogar auf der Welt sei. Schön, ja sogar sehr schön ist der Strand von Netanya mit seinem hellbeigen Sand aber mit Sicherheit. Nach den Ereignissen auf dem Tempelberg und in der Stadt bei den Feierlichkeiten zum Jerusalem-Tag hatten wir so etwas aber auch bitter nötig. Die Fahrt war sehr angenehm und die Straßen am Mittag eines Werktages relativ leer. Kurz nachdem wir die Autobahn verlassen hatten, gerieten wir aber in einen dicken Stau.

An einer großen Kreuzung wurde es so schlimm, dass wir alle 10 bis 15 Minuten lediglich einige Meter zurücklegen konnten. Während wir uns gelangweilt über alltägliche Dinge unterhielten, kam ein ca. 30-jähriger Mann mit Kippa, Schläfenlocken und einem Tallit Katan unter seinem weißen langärmligen Hemd auf uns zu und wollte uns irgendwelche Karten mit hebräischer Aufschrift verkaufen. Als wir ihm mit Gestik und Mimik zu verstehen gaben, dass wir keine Juden sind, eilte er fort und haute andere Fahrer mit seiner Ware an. Ich – vielleicht noch traurig und entsetzt von dem, was ich ein Tag zuvor auf dem Tempelberg gesehen hatte – fragte Coussar:

„Was will er denn hier? Muss er nicht irgendwo herumsitzen und beten? Ich dachte, diese Charedim hätten mit ehrlicher Arbeit nichts am Hut!“

Mein Sohn schaute mich schweigend an, zog die rechte Augenbraue hoch und erwiderte nach einer Weile:

„Das war nicht sehr nett, lieber Freund, Du bist doch sonst immer fast fanatisch, wenn es um Toleranz geht! Du tust ihm in diesem Augenblick unrecht! Diese armen Teufel haben es wirklich nicht leicht."

Leicht beschämt, dass mich mein erwachsener Sprössling so zurechtweisen musste, sagte ich in einem mich entschuldigenden Ton:

„Das ist aber ein Leben, das sie sich selbst ausgesucht haben, ist das nicht so?"

„Ja, wenn es so einfach wäre, wärest du vielleicht im Recht. Aber die Sache ist viel komplizierter. Ich hatte in den letzten 3 Monaten viel Zeit, sie unter die Lupe zu nehmen. Sie arbeiten nicht und beziehen Sozialhilfe. Das ist aber zum Leben zu wenig und zum Sterben zu viel. Sie leben an der Armutsgrenze und oft sogar darunter. Stell dir das Ganze jetzt mit mehreren Kindern vor, dann kannst du dir vielleicht vorstellen, dass sie keine andere Wahl haben, als hier den einen oder den anderen Groschen auf der Straße dazuzuverdienen."

„Das alles kann und will ich auch nicht abstreiten. Trotzdem haben sie sich ja aus freien Stücken dazu entschieden. Über Israel kann man viel sagen, aber eine Sache steht fest, das ist eine Demokratie mit einem sehr effizienten Bildungswesen. Also, Schläfenlocken abschneiden, T-Shirt und Jeans anziehen und ab in die Schule! Wer hindert sie denn daran?"

Der Linguist und Historiker in ihm war geweckt. Er holte tief Luft, machte es sich auf dem Sitz bequem, drehte die Musik leiser und fragte:

„Hast du Lust auf einen wissenschaftlichen Vortrag, oder soll ich dir die Kurzversion für das gemeine Volk erzählen? Ich habe mich nämlich sehr intensiv mit diesem Thema befasst!"

Die Frage war eher rhetorisch, was hätte mir Besseres passieren können, als ein Vortrag über eine Gruppe zu hören, über die ich eine feste vorgefasste Meinung hatte? Ich bat ihn drum:

„Was sie daran hindert? Die Last der Tradition und der Geschichte! Sie ist hier stärker als jedes Gesetz. Sie werden in eine Gemeinde hinein geboren, die ihre Wurzeln in den rabbinischen Gesellschaften aus den Tempelzeiten hat. Auch wenn die säkularen Juden immer über die

Orthodoxen schimpfen, eins muss man ihnen lassen: sie haben mit ihrer engstirnigen Sicht des Judentums dafür gesorgt, dass ein in der ganzen Welt zerstreutes Volk über eine nahezu einheitliche geschichtliche, mythologische und sprachliche Tradition verfügt. 1911 schrieb man in der Encyclopedia Britanica, dass Hebräisch eine tote, oder zumindest vom Aussterben bedrohte Sprache sei. Zwar gilt Eliezer Ben-Jehuda als der Vater der Renaissance des Ivrit, aber hätten nicht gerade diese rabbinischen Gemeinden das Hebräische als eine Art sakrale Sprache über Jahrtausende hinweg gehütet, hätte selbst er keine Chance gehabt, die Sprache wiederzubeleben. Jetzt stell dir mal vor, dir wird von dem Moment, an dem du gerade sprechen lernst, eingeflößt, dass ob die Kultur und Tradition deines Volkes weiterbesteht, nur von dir abhängt, und davon, wofür du dich entscheidest. Was glaubst du wie groß der Druck sein wird, dass du dich, deine Zukunft und deine Familie für eine historische Verantwortung opferst. Wie gesagt, diesem Druck zu widerstehen oder ihm zu entgehen, verlangt einem sehr viel Kraft ab. Sie verstehen sich als dazu berufen, den Volksgeist zu hüten, um es mit Hegels Worten auszudrücken."

„Man könnte fast meinen, du magst sie! Ist es so?"

„Sagen wir so, ich fühle mit ihnen und ich verstehe sie. Genau wie wir Kanaken in Deutschland sind die Charedim in Israel eine Randgruppe: mehr geduldet als willkommen!"

Ich musste gestehen, dass ich die Sache so nicht gesehen hatte. Dieses Gespräch führte mir zum wiederholten Male die Tatsache vor Augen, wie anfällig ein jeder von uns für schnelle Vorurteile ist. Diese und weitere Ausführungen meines Sohnes änderten meine Sicht und Stellung zur Religion zwar nicht, ich sah aber die Charedim nun zumindest in einem anderen Licht. Er fuhr fort und erzählte mir noch weitere detaillierte Einzelheiten über das Leben in den Gemeinden, und darüber, dass jede Gemeinde ihr eigenes religiöses Oberhaupt hat, der die Geschicke der Mitglieder bestimmt. Er spricht zu gezielten Fragen, die in Thora und Talmud nicht geklärt sind, seine Rechtsauskunft und seine Gemeinde befolgt diese und richtet das private wie öffentliche Leben ihrer Mitglieder danach. Geht es zum Beispiel darum, ob ein gläubiger Jude Cannabis konsumieren darf, sind es die Rabbiner, die die Frage für ihre Gemeinde beantworten. So erklärte Rabbiner Efraim Zalmanovich 2013 den medizinischen Cannabis für koscher. Seiner Expertise folgten weitere, wonach der Konsum von weiteren Cannabisprodukten freigegeben wurden.

„Wenn ich diese Na Nakhs sehe, denke ich mir, dass ihr Rabbi auch das Kiffen zum high werden für koscher erklärt hat, und zwar so, dass man sich Tüten reinziehen darf, bis sich die Balken biegen!", sagte ich lachend. Coussar erzählte mir viele weitere Einzelheiten über die Charedim und Chasidim und sagte schließlich:

„Ob du es mir glaubst oder nicht, ich habe viele kiffende Charedim gesehen."

„Und woher weißt du so viel über sie? Soweit ich mitgekriegt habe, spricht kaum jemand von ihnen eine Fremdsprache!"

Er schwieg eine Weile, hielt sein Gesicht in der Fahrtrichtung, um einen direkten Blickkontakt zu vermeiden und antwortete in einem leicht verlegenen Ton:

„Von der Tochter eines Rabbiners an der Uni!"

Und wir fuhren ungefähr 15 Minuten in Stille bis zum Hotel am unglaublich schönen Strand von Netanya, wo ein erholsamer Aufenthalt auf uns wartete, der unseren Geist auch ohne Cannabis, ob koscher oder nicht, beflügeln sollte.

* * * * * * *

Nun galt es für Sahar und mich aber den letzten Tag in Israel bestens zu genießen. Das Haus, in dem wir wohnten, stand ziemlich am Rande der Siedlung, so dass man sie überqueren musste, um an den Strand zu gelangen. Also entschieden wir uns dafür, uns diesmal Zeit zu lassen und den Ort genauer zu beäugen.

Die 1964 als Arbeitslager für Fabrikarbeiter am Toten Meer angelegte Siedlung hat um die 50 Einwohner und gilt als das weltweit am tiefsten gelegene

Dorf. Es besitzt ein Museum und eine Feuerwehr und ist so angelegt, dass die kleinen Gassen kaskadenförmig zwischen den Gärten verlaufen. Wir gingen durch einzelne Gassen, schauten uns die Höfe und Gärten an und nachdem dies binnen weniger als 15 Minuten erledigt war, gingen wir wieder am Strand entlang nach En Bokek. Dort angekommen suchten wir uns den breitesten Sandstreifen und gingen darauf spazieren. Wenn man sich ein wenig vom Strand entfernt hat, bekommt man eine einmalige Aussicht zu ihm, zu der flachen Ebene und zu den Bergen dahinter und kann ausgezeichnete Bilder davon, aber auch vom Meer schießen. Und Sahar tat dies so lange, dass wir fast eine neue Speicherkarte hätten besorgen müssen.

Anschließend gingen wir ein letztes Mal in die Stadt, bummelten ziellos umher, tranken Granatapfelsaft, unterhielten uns mit den Leuten in einer Stimmung des Abschiedes, als wollten wir so viele Erinnerungen und Eindrücke wie möglich an diesem letzten Tag mitnehmen. Am späten Nachmittag spazierten wir dann wieder entlang des Strandes nach Hause, um später wieder die Nacht am Toten Meer zu genießen. Wir waren auf dem halben Wege und unterhielten uns über unsere Rückkehr, als wir plötzlich den lauten Lärm von mehreren Flugzeugen hörten. Kurz darauf erschien im Himmel ein Schwarm von 6 Kampfjets, die in einem großen Bogen nach Südwesten flogen. Sahar sagte halb ernst, halb scherzend:

„Ach du Scheiße! Nicht, dass ausgerechnet an unserem letzten Tag in Israel ein Krieg ausbricht und wir hier festsitzen!"

„Wer weiß? Wir sind im Nahen Osten, wenn es darum geht, von jetzt auf gleich einen sinnlosen Krieg vom Zaun zu brechen, dann kann uns Morgenländern keiner etwas vormachen!"

Wir schwiegen eine Weile, wohl wissend, dass in den nächsten Minuten irgendwo in der Nähe unschuldige Menschen ihr Leben lassen würden. Meine Mutter sagte immer, wenn sie das Martinshorn eines Krankenwagens in unserer kleinen Stadt hörte:

„Es geht mit Sicherheit um eine schwangere Frau, die ihre Wehen hat und gleich ihr kleines Baby in den Armen halten wird."

Somit verwandelte sie mit wenigen Worten ein eher besorgniserregendes

Zeichen in ein erfreuliches Omen. Ich versuchte, ihre optimistische Art nachzuahmen. Deshalb sagte ich:

„Wahrscheinlich geht es bloß um eine Übung oder ein Manöver. Ich habe gerade im Internet gesucht und keine Meldung über einen Krieg, einen Anschlag oder Ähnliches gefunden. Es gibt auch keine Warnung des Auswertigen Amtes. Also genießen wir den Tag und hoffen, dass kein Haus zerbombt und kein Mensch getötet wird."

Die Kampfjets warfen mich aber drei Jahrzehnte zurück in die Geschichte des Nahen Ostens. 1981 als der iranisch-irakische Krieg an allen Fronten tobte, machte ein Gerücht die Runde: Saddam Hussein sei wieder kurz davor, die Atombombe fertigzustellen. Dass das ganze iranische Volk in Aufruhr war und um die Existenz des Landes bangte, war mehr als selbstverständlich. Schließlich hatte es das islamische Regime in kürzester Zeit geschafft, die ganze Welt gegen sich aufzubringen, und man meinte auf der Straße, dass die Welt beide Augen zu drücken würde, wenn Saddam Hussein Atomwaffen gegen den Iran einsetzte.

Die Befürchtung kam aber nicht von ungefähr. Die irakische Führung, die in Sachen Rüstungspolitik in enger Konkurrenz mit dem Schah stand, hatte bereits 1976 angefangen, mit französischer Hilfe Atomkraftwerke im Westen des Landes zu bauen. Dies war eine Reaktion auf das iranische Atomprogramm, das 1975 Siemens AG und AEG am Persischen Golf zu verwirklichen begannen. Das Programm wurde unmittelbar nach der Revolution aufs Eis gelegt, während die irakische Seite ihr Vorhaben mit vollem Elan vorantrieb. Das war der Grund, weshalb die iranische Luftwaffe, die damals noch über einige bestens ausgebildeten Kampfpiloten verfügte, acht Tage nach dem Kriegsbeginn am 30. September 1980 in der Operation „Schamschir-e Soozan" (das brennende Schwert) mit vier F-4 Bombern das irakische Radar unterflog und die Anlage Tammuz-1 bombardierte. Der Reaktor wurde aber nicht ausreichend beschädigt, so dass ihn die Franzosen 6 Monate später wieder instand setzen konnten. Saddams Vorhaben, eine Atombombe zu bauen, verzögerte sich aber deutlich und das gab den iranischen Streitkräften wiederum die Möglichkeit sich neuzuformieren.

Knappe neun Monate später verdichteten sich die Gerüchte wieder darüber, dass der Irak nun aufgeholt habe und bald die Atombombe gegen den Iran einsetzen würde. Die Nervosität unter der Bevölkerung stieg von Tag zu Tag und egal wo man hinging und wen man traf, ein Thema beherrschte mit Abstand die Gespräche: Saddams Bombe!

Am Abend des 7. Juni 1981 konnten wir aber alle aufatmen. Menashe Amir, der Nachrichtensprecher von Radio Israel sagte mit einer Stimme voller Stolz, dass die Atomkraftwerke Iraks – im Westen als OSIRAK bekannt – vollständig zerstört worden seien. Was die durch die Revolution und zahlreiche Exekutionen ihrer hochrangigen Generäle stark geschwächte und demoralisierte königliche Luftwaffe nicht geschafft hatte, hatten nun ausgerechnet die israelischen Kampfpiloten in der Operation Opera vollendet. In einem abenteuerlichen Unternehmen flogen acht F-16 Jagdbomber begleitet von fünf F-15 als Flankenschutz 1.100 Kilometer von der Sinai-Halbinsel aus entlang der saudisch-jordanischen Grenze in Richtung Irak. Die arabisch sprechenden Piloten flogen so dicht nebeneinander, dass sie für die Radare nur als ein großes Flugobjekt zu erkennen waren. Der auf Arabisch geführte Funkverkehr überlistete das Bodenpersonal der beiden Länder zusätzlich, sodass sie dachten, sie hätten es mit einem Frachter zu tun. Somit erwies der letzte iranische König – Mohammadreza Schah – mit seiner weisen Voraussicht seinem Land und seinem Volk selbst nach seinem Tode noch einen großen Dienst; die F-16 Jäger, die den Bau der irakischen Bombe endgültig verhinderten, waren ursprünglich von ihm für die königliche Luftwaffe Irans bestellt. Als die Führer der islamischen Revolution die Bestellung einseitig und unter Hinnahme großer finanzieller Verluste annullierten, wurden diese an die israelische Armee geliefert.

„Was glaubst du, wie der Krieg damals ausgegangen wäre, wenn Israel die irakischen Atomkraftwerke nicht zerstört hätte?“, fragte ich Sahar, die ihren besorgten Blick immer noch gen Himmel richtete. Sie antwortete:

„Das kann niemand sagen! Ich weiß nur eins, es gibt auf der Welt kaum etwas Perverseres als die Politik. Erinnerst du dich an das argentinische Flugzeug, das damals in der Sowjetunion abgestürzt war? Dadurch kam heraus, dass Israel das Mullah-Regime gegen den Irak mit Waffen und Ersatzteilen beliefert hatte, und das mit Sicherheit nicht aus Nächstenliebe! Dass die israelische Seite ihre eigenen Ziele verfolgte und nicht zulassen wollte, dass eines der mächtigsten arabischen Länder in diesem Krieg die Oberhand gewinnt, ist klar. Aber wie pervers und bigott sind diese Mullahs, dass sie die Hilfe ihres zionistischen Erzfeindes annahmen, ohne mit den Wimpern zu zucken? Die Politik ist für mich eine Diskothek, deren Türsteher ein Höllenhund ist. Bei ihm gibst du deine Seele erst mal ab, um rein zu dürfen. Oben am DJ-Pult steht der Lucifer höchst persönlich und gibt den Rhythmus an. Nach seiner Pfeife musst du dann Zeit deines Lebens tanzen!"

„Ach, ich weiß es nicht, was soll er denn mit meiner schwarzen Seele anfangen!? Aber du hast recht, wenn man sich prostituieren will, dann lieber mit dem Leib als mit der Seele!"

Wir schwelgten in unseren Erinnerungen aus der Kriegszeit. Aus einer Zeit, die in unendliche Ferne gerückt war, so fern, als würde man die Memoiren eines Fremden lesen, dem man persönlich nie begegnet war. Mit diesen Erinnerungen kamen wir in der Wohnung an, aßen etwas, legten uns eine Weile hin und gingen dann wieder zum Strand, um uns noch ein letztes Mal dem Zauber des Jam haMelach hinzugeben. Erfüllt von unserer Dreifaltigkeit des Himmels, des Meeres und der Wüste, die von dem heiligen Schein des Vollmondes gekrönt wurde, wieder in die Wohnung zurückzukommen und noch ein letztes Mal im Eretz Jisra'el in jenem Fluss aus Lust und Begehren einzutauchen, mit ihm alle Wasserfälle hinabzustürzen, unsere entkräfteten Körper von ihm treiben zu lassen und in Seele und Leib so eins zu werden, dass sich ein jeder nicht von dem anderen zu unterscheiden vermochte.

****

Noch nie auf dieser Reise war es uns so schwer gefallen aufzustehen. Wir wussten, dass diese unsere letzten Stunden im gelobten Land waren. Dass der Rabbiner wieder vor uns dasaß und betete, störte uns jetzt nicht mehr. Ich spürte sogar eine Wonne der Empathie und sagte zu Sahar:

„Ich glaube, selbst ihn werde ich vermissen!"

Nach dem Frühstück gingen wir noch ein letztes Mal zum Strand, schnupperten die warme, saubere und salzige Luft und verabschiedeten uns innerlich von dem Meer, das uns so viel Spiritualität, Verliebtheit und Sinnlichkeit beschert hatte. Danach kehrten wir zurück zum Haus, wo Aaron auf uns wartete. Wenn man sich ein paar Kilometer von der Siedlung auf der Landstraße 31 entfernt hat, kommt man an einem Aussichtsplateu vorbei, von dem aus man einen schönen Blick über die ganze Region bis zu den gegenüber in Jordanien stehenden Bergen haben kann, ein Ort, der einen förmlich zum Fotografieren einlädt. Anschließend fuhren wir weiter in Richtung Tel Aviv, während Sahar das Auto mit fröhlicher iranischer Musik in einer Diskothek verwandelt hatten, damit bloß keine Abschiedsstimmung aufkam.

Wir genossen die Aussicht, die sich alle 10 bis 20 Kilometer änderte. Plötzlich sah ich ein Schild mit dem Namen „Gerar", was mich auch noch in den letzten Stunden unseres Aufenthaltes in Israel überraschte. Ich sagte zu Sahar:

„Ich finde es faszinierend, dass dieses Land wie ein überdimensionales Geschichts- und Mythologiebuch ist. Schau dir diese Beschilderung mit dem Ortsnamen Gerar an. Angeblich soll Abraham mit seiner Frau Sarah und seiner Magd Hager zuerst hier gelebt haben. Von hier aus sind es bis zur Wüste Paran nur 20 Kilometer. Also, auch wenn die ganze Geschichte von Abraham und Hager ein Märchen ist, hätte das Märchen eine innere Logik, wenn es sich hier abspielte. Die arme Hagar musste mit Jischmaʿel nur 4–5 Stunden marschieren, um sich zu verlaufen. Von Hebron bis hierhin sind es aber über 50 Kilometer und sie hätte sich wahrscheinlich viel früher verlaufen und Paran womöglich gar nicht erreicht. Faszinierend finde ich es aber, dass dich selbst Verkehrsschilder an die Legenden und Mythen dieses

Volkes erinnern. Dieses Land duftet so förmlich nach Geschichte!"

„Und wonach duftet die Geschichte deiner Meinung nach?", fragte Sahar, während sie eine sehr alte iranische Melodie spielen ließ.

„Sie duftet nach Lotusblume."

Kurze Zeit danach kamen wir im Ben Gurion-Airport an. Überall waren uniformierte Frauen und Männer mit ihren Maschinengewehren im Anschlag zu sehen, die jeden einzelnen Wagen unter die Lupe nahmen. Hier und da standen auch Militärfahrzeuge mit Soldaten und der ganze Flughafen hatte sich in einer großen Kaserne verwandelt. Wir durchfuhren mehrere Kontrollposten, während unsere Papiere an jedem von ihnen mehrfach überprüft wurden. Auch in dem Gebäude patrouillierten schwer bewaffnete Beamte mit Spürhunden und versetzten die Passagiere in Angst. Alle waren so nervös, dass wir es vorzogen, erstmal keine Fragen zu stellen und so schnell wie möglich einzuchecken. Sahar sagte besorgt:

„Jetzt lautet die höchste Devise, nicht aufzufallen! Nervös wie sie hier alle sind, wirst du sofort verdächtigt und das nächste dreieinhalb stündige Verhör wartet dann auf dich!"

Internet war auch keine Hilfe. Erst später bei unserem Zwischenstopp in München erfuhren wir, dass am vorigen Tag mehr als 30 Raketen aus dem Gazastreifen auf Israel abgefeuert wurden. Also waren die Kampfjets vom Vortag auf dem Weg zum Gazastreifen, um dort ihre Bomben abzuwerfen.

Als wir dann endlich im Flugzeug saßen und von dem deutschen Flugpersonal auf der vertrauten Heimatssprache begrüßt wurden, atmeten wir auf und freuten uns bald wieder zu Hause zu sein.

Mit preußischer Pünktlichkeit hob die Lufthansa-Maschine planmäßig ab. Nachdem wir schon in der Luft waren, fragte ich Sahar mit Anspielung auf unserer Erfahrung bei der Ankunft:

„Und? Was sagst du jetzt? Wirst du wieder nach Israel zurückkehren?"

Sie hielt eine Weile inne, dann drehte sie ihren Kopf langsam und zögerlich zu mir. Ihre großen dunkelbraunen Augen waren feucht und zwei Tränen hingen bebend an ihren Wimpern, die bei ihrem nächsten Liedschlag auf ihr Gesicht herunter kullerten. Sie hielt meine Hand mit beiden Händen, führte sie an ihr Gesicht und sagte flüsternd:

„Ich kann es jetzt schon kaum erwarten!"

Ich dachte an die letzten 14 Tage zurück, die Zeit kam mir wie ein langer Traum in einem erholsamen Schlaf vor. Wir waren hierhergekommen, um Antworten zu finden, und kehrten nun zurück, mit einem Kopf voller neuer Fragen. Während mir die Augen immer wieder zufielen, fragte ich mich, ob es sich nicht tatsächlich um einen langen Schlaf handelte, von dem ich gerade erst erwachte. Iran, Israel und Deutschland verschwanden mit all ihren Geheimnissen und Rätseln hinter einem dicken, undurchsichtigen Schleier und ließen mich in einem Raum voller Nebel an der Schwelle zur Traumwelt zurück. Ich legte meinen schlaftrunkenen Kopf auf Sahars Schulter und ließ mich in das Reich der Träume entführen. In dem kurzen magischen Moment, in dem man weder schläft, noch wach ist und mehr Eingebungen denn Wahrnehmungen hat, drang ein milder Lotusblumenduft tief in meine Seele ein und ich hörte eine zarte Frauenstimme aus der Ferne. Irgendwo, tausende Meilen und Jahre entfernt von mir spielte eine Sängerin aus dem Hofe des iranischen Großkönigs Ḫosrau auf einem persischen Tar und besang mit ihrem jüdisch-bucharischen Akzent einen Vierzeiler von Omar Chayyām auf Deutsch:

Die Rätsel dieser Welt löst weder du noch ich,
Jene geheime Schrift liest weder du noch ich, –
Wir wüssten beide gern, was dieser Schleier birgt,
Doch wenn der Schleier fällt, bist weder du noch ich.

Impressum

Text

Gestaltung
filter design, Stefan Flach

Coverfoto
Hintergrund: photocase/Andreas Siegel
Polaroid: photocase/Addictive Stock

Cover Innenfoto:
photocase/Addictive Stock
photocase/philunterwegs

Gesetzt in Alkes, fontfabric, Bulgaria

Druck: Bookpress